OEUVRES COMPLÈTES
DE
A. F. OZANAM

AVEC

UNE PRÉFACE PAR M. AMPÈRE
de l'Académie française

TROISIÈME ÉDITION

TOME SECOND

LA CIVILISATION AU CINQUIÈME SIÈCLE

II

PARIS. — IMP. SIMON RAÇON ET COMP., RUE D'ERFURTH, 1.

LA
CIVILISATION
AU CINQUIÈME SIÈCLE

INTRODUCTION

A UNE HISTOIRE DE LA CIVILISATION AUX TEMPS BARBARES

SUIVIE

D'UN ESSAI SUR LES ÉCOLES EN ITALIE

DU Ve AU XIIIe SIÈCLE

PAR

A. F. OZANAM

PROFESSEUR DE LITTÉRATURE ÉTRANGÈRE A LA FACULTÉ DES LETTRES DE PARIS

TROISIÈME ÉDITION

II

PARIS

LIBRAIRIE JACQUES LECOFFRE

ANCIENNE MAISON PERISSE FRÈRES DE PARIS

LECOFFRE FILS ET Cie, SUCCESSEURS

RUE BONAPARTE, 90

1873

LES INSTITUTIONS CHRÉTIENNES.

LA PAPAUTÉ — LE MONACHISME

(DOUZIÈME LEÇON)

Messieurs,

J'ai tenté de faire connaître la philosophie de saint Augustin, et nous avons trouvé que ce beau génie, ce représentant de l'éclectisme chrétien, avait réuni les deux méthodes qui, jusque-là, s'étaient partagé le monde de la pensée: l'intuition et le raisonnement, l'amour et l'intelligence, le mysticisme et le dogmatisme. Nous nous sommes engagés, à sa suite, dans ces deux voies qui mènent à la connaissance de Dieu, et, arrivés à ces hauteurs prodigieuses où il nous conduisait, nous avons compris que la métaphysique de saint

Augustin ait éclairé, dominé, entraîné tous les grands esprits du moyen âge. Pendant que la doctrine mystique des *Confessions* inspire les âmes contemplatives de Hugues et Richard de Saint-Victor, et que saint Bonaventure écrit le livre de l'*Itinerarium mentis ad Deum*, la démonstration de l'existence de Dieu, reprise et poussée à sa dernière rigueur par saint Anselme, deviendra un des éléments de la *Summa contra gentes* de saint Thomas d'Aquin, où ce maître excellent entreprend de prouver, sans le secours de l'Écriture sainte, trois cent soixante-six propositions sur Dieu, l'âme et leurs rapports.

Mais le souvenir de saint Augustin ne pouvait pas remplir ainsi la théologie sans descendre dans les arts qu'elle inspirait : nous savons déjà comment la légende s'était emparée du grand docteur d'Hippone, et l'avait entouré d'une gloire particulière ; comment un moine ayant vu, dans un moment d'extase, l'assemblée des saints, et s'étonnant de n'y pas trouver Augustin, reçut ces mots pour réponse, qu'Augustin était bien plus haut, à la dernière sommité des cieux et voilé des rayons de la Divinité qu'il contemplait dans toute l'éternité. Que les moines conservassent une telle mémoire, je ne m'en étonne pas : puisque les Sarrasins eux-mêmes, campés sur les ruines d'Hippone, devaient aussi lui conserver un culte, et que, de nos jours encore, les Bédouins des environs de Bone viennent

aux lieux où l'on découvre les débris de la basilique
d'Augustin pour y honorer tous les vendredis celui
qu'ils appellent, d'un nom mystérieux, le *grand
Romain*, le grand chrétien. La peinture a trouvé
dans les récits d'Augustin les sujets inépuisables
de ses plus ravissantes compositions : c'est ainsi
que Benozzo Gozzoli, dans une église de San Gemi-
gnano, ville charmante de la Toscane, qui, perchée
sur la colline, défie la curiosité des voyageurs, a
représenté en dix tableaux l'histoire de saint Augustin ; ces dix fresques, d'une naïveté charmante,
nous le montrent à toutes les époques de sa vie,
depuis le jour où il fut conduit par ses parents à
l'école de Tagaste, priant Dieu de n'être pas battu.

Ainsi les plus beaux génies de l'Italie chrétienne
chercheront à se rapprocher de ce génie antique.
Pétrarque, tourmenté par une passion qui n'a pas
laissé de repos à son âme, écrivant son traité *du
Mépris du monde*, suppose qu'il a pour interlocu-
teur saint Augustin lui-même ; et saint Augustin
l'avertit qu'il est lié de deux chaînes de diamant
qu'il prend pour des trésors, mais qui lui ôtent sa
liberté : la gloire et l'amour. Pétrarque défend ses
chaînes avec ardeur, il les porte avec joie, il s'en
fait honneur, et ne veut pas qu'on touche à cet
amour platonique qui a été l'inspiration de toute
sa vie et qui l'a tiré de la foule. Mais saint Augustin,
avec sa sagesse supérieure, avec son bon sens chrétien, lui montre les périls d'une passion que rien

ne définit, d'une passion idéale sans doute, mais qu'il n'aurait jamais conçue, si cette beauté idéale de Laure ne lui était pas apparue sous une forme sensible. Saint Augustin ne voit là qu'une faiblesse et prie Dieu de lui permettre d'accompagner le poëte pour le sauver. Pétrarque, vaincu par l'argumentation du saint docteur, se rend enfin, et s'écrie : « Oh! puisse s'exaucer ta prière! Puissé-
« je, sous les auspices divins, sortir sain et sauf
« de ces longs détours, sentir enfin les flots de
« mon esprit tomber, le monde se taire autour de
« moi, et finir les tentations de la fortune! »

Le christianisme n'était pas venu seulement fonder cette doctrine, qui s'éclaira dans les écrits de saint Augustin d'une si vive lumière : il était venu, par-dessus tout, fonder une société ; une société qui devait s'ouvrir et recevoir dans ses rangs les innombrables bandes des barbares déjà en chemin plusieurs siècles avant le christianisme pour se trouver au rendez-vous qui leur était marqué. Il faut savoir quelle puissance les attendait pour les subjuguer, les instruire, les policer ; il faut savoir si les grandes institutions catholiques s'introduisirent, ainsi qu'on l'a beaucoup répété, à la faveur de la barbarie, et comme furtivement, dans la grande nuit de l'esprit humain.

Parmi les institutions qui devaient agir avec le plus de puissance sur le moyen âge, il en est deux auxquelles je m'arrête, que je détache des autres à cause de leur prépondérance incontestée, je veux dire la papauté et le monachisme. Il faut remonter à leur origine, considérer ce qu'était leur force au moment où elles furent appelées à l'exercer, voir si elles la déployèrent pour le salut ou pour la corruption du genre humain.

Ce n'est pas le lieu de renouveler les anciennes controverses relatives à l'origine de la papauté; l'équité moderne a réduit les exagérations passionnées de nos devanciers, et aujourd'hui on ne regarde plus la papauté comme une usurpation préméditée et coupable de quelques prêtres ambitieux. Une critique plus impartiale l'a considérée comme l'œuvre historique des siècles, comme la conséquence temporaire d'un certain développement que devait traverser le christianisme. Le christianisme commence, dit-on, à faire son avénement dans les consciences, dans la solitude intérieure de la personne humaine, et le chrétien des premiers siècles, du temps des apôtres, se suffit à lui-même; il est son propre roi et son propre prêtre. Plus tard, il éprouve le besoin d'un rapprochement, et en même temps celui d'une autorité et d'une règle commune, et, vers la fin du premier siècle, le clergé se sépare et se distingue du peuple. C'est au second siècle seulement qu'on voit se détacher, dominer la puissance épiscopale; au troisième siècle, les évêques des différentes villes se subordonnent naturellement aux métropoles des provinces, et ainsi se créait, à l'exemple de la constitution des provinces romaines, le pouvoir des évêques et archevêques métropolitains. Enfin, au quatrième siècle, lorsque l'Europe, l'Asie, l'Afrique, cherchent à avoir leur existence à part, les trois capitales de ces parties du monde deviennent trois grands patriarcats : Antioche pour l'Asie, Alexandrie pour l'Afrique, Rome pour l'Europe. — Dans les deux siècles qui suivront, lorsque les barbares auront séparé l'Occident de l'Orient, il se trouvera, sans usurpation, sans tyrannie, sans outrage à l'humanité, que l'évêque de Rome, patriarche de l'Occident, est devenu chef suprême de l'Église latine.

Voilà la doctrine répandue au commencement de ce siècle, qui fait école parmi les meilleurs esprits du protestantisme et fait tous les frais de la théologie des plus grands écrivains modernes ; qui a suscité Planck et Néander, et qui soutient tout l'édifice de l'histoire ecclésiastique d'un maître excellent, M. Guizot ; ce système est considérable parce qu'il est modéré, et c'est par cette raison qu'il faut l'examiner aujourd'hui de plus près, et voir jusqu'à quel point on est fondé à donner accès à des opinions qui sont cependant si répandues, et sont devenues si dominantes.

D'abord l'antiquité chrétienne n'admet nulle part cet individualisme dont on veut faire le point de départ de la foi. Le christianisme est moins encore une doctrine qu'une société ; le christianisme est amour autant que lumière, et la lumière même ne s'y communique pas seulement par l'étude et la lecture, elle se communique par la parole vivante aussi bien que par la parole écrite, parce qu'il s'agit d'une religion populaire qui sera d'abord celle des pauvres et de ceux qui ne lisent pas ; la lumière comme l'amour s'y communique par le contact, par l'âme. C'est pourquoi saint Paul le considère comme l'âme d'un grand corps, d'un corps unique dont le Christ est le chef et dont les chrétiens sont les membres ; et comme les membres ne veulent que par le chef, il s'ensuit que la chrétienté est un corps vivant, par conséquent un corps organisé, et que, dès le principe, au lieu de consciences éparses et solitaires, il faut trouver une véritable société, ayant une constitution, ayant son chef en haut, en même temps que l'obéissance et un certain contrôle en bas ; en un mot, toutes les conditions d'une société complète. C'est ce qui apparaît dans les premiers écrits du christianisme. Je n'entrerai pas dans une discussion minutieuse des textes, pour établir que dans les Actes des apôtres on voit partout, sous la présidence de Pierre, agir le collége des apôtres qui revêtent la puissance épiscopale, instituent des prêtres, ordonnent des diacres, et qu'autour d'eux est le peuple chrétien dont ils ne se séparent pas, mais dont ils se distinguent.

Ainsi, dès cette époque, il y a des prêtres et non

pas seulement des évêques. C'est là que se trouve un point controversé, parce que, l'évêque lui-même ayant revêtu le sacerdoce, souvent le nom de prêtre lui est communiqué; mais on ne cite pas un seul texte dans lequel le simple prêtre ait, à son tour, le nom d'évêque; et, sans s'arrêter à des controverses minutieuses, où il est facile de perdre le temps et la lumière, n'est-il pas évident que saint Paul, dans l'épître à Tite, et dans l'épître à Timothée, leur confère le droit de juger des prêtres qui seront moins qu'eux, puisqu'ils ressortissent à leur tribunal? Ainsi, dès les premiers temps, une hiérarchie apparaît, déjà fortement constituée (1).

Je pourrais citer ensuite, dès la fin du premier siècle, et au commencement du second, les épîtres de saint Ignace d'Antioche; mais elles sont si formelles, que les adversaires de l'opinion que je professe les ont écartées en les déclarant apocryphes, ne pouvant pas regarder comme authentiques des termes qui les condamnent d'une manière si expresse. J'éloigne donc ces titres contestés pour m'en tenir à ceux qu'on ne conteste pas.

J'arrive à saint Irénée, à Tertullien, à saint Cyprien, les plus anciens écrivains qui aient touché à l'organisation ecclésiastique, et qui paraissent à la fin du deuxième siècle; qui, tenant à la fois à l'Orient et à l'Occident, expriment l'opinion de

(1) Voir les notes à la fin de la leçon.

l'Église universelle. Ces trois grands docteurs s'accordent sur tous les points essentiels ; au milieu de la lutte et du conflit des doctrines opposées, des hérésies qui se disputent la chrétienté et déchirent les passages de l'Écriture sainte, ils reconnaissent unanimement la nécessité d'une tradition pour interpréter les Écritures, et la présence de cette tradition dans un corps : l'Église (1). Ce corps leur apparaît comme rempli d'une lumière qui est universelle, comme le soleil qui est un, mais qui répand ses rayons sur toute la terre ; ce corps emprunte sa force à l'autorité divine ; l'Esprit-Saint l'habite et le rajeunit sans cesse, « comme une li« queur précieuse qui parfume et conserve le vase « où elle est contenue. » Mais l'Esprit-Saint ne s'est transmis que par l'intermédiaire des apôtres ; l'épiscopat n'est donc autre chose que la continuation de l'apostolat : en sorte qu'au temps de saint Irénée, à la fin du second siècle, chacune des grandes églises conserve la suite de ses évêques, mais n'en a jamais qu'un seul à la fois. Ainsi s'établit la distinction de l'épiscopat d'avec le reste du sacerdoce. Mais, en même temps, paraît un plus grand pouvoir : l'évêque constitue l'unité de l'Église particulière ; mais toutes ces unités épisco-

---

(1)   EXTRAIT DES NOTES DE LA LEÇON.

La tradition réside dans l'Église une et universelle : comme un seul soleil, comme un seul arbre, comme une seule source. Hors de l'Église pas de chrétiens, pas de martyrs.

pales ont besoin d'un centre commun. C'est pourquoi saint Cyprien, dans son livre *de Unitate Ecclesiæ*, professe que l'unité de l'Église doit être visible, et que c'est pour cela que le Christ a fondé l'Église sur l'apôtre Pierre, afin que cette unité, ainsi personnifiée, fût plus visible. Cette primauté de Pierre, cette unité qu'il représente, cette puissance de l'Église, saint Cyprien ne la borne pas au temps de la vie de l'apôtre, il la prolonge, il la maintient dans le siége de saint Pierre, et, dans une lettre au pape Corneille, il nomme le siége de saint Pierre l'Église principale d'où l'unité du sacerdoce est issue (1).

Tertullien tenait à peu près le même langage ; mais on pourrait dire qu'ils sont tous deux Africains, Occidentaux, qu'ils subissent l'influence indirecte de Rome et des idées latines. Il faut donc trouver, pour les contrôler, quelque témoignage qui émane d'une autre partie de l'Église, de l'Église d'Orient : ce témoignage se trouve dans saint Irénée, qui écrit avant eux vers la fin du second siècle, et qui nous représente la succession épiscopale remontant, sans interruption, jusqu'aux apôtres. Pour abréger, et ne pas énumérer cette succession dans chaque ville, il s'arrête à l'Église de Rome, avec laquelle, dit-il, à cause de sa primauté supérieure, doivent s'accorder toutes les églises, c'est-

---

(1) Et ad Petri cathedram atque ecclesiam principalem unde unitas sacerdotalis exorta est. (S. Cypr., *Ep.* 55, *ad Cornelium*.)

à-dire les fidèles qui sont partout. Ces textes sont incontestés, reconnus, admis par Néander et Planck, ils les réduisent à dire que dans le temps de saint Cyprien, de Tertullien et d'Irénée, l'esprit primitif de l'Évangile s'était perdu ; dès lors, suivant eux, le judaïsme triomphe, la doctrine de Paul s'est voilée, c'est l'esprit judaïsant qui s'est introduit dans l'Église afin de la constituer à l'exemple de la synagogue, et de lui donner pour chef, comme à la synagogue, un grand pontife. En sorte que ce n'est pas assez de répondre à ce reproche : Pourquoi Dieu a-t-il attendu quatre mille ans pour donner son Fils au monde? il faut encore répondre à cet autre : Pourquoi, dès la fin du second siècle, tout l'ordre de la Révélation est-il troublé ? Et il faut rechercher, dans des ténèbres impénétrables, l'espace de quelques années, les seules pendant lesquelles la vraie doctrine a régné.

Ces théories manquent de base, elles sont renversées chaque jour par la science. C'est ainsi que les catacombes de Rome multiplient les preuves nouvelles de l'orthodoxie antique, et, avec ce symbolisme hardi, qui est le caractère de l'art chrétien dès les premiers siècles, on nous représente partout Pierre enseignant la doctrine en même temps qu'il exerce les fonctions du gouvernement, et cela non-seulement dans le temps où a été renfermée sa vie, mais par anticipation en quelque sorte et pour toute la suite des siècles. Je fais allusion à un disque de cristal retrouvé dans les catacombes, qui offre un type souvent répété : Moïse frappant le rocher d'où jaillissent les eaux salutaires de la doctrine qui doit désaltérer tout le peuple. Ce Moïse, au lieu du costume oriental, porte le vêtement traditionnel des papes, et il s'appelle *Petrus*; ainsi est représenté Pierre, guide, comme Moïse, du peuple de Dieu, et faisant jaillir, sous sa verge épiscopale, les eaux auxquelles doit se désaltérer l'humanité croyante.

De cette sorte s'établit la constitution primitive de l'Église : l'autorité s'y est fondée par l'intervention de Dieu même ; c'est d'en haut qu'elle vient, elle est consacrée par l'institution divine, elle est visible, elle descend des apôtres aux évêques, des évêques à leurs ministres. Mais, en même temps, la liberté y a sa part. Le souverain pontife ne fait rien sans avoir consulté ses frères dans l'épiscopat, l'évêque ses frères dans le sacerdoce, et le prêtre n'est rien à l'autel sans l'Église entière, sans le peuple des fidèles qui l'entoure de ses prières et correspond avec lui.

Ainsi la part de Dieu et la part du peuple chrétien, l'autorité et la liberté, tous les éléments essentiels d'une société nouvelle, sont contenus dans cette hiérarchie, dans cette constitution de l'Église primitive à des temps si reculés, avant la fin du second siècle. Lorsque, placée encore sous la menace des persécutions, traquée, poursuivie sans cesse, elle s'occupait peu à laisser des traces de son passage et des institutions qui auraient pu sans doute nous éclairer aujourd'hui, mais aussi trahir alors la retraite des croyants ; dès cette époque donc, malgré les difficultés, malgré les périls, la question s'éclaire de lumières qu'on ne peut méconnaître; et la papauté commence à exercer son influence, selon le progrès des temps et l'accroissement des dangers.

Voilà, en effet, où se trouve le développement historique, non pas dans le principe de l'autorité, mais dans l'exercice de cette autorité qui, dès les commencements, s'exprime et se montre avec une énergie singulière; car je trouve Tertullien reprochant à un pape, son contemporain, d'avoir pris le titre de *episcopus episcoporum* et de *pontifex maximus*. Ces expressions sont bien fortes, et l'une d'elles, la première, n'a pas été souvent prise par les papes des temps modernes : le titre qu'ils ont préféré, et dans lequel ils ont trouvé une garantie bien plus forte, est celui de serviteur des serviteurs de Dieu.

Plus tard, de grandes contestations s'élèvent, non-seulement en Occident, mais en Orient, et jettent un éclat qui ne permet pas le doute. Trois grandes questions agitent les esprits : la célébration de la Pâque, le baptême administré par les hérétiques, et la querelle de Denys, patriarche d'Alexandrie. Toutes les églises d'Asie célébraient la Pâque à l'époque choisie par les Juifs, le quatorzième jour, au lieu de la célébrer, comme les autres, le premier dimanche après le jour de la résurrection ; le pape Victor interdit et excommunie les églises d'Asie. Plus tard, les Africains, saint Cyprien à leur tête, décident que le baptême donné par les hérétiques n'est pas valide et qu'il faut le renouveler ; Rome décide, au contraire, que le baptême conféré par les hérétiques avec les cérémonies voulues est valide et qu'il ne faut pas le renouveler : elle excommunie les églises d'Afrique qui se soumettent. Plus tard encore, Denys d'Alexandrie, combattant l'hérésie de Sabellius, laisse échapper cette expression que le « Christ n'est pas le fils, mais l'œuvre de Dieu ; » l'évêque de Rome le somme de s'expliquer : Denys s'explique, se justifie et retire son expression.

Ainsi, dans ces trois grandes affaires touchant le dogme, la papauté intervient toujours comme une puissance qui n'admet pas d'égale.

Au quatrième siècle, dans cet âge si rempli d'éclat, où tant de grands hommes sont assis sur le siége épiscopal en Orient et en Occident, au milieu de tant de clartés, on voit la puissance pontificale reconnue et proclamée en des termes bien forts par saint Athanase, le grand patriarche d'Alexandrie, qui déclare que c'est du siége de saint Pierre que les évêques ses prédécesseurs tirent leur ordination et leur doctrine, par Optat de Milève, par saint Jérôme, par saint Augustin, en un mot, par tout ce que l'Église a eu de plus grand. En même temps, sa puissance continue de s'exercer : elle s'exerce quand les papes Jules Ier et Damase déposent ou réintègrent des patriarches d'Alexandrie, de Constantinople ou d'Antioche, lorsque les légats du saint-siége prennent rang les premiers à Nicée, à Sardique, en 347, et déclarent que les appels de toutes les sentences épiscopales pourront être portés au siége de l'Église de Rome. Dans l'assemblée d'Éphèse, c'est encore à la poursuite et à la diligence de saint Cyrille, appuyé de l'autorité du pape Célestin, que les évêques réunis de l'Orient prononcent dans l'affaire de Nestorius.

On ne saurait donc contester qu'au quatrième siècle la papauté ne soit déjà en possession de toute sa puissance. Cependant il ne faut pas voir là l'œuvre des empereurs romains devenus chrétiens, qui auraient communiqué la moitié de leur pourpre et de leur éclat à l'évêque de la ville impériale. En effet, à peine Constantin est-il chrétien, qu'il porte le siége de son empire à Byzance ; l'intérêt de ses successeurs est de fortifier le pouvoir des patriarches de Constantinople, de les élever le plus haut possible, et de s'en faire en même temps des serviteurs dociles et obéissants. Ils y travailleront, ils y réussiront, mais ce n'est pas pour le pontife de Rome qu'ils se sont épuisés ainsi de politique et d'habileté ; loin de là, s'ils ont mis la main à l'œuvre, ç'a été pour l'abaissement du pontificat romain. D'un autre côté, ce n'est pas le génie des papes qui les a élevés à cette hauteur : car il ne s'est pas rencontré dans les quatre premiers siècles un grand homme pour occuper le siége de Rome ; c'étaient des martyrs, des esprits sages, des hommes de gouvernement sans doute, pontifes obscurs qui devaient fonder une puissance éclatante. Mais Jules Ier et Damase eux-mêmes n'avaient rien de comparable à ces puissants esprits qui faisaient l'orgueil de l'Asie et de la Grèce : il n'était pas un siége en Orient qui n'eût été illustré par de plus grands hommes ; Alexandrie avait eu Athanase, Cyrille ; Antioche et Constantinople avaient vu s'asseoir dans leur chaire saint Grégoire de Nysse, saint Jean Chrysostome. Le génie était en Orient, mais l'autorité en Occident.

Le premier homme de génie, le premier grand esprit qui paraît à Rome pour y revêtir les insignes du pontificat, c'est saint Léon le Grand, un des hommes qui devaient le plus contribuer à donner à la papauté, non de l'autorité, mais l'exemple de cette action nouvelle qu'elle allait exercer en présence du monde barbare.

Le 29 septembre 440, le pape Sixte III était mort : le clergé de Rome se rassembla et élut à sa place Léon, archidiacre de l'Église romaine. Il était désigné à ce choix par la grande confiance que lui avaient montrée le pontife et les empereurs :

car alors même il était dans la Gaule occupé à réconcilier Aétius et Albinus, qui avaient tourné leurs armes l'un contre l'autre. Léon s'était encore signalé par son zèle pour la foi, combattant les hérétiques, favorisant les lettres chrétiennes, honorant de son amitié Prosper d'Aquitaine et Cassien. Lui-même était savant, lettré, et son éloquence l'avait fait appeler le Démosthène chrétien. Chargé de revêtir l'autorité antique des pontifes romains, il montra, dès les premiers jours, qu'il en connaissait toute la grandeur. En effet, nous avons le discours qu'il prononça pour remercier le peuple, et qu'il renouvelait ensuite d'année en année le jour de son élection : il y rend grâces au peuple, au clergé de l'avoir choisi, il se plaint avec modestie de la grandeur du fardeau, il met sa confiance en Dieu et dans l'amour de l'Église qui en portera une part, surtout dans l'apôtre Pierre, assis immobile et invisible derrière ses très-indignes héritiers. Il y développe une doctrine qui n'est autre que celle de saint Cyprien, et qui, sans être plus hardie que celle de saint Athanase, est seulement plus explicite.

« Le Sauveur accorde à Pierre le partage de son
« autorité, et s'il voulut donner aux autres princes de
« l'Église quelque chose de commun avec lui, c'est
« par Pierre qu'il leur communique tout ce qu'il
« ne leur refuse point ; mais Pierre n'a pas quitté
« avec la vie le gouvernement de son Église. Minis-

« tre immortel du sacerdoce, il est le fondement de
« toute la foi, et c'est lui qui par toute l'Église dit
« encore tous les jours : Vous êtes le Christ, Fils du
« Dieu vivant. Et qui douterait que sa sollicitude
« ne s'étende à toutes les Églises ? Dans le prince
« des apôtres vit cet amour de Dieu et des hommes,
« que n'effrayèrent ni les chaînes, ni la prison, ni
« les colères de la multitude, ni les menaces des
« tyrans, et cette foi insurmontable qui ne périt
« ni dans le combat ni dans le triomphe. Il parle
« dans les actes, les jugements, les prières de son
« successeur, en qui l'épiscopat s'accorde à recon-
« naître, non le pasteur d'une cité, mais le primat
« de toutes les églises (1). »

Il est impossible de s'exprimer en termes plus
formels, et il est impossible de pousser plus loin
l'ignorance que ne le font ceux qui, ne connaissant
pas ces paroles, ont cru pouvoir faire dater la primauté papale de Grégoire le Grand ou de Grégoire VII.

Arrivé, en effet, au souverain pontificat si tard
et dans des circonstances si calamiteuses pour l'É-
glise et pour l'empire, la Providence n'avait pas
épargné à saint Léon les difficultés de sa mission.
D'un autre côté, il avait à sauver le christianisme
des hérésies qui le déchiraient ; car cette épreuve
de l'hérésie ne devait jamais être suspendue, les

---

(1) Non solum hujus sedis præsulem, sed et omnium episcoporum
noverunt esse primatem.

efforts que l'arianisme et le manichéisme avaient faits pour déchirer la doctrine se reproduisent sous d'autres formes au milieu du cinquième siècle. Le combat se restreint alors sur un point, le dogme de l'Incarnation et la personne du Christ. On accorde, avec le concile de Nicée, qu'elle est divine ; mais on se divise sur la façon d'entendre ce mystère. Pour que le Christ ait pu remplir sa mission, il fallait qu'il fût homme-Dieu : homme, car autrement l'humanité n'expie pas en sa personne ; Dieu, sans cela le mystère de la Rédemption n'est pas accompli. Mais les profondeurs de ce mystère étonnent les esprits, et ils se partagent en deux sectes : les uns attaquent la divinité, les autres l'humanité.

Vers 426, le patriarche de Constantinople, Nestorius, dans un discours prononcé en présence de tout le peuple assemblé, déclare qu'il y avait hérésie à appeler la mère du Christ mère de Dieu ; que dans le Christ il y avait deux personnes distinctes : une personne divine et une personne humaine, un homme en qui le Verbe avait habité comme Dieu habite dans un temple, sans plus d'union qu'il n'en existe entre le sanctuaire et le Dieu qui y réside. C'était la transformation de la doctrine d'Arius ; c'était un effort fait pour nier la présence de Dieu dans le Christ, pour séparer ce que le Christ avait uni ; c'était nous représenter dans la personne du Sauveur un sage, un homme plus éclairé que les autres, en communication plus étroite avec la Divinité, mais que rien n'aurait détaché du reste des hommes. On était conduit par cette tendance philosophique, rationnelle, à nier le surnaturel, sans s'apercevoir que c'était détruire le mystère, la foi, en un mot la religion.

Aussi l'Orient s'émut à la doctrine de Nestorius; et le concile tenu à Éphèse en 431, à la poursuite et sur les instances pressantes du pape Célestin, condamna l'hérésiarque, et la doctrine contraire fut définie et reconnue : dans le Christ résidait une seule personne en deux natures.

Un peu plus tard, l'archimandrite d'un grand monastère de Constantinople, Eutychès, combattant Nestorius, et poussant le zèle de la controverse jusqu'à l'excès, en vint à dire que dans le Christ il n'y avait qu'une personne et qu'une seule nature, que la nature humaine était absorbée par la nature divine, qu'ainsi le Christ n'avait pas eu de corps semblable au nôtre, pas de chair consubstantielle à la nôtre, et que c'était Dieu tout seul, Dieu lui-même, qui, dépouillant son impassibilité, avait souffert et était mort sur la croix. Il faisait une divinité souffrante, mourante, en sorte qu'il retournait à un véritable paganisme, confondant les attributs de la divinité avec ceux de l'humanité.

Sa doctrine attira l'attention de Flavien, patriarche de Constantinople, qui le déposa. Eutychès tourna alors les yeux vers le lieu que déjà les chrétiens s'étaient habitués à considérer comme le sanctuaire de toute sagesse et de toute justice : il en appela à Rome ; mais, pour plus de sûreté, il en appelait en même temps à l'empereur, auprès duquel il avait l'appui d'Eudoxie et de Chrysaphe. Grâce à cette intervention, il fut renvoyé absous par le conciliabule tenu à Éphèse, en 449, et il lui fut donné raison sur tous les points (1). Ces intrigues n'avaient pas trompé l'esprit clairvoyant de Léon, qui tenait l'œil fixé sur ces théologiens égarés, destinés à pousser un jour le délire jusqu'à disputer de la nature de la lumière du Thabor, au moment où le Turc serait sur la brèche de Constantinople. Léon était déjà intervenu avec toute la grandeur, toute la sagesse et le bon sens de l'esprit romain. Il avait écrit des lettres dans lesquelles il fixait le sens contesté, et avec une persévérance infinie, renversant tous les obstacles que lui opposait l'intrigue, il avait fini par obtenir la convocation d'un grand concile à Chalcédoine, en 451. Il ne choisit pas un lieu éloigné de la cour, mais une ville d'Asie, à la porte de Constantinople, parce qu'il n'a pas peur des embarras qu'on lui suscite : il connaît jusqu'où peut aller le pouvoir de la parole et de l'esprit. En effet, la lettre (2) qu'il écrivit à cette occasion est considérée comme un grand monument de l'antiquité ecclésiastique ; elle prit place dans le

(1) Voir les notes à la fin de la leçon, I.
(2) Voir les notes à la fin de la leçon, II.

dogme vénéré de l'Église grecque, et fut traduite dans les langues de tout l'Orient. Je ne puis cependant en lire qu'un fragment, qui montre la sagesse avec laquelle Léon le Grand demeure dans le vrai et loin de tout excès : « Nous ne pouvions, dit-il, « surmonter le péché et la mort, si celui qui ne « pouvait être retenu par la mort, ni atteint par le « péché, n'avait pris notre nature et ne l'avait faite « sienne. Il est Dieu, puisqu'il est écrit : « Au « commencement était le Verbe. » Il est homme, « puisqu'il est écrit : « Le Verbe s'est fait chair. »

Cette doctrine ferme, lumineuse, qui se tenait avec tant d'exactitude dans les limites du vrai, saisit et subjugua les esprits de ces Orientaux rassemblés à Chalcédoine, et dans la seconde session, après avoir lu le symbole de Nicée, les lettres de Cyrille et de Léon, ils s'écrièrent : « C'est la foi des « Pères, c'est la foi des Apôtres. Nous croyons tous « ainsi ; anathème à qui ne croit pas ainsi. Pierre « a parlé par la bouche de Léon ; Léon a enseigné « selon la vérité et la piété. C'est la foi de tous les « catholiques : nous pensons tous ainsi. »

C'est ainsi que fut décidée cette grande controverse. Léon le Grand avait fait acte de foi, car il avait de nouveau conservé au christianisme son caractère de religion, il n'avait pas souffert qu'il dégénérât en paganisme ni en philosophie ; il avait fait acte de foi, car il avait maintenu les mystères ; il n'avait pas permis qu'ils devinssent un système avec Nestorius, un mythe avec Eutychès ; le système s'adresse à la raison, le mythe à l'imagination, le mystère à la foi. La foi s'enfonce dans le mystère, avec le même courage que l'homme juste mourant s'enfonce dans les ténèbres de la mort : il sait bien que dans ces ténèbres il trouvera une autre lumière plus pure, et dans cette défaillance de la vie, une autre vie. Le grand esprit de Léon sait bien qu'en s'enfonçant dans ces obscurités de la foi, il trouvera une autre vie, la vie surnaturelle de la grâce que Dieu donne à ceux qui croient. La puissance de subjuguer est accordée à ceux qui croient, et non pas seulement à ceux qui raisonnent et qui disputent : aussi l'affirmation énergique de ce Romain fait taire quelque temps ces sophistes de l'Orient, et l'Église rentre un instant dans le silence de la pensée, de la raison et de la foi.

En même temps saint Léon sauvait, en Occident, la civilisation des périls de la barbarie. C'était, en effet, l'ère des invasions, et l'empire présentait bien peu de ressources pour résister à ces armements formidables qui agitaient les steppes de l'Asie et se prolongeaient même au delà du Rhin, puisque déjà les barbares avaient envahi les Gaules, l'Espagne, et se trouvaient maîtres de l'Afrique.

Au milieu de cette agitation, les ressources officielles de la civilisation se réduisent à bien peu de chose. Dans Ravenne se trouve l'empereur Valentinien III, sous la tutelle de sa mère Placidie : c'était un prince faible, et, dès lors, ce qui n'étonne pas, un prince mauvais. Il était servi par deux grands hommes d'épée, Aétius et Boniface ; mais en même temps par deux traîtres qui se détestaient, capables, pour se perdre l'un l'autre, de perdre leur maître avec eux : Aétius, qui négocia continuellement avec les Huns ; Boniface, qui vendit l'Afrique aux Vandales ; Aétius, qui tua Boniface de sa main et qui fut poignardé par la main de Valentinien, destiné à tomber lui-même sous le poignard de Pétronius Maximus, dont il avait outragé la femme. Maximus succéda à son trône et à sa couche, jusqu'à ce que la veuve de Valentinien elle-même, ayant eu révélation du crime de son nouvel époux, appelle à son tour Genséric et lui livre les portes de Rome. C'est le signal de la mort de Maximus, lapidé au moment où il s'apprêtait à fuir. Puis viennent Avitus, Majorien, Sévère, dont les règnes d'un moment sont dévorés à l'approche définitive de l'extermination, et précèdent à peine le dernier jour qui allait sonner, en 476, pour l'empire d'Occident.

Les ennemis de la civilisation s'appelaient Attila, qui, avec trois cent mille hommes derrière lui, faisait la terreur de la Germanie, de la Gaule et du monde entier, et Genséric, maître du Midi, de l'Afrique, et redouté même par les guerriers d'Attila. Voilà les deux périls dont il fallait sauver le monde. Un jour Attila envoya dire aux deux Césars

de Ravenne et de Byzance : « Faites-moi préparer
« des palais, parce que j'ai résolu de vous visiter. »
Et, entraînant à sa suite ses hordes innombrables,
il passa comme un torrent sur la Gaule, perdit la
bataille de Châlons, mais ne perdit ni l'espoir ni
la fureur, et, en 452, traversa les Alpes et parut
devant Aquilée. Après une courte résistance, Aquilée, emportée d'assaut, fut vouée à la ruine et à
l'extermination. Pavie et Milan eurent le même
sort. L'empereur, effrayé, s'était réfugié dans Rome,
mais, dans Rome, il ne trouvait plus ni généraux,
ni légions; il n'avait pour toute ressource qu'un
petit nombre de conseillers, de sénateurs éloquents,
et, heureusement, quelque chose de plus fort, de
plus nouveau : ce pouvoir qui résidait dans la personne de Léon. Il fut député avec Trygetius, ex-
préfet de la ville, et Avienus, personnage consu-
laire, pour arrêter, s'il se pouvait, Attila au passage
du Mincio, pour l'arrêter sans fer et sans hommes,
parce qu'il n'y avait plus ni fer ni hommes, pour
l'arrêter par la parole. Et, en effet, cette entrevue
n'a pas eu d'historiens; il n'entrait ni dans le génie
ni dans le devoir de Léon le Grand de nous raconter
sa victoire, ni dans le goût de Trygetius et d'Avienus
de nous avouer leur impuissance. Une seule chose
est assurée, c'est qu'après un entretien d'Attila et
de Léon, Attila se retira, traversa les Alpes, retourna en Pannonie, où il mourut l'année d'après.
Des récits divers s'attachèrent à cet événement :

on raconta surtout qu'Attila avait dit à ses officiers que s'il se retirait, c'est que, pendant que Léon lui parlait, il avait vu, derrière lui, un autre prêtre, au visage sévère, qui lui faisait entendre que, s'il allait plus loin, il trouverait la mort. Cette légende sans critique, et en apparence sans autorité, a traversé les siècles, acceptée par l'histoire, et a reçu pour toujours sa consécration des mains de Raphaël dans les chambres du Vatican.

Lorsque, plus tard, d'autres Huns, d'autres barbares du Nord, les luthériens allemands, à la suite du connétable de Bourbon, entrèrent dans Rome, et mirent le feu dans les chambres de Raphaël pour effacer la trace du triomphe de la papauté, le feu, la fumée passèrent et la victoire de Léon le Grand resta.

Voilà comment Léon avait résisté aux périls du Nord : restait le Midi. Genséric était plus formidable qu'Attila : lui, à moitié chrétien, à moitié civilisé, servi par une hiérarchie de fonctionnaires semblables à ceux de l'empire romain, ayant sous ses ordres une flotte avec laquelle il pouvait traverser les espaces et venir venger la vieille honte d'Annibal. En effet, Genséric, appelé par la veuve de Valentinien, met à la voile, et son pilote lui demandant de quel côté il faut tourner la proue et diriger le navire, il répond : « Vers ceux que menace la « colère de Dieu ; » et la colère de Dieu, ce jour-là menaçait Rome. C'était trois ans après la retraite d'Attila : souvent Léon avait rappelé aux Romains leur délivrance; il leur disait de ne l'attribuer ni aux astres ni au hasard, mais aux saints et à la miséricorde de Dieu, et il les engageait à célébrer ce jour non pas au cirque et dans les amphithéâtres, mais dans les assemblées des chrétiens. Ces paroles avaient été vaines, et, rassurés comme des matelots le lendemain d'une tempête à la veille d'une autre tempête, ils avaient oublié ces avertissements, lorsqu'ils apprirent que Genséric venait de débarquer avec une armée nombreuse, qu'il remontait le Tibre, et qu'il allait être à leurs portes. Cette fois encore Léon alla trouver les barbares, et il en obtint que, satisfaits du pillage, ils épargneraient la vie et respecteraient les personnes : en effet, Genséric entra dans Rome, y resta quatorze jours ; tous les historiens nous attestent qu'il pilla la ville, mais qu'il ne versa pas une goutte de sang. Je ne sais si je me trompe, mais ce second miracle me paraît plus grand que le premier. Il y avait moins de mérite, moins d'habileté, à arrêter un barbare comme Attila, frappé peut-être par la majesté d'un vieillard chrétien, qu'à contenir pendant quatorze jours et quatorze nuits cette multitude de Vandales, les uns ariens, les autres païens, sans aucun lien de croyance avec les populations de Rome au milieu desquelles ils s'abattaient, à les maintenir fidèles à la lettre de ce traité souscrit à la veille de leur entrée dans la ville désarmée.

Une seule chose put faire la force de Léon devant les barbares : le grand patriotisme dont il était inspiré. C'est par là qu'il marque entre tous les docteurs de l'Occident, c'est là ce qui fait voir le nœud des temps anciens et des temps nouveaux, et la perpétuité des grandes et légitimes traditions dans les esprits chrétiens. Le pape Léon ressent en lui toute la passion des Cincinnatus et des Scipion ; il comprend la grandeur romaine autrement, mais il est toujours aussi dévoué à la gloire de cette cité dont il est citoyen en même temps qu'évêque. C'est là ce que nous montre le Discours pour la fête des apôtres Pierre et Paul, dans lequel il expose la destinée providentielle de la ville où il a été établi serviteur des serviteurs de Dieu. « Afin que la grâce
« et la Rédemption répandît ses effets par tout le
« monde, la divine Providence a préparé l'empire
« romain, et ses développements ont été poussés à
« de telles limites, que, dans son sein, toutes les
« nations réunies semblaient se toucher. Car il en-
« trait dans le plan de l'œuvre divine qu'un grand
« nombre de royaumes fussent confondus en un seul
« empire, et que la prédication, trouvant devant elle
« des voies ouvertes, pût rapidement atteindre tous
« les peuples qu'une seule cité tenait sous ses
« lois (1). »

Vous le voyez, cette doctrine c'est celle que nous

---

(1) S. Leonis Magni *Sermo primus in natale apost. Petri et Pauli.*

avons trouvée dans Claudien, que nous trouverons encore dans Prudence, dans Rutilius; c'est celle qui se perpétuera de siècle en siècle, et qui fera redire à Dante que c'est en vue de la grandeur chrétienne de Rome que Dieu a fondé l'empire romain.

Ainsi cette pensée romaine ne s'est pas évanouie en présence de la barbarie : elle est encore suscitée pour lui résister, pour la combattre; et Léon le Grand ne fait que commencer cette glorieuse résistance, qui continuera par Grégoire le Grand et plus tard par ses successeurs, jusqu'au jour où la barbarie purifiée, régénérée, victorieuse d'elle-même, viendra s'incliner dans la personne de Charlemagne et relever l'empire d'Occident.

Nous avons suffisamment établi que, quelque puissance que nous trouvions alors à la papauté, elle ne devra rien aux temps barbares, elle s'est constituée au grand jour de l'antiquité, sous l'œil jaloux du paganisme, sous l'œil clairvoyant des Pères de l'Église, dans les grands siècles de la théologie chrétienne, et elle ne doit rien aux ténèbres. Elle a été établie avec cette puissance incontestable pour résister, pour combattre la barbarie menaçante, et commencer une lutte qui ne finira que momentanément avec Charlemagne, car elle se renouvellera bientôt après lui ; et lorsque Grégoire VII infligera à Henri IV cette pénitence qu'on lui a tant reprochée, il ne fera que continuer ce que Léon le Grand avait commencé avec Attila ; il ne fera que refouler le barbare dans son domaine et sauver encore une fois la civilisation.

Il y avait une autre puissance qui devait sauver les lettres et la civilisation : je veux dire les moines. Quant à cette puissance, nous n'aurons pas à repousser le reproche de nouveauté qu'on adresse à la papauté. Jamais, en effet, on n'a accusé le monachisme d'avoir commencé trop tard, mais trop tôt ; on l'a accusé d'être né dans les vieilles religions de l'Orient, d'avoir été tout pénétré de leur esprit, de s'être introduit subrepticement dans l'Église pour y porter des habitudes qui n'étaient pas les siennes, et d'avoir été pour elle bien moins un secours qu'un péril, bien moins une gloire qu'un scandale.

J'ai dit, déjà plus d'une fois, que le christianisme n'a point fait l'humanité, mais qu'il l'a refaite ; il ne crée pas, il transforme. L'homme existe, mais sous la loi de la chair ; la famille, mais sous la loi du plus fort ; la cité, mais sous la loi d'intérêt. Le christianisme réforme l'homme par la renaissance de l'esprit ; la famille, par le droit des faibles ; la cité, par la conscience publique. De même aussi il trouve dans les sociétés antiques des temples, des sacrifices, des prêtres : il ne les abolit pas, il les purifie ; le christianisme n'a rien aboli, il a tout régénéré. Ainsi a-t-il fait du monachisme ; il n'y a pas de grande religion sans moines : l'Inde a eu ses ascètes, qui abandonnent toutes choses, s'enferment dans les déserts sans autre bien qu'un haillon sur l'épaule et un plat de bois à la main, qui passent leur vie se nourrissant de graines, de racines arrachées de la terre, et qui, accroupis sur eux-mêmes, consument leurs jours et leurs nuits dans la contemplation de l'âme de Dieu, captive dans leur corps et qu'ils cherchent à affranchir. A côté des anachorètes du brahmanisme, le bouddhisme a ses cénobites, et dans la Tartarie, la Chine, le Japon, il n'y a pas de prêtres, mais des moines, des hommes qui vivent sous la loi de la communauté. Ces institutions orientales ne peuvent avoir d'autre esprit que le paganisme qui les inspire ; elles sont toutes fondées sur la confusion du principe de la créature et du créateur, et comme le brahmane se figure qu'il est de droit le seigneur de la création, et que tous les hommes ne vivent que par sa permission, il méprise souverainement ses semblables. De même l'anachorète pense que le sort le plus heureux, le suprême bonheur, est d'arriver à s'absorber dans Brahma, c'est-à-dire dans l'incompréhensible. Voilà l'orgueil et l'égoïsme qui font l'âme de l'ascétisme indien.

Chez les Hébreux des derniers temps de l'antiquité, le monachisme paraît sous des formes plus pures, car le judaïsme a eu ses ascètes: les esséniens et les thérapeutes habitent, les uns sur les

bords de la mer Morte, les autres à Alexandrie : les premiers voués à la vie active ; les seconds, au contraire, à la vie contemplative et à la prière ; ils vivent dans le célibat, dans la communauté des biens, sans esclaves. Mais le dur esprit du judaïsme s'y manifeste par l'horreur pour les étrangers, et par leur séparation absolue d'avec les autres hommes qu'ils considèrent comme impurs, tellement que, s'ils se sont approchés d'un homme qui n'est pas essénien, ils se purifient ; le pécheur parmi eux n'avait plus de réconciliation à espérer, sa faute était irrémissible ; il était défendu de lui tendre une main amie et de rompre avec lui un morceau de pain. Ils prolongent cependant leur existence bien après le christianisme, car Pline l'Ancien les connut, et il cite une nation remarquable entre toutes les autres, « sans femmes, ayant renoncé à tous les
« plaisirs, et qui vit pauvre parmi les palmiers ;...
« ainsi, depuis des milliers de siècles, chose remar-
« quable, cette nation subsiste éternelle, et per-
« sonne ne naît de son sein, tant est fécond pour
« elle le dégoût des autres genres de vie (1). »

C'est là, et chez les thérapeutes surtout, qu'il faut chercher l'origine du monachisme chrétien. Tant que le péril fut dans la société, tant qu'elle put être sauvée et qu'il fallut combattre par le martyre pour l'affermissement de la foi, les saints

---

(1) Plin. Maj., *Hist. nat.*, l. V, c. xv. (S. xvii.)

restèrent dans le monde pour aller mourir dans le cirque ou sur le bûcher à l'heure que Dieu leur marquerait. Aux temps des persécutions, tous ceux qui auraient pu devenir anachorètes devinrent martyrs : ce n'est qu'au moment où elles vont finir, quand la société romaine tombe en dissolution, et qu'il faut qu'une société nouvelle se forme pour la remplacer, c'est alors que se disciplinent ces milices destinées à refaire la conquête de l'univers, après que Rome l'a perdu. Le premier qui paraît, c'est l'ermite Paul (en 251); un peu plus tard, c'est saint Antoine, qui leur donne des règles ; un peu après, c'est saint Pacôme, qui les rassemble en grandes communautés, et en forme un corps auquel il donne, en quelque sorte, une loi. Sous cette loi nouvelle, ils se répandent avec une grande rapidité dant tout l'Orient. Enfin vient saint Basile, auteur d'une règle devenue populaire et entourée de la vénération universelle dans les monastères d'Orient. Saint Basile, peu favorable à la vie solitaire, s'efforça de réduire les ascètes à la vie commune ; il préféra les cénobites aux anachorètes ; « car, dit-il au solitaire, de qui laveras-tu les pieds, « qui serviras-tu, comment seras-tu le dernier si « tu es seul ? »

Il faut voir maintenant comment cette vie monastique, si florissante en Orient, passa en Occident. Je crois avoir trouvé l'époque précise de la propagation de la vie cénobitique. On la fait ordinairement commencer à la fondation de Ligugé ; je crois voir une trace plus ancienne. On savait bien déjà que c'était saint Athanase qui, ayant connu saint Antoine et écrit la vie de ce solitaire, était venu ensuite en Occident et y avait propagé le goût et la passion de l'imiter. Mais, en considérant de plus près les voyages de saint Athanase en Occident, on voit qu'il vint pour la première fois à Trèves en 336 ; exilé par Constantin, il y résida longtemps, et, pendant ses loisirs, il lui fut possible de commencer à écrire la vie de saint Antoine : c'est alors sans doute qu'il fit sentir autour de lui les avantages de la vie cénobitique, car de bonne heure il y eut des monastères fondés à Trèves, et ils ont conservé, comme loi et règle vivante, la vie de saint Antoine. Je vous ai déjà entretenus de cette histoire racontée par saint Augustin dans ses *Confessions*, et qui fit tant d'impression sur lui, de ces deux officiers de la cour qui, se promenant hors des murs de Trèves et s'étant détachés de leurs compagnons, arrivèrent à une maison habitée par des serviteurs de Dieu, par des moines. Étant entrés, ils virent un livre sur une table : c'était la *Vie de saint Antoine;* l'un des officiers commença à lire, et au récit de cette vie du désert innocente et pure, sous des cieux sans nuages et en communication avec Dieu, exempte de passions et d'injustices, le pauvre officier, tout meurtri probablement des injustices de la cour, se senti ému d'un désir infini, et, se tournant vers

son ami : « Où nous mènent tous nos travaux ?
« dit-il ; que poursuivons-nous ? Quel peut être
« notre espoir, sinon de devenir amis de l'empe-
« reur ? Et avec quel péril ? Or il dépend de nous
« de devenir amis de Dieu et dès aujourd'hui. »
« Il recommença à lire, et son âme changeait, et
« son esprit se dépouillait du monde ; il lisait, et
« les flots de son cœur roulaient tumultueusement.
« Il frémit un moment, il jugea, il se décida, et,
« déjà vaincu, dit à son ami : « C'en est fait, je
« romps avec mes espérances, je veux servir Dieu
« ici même et sur l'heure. » Son ami l'imite ; leurs
deux compagnons les rejoignent, apprennent leur
détermination et les quittent en pleurant ; mais
c'était sur eux-mêmes qu'ils pleuraient (1).

Ce récit admirable montre par quelle puissance
soudaine, par quel irrésistible entraînement se
propageait cet enthousiasme de la vie solitaire, au
milieu de la vie dissolue, attristée, appauvrie de
cet Occident, à la porte duquel les barbares frappaient déjà. Le compagnon de cet officier l'imite,
tous deux s'enferment en même temps dans ce monastère. Ainsi naquit la vie cénobitique en Occident.

Je ne vous raconterai pas comment saint Jérôme,
du fond de sa solitude de Bethléem, formait et
disciplinait des colonies de moines, qui se répandaient ensuite dans toute l'Italie ; comment saint

(1) Aug., *Confess.*, l. VIII, c. vi.

Augustin, épris de la vie commune, de cette vie pythagoricienne, qu'il rêvait autrefois à Milan avec ses amis, devenu évêque d'Hippone, fonda des monastères et leur prescrivit des règles empreintes de cette sagesse et de cette modération qui font le caractère de son génie.

Mais la terre propre de la vie cénobitique, c'est la Gaule : c'est là que, dès l'an 360, saint Martin, ayant passé quelque temps à Milan dans un monastère où il s'était formé, en établit un autre à Ligugé, près de Poitiers, et, un peu plus tard, le grand monastère de Marmoutiers, près de Tours. Il y résidait, étant évêque de Tours, avec quatre-vingts et quelques moines : lorsque vint l'heure de ses funérailles, il fut suivi par plus de deux mille. Je ne m'étonne plus alors de voir se fonder, en 410, cette grande abbaye de Lérins, d'où sortiront tant d'hommes illustres, de voir saint Victor en fonder une autre à Marseille, où Cassien apporta les traditions de la Thébaïde, puis dans l'île Barbe, près de Lyon, tandis que Vitricius peuplait de moines les dunes et les sables de la Flandre. Dès le commencement du cinquième siècle, je vois toutes les frontières que les milices romaines avaient abandonnées, et que menaçait la barbarie, je les vois gardées par les colonies d'une autre milice, d'une autre Rome, par des colonies qui arrêteront les barbares, les retiendront, les fixeront, et c'était beaucoup pour commencer à les civiliser.

Je finis en constatant que ce qui sépare le monachisme du monde romain, cette société nouvelle de la société ancienne, ce sont ces trois choses : la pauvreté, au milieu d'une société qui meurt de son opulence ; la chasteté, au milieu d'une société qui expire d'orgies ; l'obéissance, au milieu d'une société qui périt de désordre. Voilà ce qui fait la puissance du monachisme vis-à-vis de la société romaine.

Ce qui fait la différence de l'ascétisme chrétien avec l'ascétisme indien, c'est quelque chose de plus profond. Les ascètes païens étaient chastes, pauvres, disciplinés ; mais il y a deux choses qu'ils ne connaissaient pas et que les ascètes chrétiens connaissent : le travail et la prière. Le travail, car les ascètes de l'Inde ne travaillent pas, ils demeurent immobiles ; s'ils occupaient leurs mains, ils troubleraient leur contemplation. Au contraire, les ascètes chrétiens travaillent des mains ou de l'esprit : dans les solitudes de la Thébaïde, il y avait des forgerons, des charpentiers, des corroyeurs et même des constructeurs de navires ; dans les monastères d'Occident, c'est le travail d'esprit qui domine. Saint Augustin l'établit en Afrique, il fleurit à Ligugé, à Lérins, et il s'étend partout . c'est dans ces monastères que les lettres ont un sûr asile. Travailler, non pour soi-même, ni pour ses enfants, ni pour sa femme, mais travailler d'un travail persévérant pour une communauté, c'est un effort qu'on ne peut demander facilement à la nature humaine. Les fondateurs de la vie spirituelle n'avaient demandé ces grands sacrifices, cette abnégation de tous les jours, qu'au nom de l'amour. Ils n'avaient jamais cru qu'on pût réunir des hommes nuit et jour dans la gêne perpétuelle d'un voisinage qui sans cesse froisse et mortifie, qu'on pût les forcer à s'oublier eux-mêmes; ils n'avaient pas cru que ce prodige pût se faire au nom de l'orgueil qui veut commander, ni avec le sensualisme qui veut jouir. Il faut pour cela un degré d'abnégation auquel on ne peut arriver que par l'humilité et par la charité, et voilà ce que les ascètes chrétiens trouvaient dans la prière. Les Indiens, les sages du paganisme, ne priaient pas; les anachorètes de l'Inde ne prient pas, ils contemplent, ils sont absorbés; ils ont Dieu en eux, ils sont dieux eux-mêmes, pourquoi donc prieraient-ils? L'anachorète chrétien prie parce qu'il reconnaît quelque chose de plus grand, de plus fort que lui; il prie parce qu'il aime, parce qu'il aspire à une vie meilleure, parce qu'il aspire à Dieu. L'anachorète chrétien ne méprise pas ses semblables, il les aime passionnément. Vous avez cru qu'au moment où il laissait derrière lui son vieux père, sa vieille mère en pleurs, vous avez cru qu'il allait les oublier, qu'il allait oublier tous les hommes : non, il retrouvera son père, sa mère, tous les hommes, il les retrouvera à toutes les heures, tous les jours et toutes les nuits dans la contemplation, dans l'amour, dans l'entretien de ce Dieu auquel il va, et la prière même ne sera qu'une autre manière de servir les hommes et de coopérer à l'œuvre de purification et de sanctification de l'Église.

EXTRAIT DES NOTES DE LA LEÇON

I

Le concile s'ouvre le 8 août 451 sous de fâcheux auspices; Dioscore le préside. Il y conduit ses partisans. Les évêques accusateurs d'Eutychès ne siégent pas comme juges. On ne compte que cent trente votants. — Le moine Barsumas. — Au lieu des lettres du pape, on lit celles de l'empereur qui appellent une répression sévère contre les nestoriens cachés. — Eutychès est introduit, et présente son apologie. On n'accorde pas la parole à son accusateur principal, et les eutychéens veulent le jeter au feu. Eutychès est absous au bruit des soldats et des moines qui environnent l'église. — Dioscore propose la déposition de Flavien. Onésiphore, évêque d'Icone, et plusieurs autres embrassent les genoux du patriarche. Il se lève de son trône, protestant qu'il ne cédera pas : « Qu'on fasse entrer les comtes; » dit-il, et avec eux entrèrent les soldats avec des épées et des chaînes. Alors les évêques donnèrent leurs blancs seings ; un petit nombre refusèrent et furent exilés. Flavien en appela. Les légats protestèrent, et bientôt après Léon et le concile de Rome anathématisaient le brigandage d'Éphèse.

II

LETTRE DE SAINT LÉON LE GRAND A FLAVIEN.

I. Il a compris par la lecture des actes du concile archiépiscopal le scandale et l'erreur d'Eutychès... Quoi de plus injuste que de professer l'impiété et de ne point croire à de plus savants que soi? Tel est l'égarement de ceux qui, dans leurs doutes, ne recourent point aux oracles des prophètes, aux enseignements des apôtres, à l'autorité des Évangiles, mais à eux seuls, maîtres de l'erreur parce qu'ils ne furent pas disciples de la vérité.

II. Il reproche à Eutychès d'ignorer les trois premiers articles de la profession de foi ; car, d'une part, le fils de Dieu y est représenté avec tous les attributs de la Divinité; de l'autre, le Fils de Marie y prend tous les caractères de l'humanité. Cette génération temporelle fut nécessaire pour la réparation de l'homme; car nous ne pouvions surmonter l'auteur du péché et de la mort, si celui qui ne pouvait être retenu par la mort, ni atteint par le péché, n'avait pris notre nature et ne l'avait faite sienne.

III. Textes de l'Écriture : Fils de David, d'Abraham ; promesse faite aux patriarches. L'une et l'autre nature demeurant en son entier a été unie en une personne, afin que le médiateur pût mourir en demeurant impassible et immortel. Il a tout ce qui est en nous, tout ce qu'il créa, tout ce qu'il répare, mais non le péché que le trompeur y a mis. Il a pris la forme d'esclave, mais non la souillure d'iniquité, relevant la dignité de la nature humaine sans rien diminuer de la nature divine.

IV. Le Verbe et la chair gardent les opérations qui leur sont propres. Il est Dieu, puisqu'il est écrit : Au commencement était le Verbe. Il est homme, puisqu'il est dit : Le Verbe s'est fait chair. La naissance montre la nature humaine. L'enfantement d'une Vierge montre la nature divine. C'est un enfant dans la crèche, c'est un Dieu qu'adorent les anges. La faim, la soif, la lassitude, le sommeil, sont d'un homme ; mais il est d'un Dieu de rassasier cinq mille hommes avec cinq pains, de donner l'eau vive à la Samaritaine, de marcher sur les eaux, de calmer la tempête. Il n'est pas d'une même nature de pleurer son ami mort et de le ressusciter, d'être attaché à la croix, et de changer le jour en nuit, de faire trembler les éléments et d'ouvrir au bon larron les portes du ciel.

V. La dualité des natures ne préjudicie point à l'unité de personne. C'est cette unité qui fait proférer dans le symbole que le Fils de l'homme est descendu du ciel, et que le Fils de Dieu a pris chair de la Vierge. Pierre, interrogé, lui confesse qu'il était le Christ, le Fils du Dieu vivant; et il fut confirmé pour être la pierre fondamentale de la foi, parce qu'il avait compris qu'il y a autant de danger de le croire seulement homme ou seulement Dieu.

VI. Il faut estimer vide de foi cet homme qui ne reconnaît notre nature ni dans l'humiliation mortelle du Fils de Dieu, ni dans la gloire de sa Résurrection... l'Église catholique vit de cette foi, que dans le Christ Jésus, l'humanité n'est pas sans la véritable divinité, ni la divinité sans la véritable humanité... Si donc Eutychès se repent sincèrement, s'il reconnaît par un repentir tardif, et, si pour satisfaire la vérité, il condamne des lèvres et de la main ses fausses opinions, je ne mets pas de mesure à votre clémence; car Notre-Seigneur, bon et véritable pasteur, qui donne sa vie pour ses brebis et qui vient pour sauver les âmes et non pour les perdre, nous veut imitateurs de sa pitié, en sorte que la justice châtie les coupables, et que la miséricorde ne repousse point les repentants.

III

Au-dessous de la monarchie élective des papes se range l'aristocratie élective des évêques. Selon saint Cyprien, l'épiscopat est unique, mais chaque évêque en a solidairement une part. — L'évêque est le gardien responsable du dogme et de la discipline. Il est l'organe de la tradition dans son église, il en est le témoin dans les conciles. — La puissance spirituelle de l'épiscopat éclate surtout au milieu de ces conciles du quatrième et du cinquième siècle, derniers refuges de la parole libre, où le règne de l'esprit s'établit en dépit des épées. — L'évêque est investi d'une magistrature temporelle, d'abord par l'Église, ensuite par les lois romaines. Il est chargé de donner des tuteurs aux orphelins, il devient le défenseur de la cité, le pasteur du peuple, et par conséquent son protecteur contre l'oppression des grands. — Saint Ambroise et le massacre de Thessalonique.

— Saint Martin, soldat pannonien, donne la moitié de son manteau à un pauvre ; cette charité était une vocation ; il embrasse la vie religieuse à Milan, puis dans l'île de Gallinaria, près Albenga ; puis il va à Ligugé, près de Poitiers, auprès de

saint Hilaire, ce glorieux défenseur de l'orthodoxie.
— Par quel artifice on l'attire à Tours, pour le faire évêque. Une multitude immense est venue pour voter. Un petit nombre et quelques évêques repoussent cet homme d'un aspect méprisable, de mine chétive, aux cheveux et aux vêtements en désordre. Mais la volonté de Dieu se manifeste et le peuple l'emporte. Il devient évêque et bâtit un monastère à Marmoutiers, pour s'y retremper, non pour s'ensevelir dans une oisive contemplation. Il en sort pour parcourir le centre de la Gaule, publiant la foi dans ces contrées mal converties, « où bien peu, dit Sulpice Sévère, avaient reçu le nom du Christ. » Il brûle les temples, renverse les autels et les arbres sacrés. Plus souvent sa prédication touchait si fort les païens, qu'eux-mêmes abattent leurs temples. Il n'est pas plus indulgent pour les superstitions chrétiennes et détruit l'oratoire élevé sur la sépulture d'un faux martyr.

En même temps, on voit saint Martin préoccupé de ces devoirs temporels dont les évêques du moyen âge ne se délivreront plus. Il est l'économe du bien des pauvres ; il rachète les captifs, reçoit les pèlerins, leur lave les mains et les pieds. Mais surtout son caractère se fait voir dans sa lutte avec le pouvoir temporel, avec Maxime. Maxime régnait à Trèves, entouré de prélats adulateurs qui ne craignaient pas de fréquenter cet homme tout souillé du sang de Gratien. L'évêque espagnol Ithace, sou-

tenu par plusieurs de ses collègues, avait poursuivi
à sa cour la condamnation des priscillianistes;
cinq de ces malheureux avaient été mis à mort, et
une commission d'enquête allait être envoyée en
Espagne avec pouvoir d'ôter aux hérétiques la vie
et les biens. Saint Martin accourt à Trèves et demande la grâce de deux condamnés, et qu'il n'y
ait pas de commission d'enquête ; il refuse de communiquer avec Ithace et ses partisans. Maxime lui
accorde ses demandes, mais à la condition qu'il
communiquera avec les évêques de sa cour. Martin
cède, et le lendemain il paraît avec eux au sacre
de l'évêque Félix. « Le jour suivant, s'en retour-
« nant comme triste sur la route, il gémissait d'a-
« voir été forcé pour un moment à une communion
« mauvaise ; non loin d'un bourg qui a nom Audi-
« thana, en un lieu où sont de vastes et solitaires
« forêts, ses compagnons l'ayant un peu dépassé,
« il s'assit, accusant et défendant tour à tour dans
« sa pensée l'action qu'il avait commise ; soudain
« un ange parut devant lui : « Tu as raison d'être
« affligé, Martin, mais tu ne pouvais faire autre-
« ment ; relève-toi et reprends courage, de peur
« qu'à ce coup tu ne mettes en péril, non ta gloire,
« mais ton salut. » Depuis ce temps il se garda
« de prendre part à la communion d'Ithace. Mais
« un jour qu'il exorcisait des possédés plus lente-
« ment que de coutume, parce que la grâce était
« diminuée, il nous avouait en pleurant que cette

« vertu s'affaiblissait en lui par suite de la com-
« munion à laquelle il avait pris part un instant,
« par nécessité et non de cœur. Durant seize années
« qu'il vécut encore, il n'assista plus à un seul
« concile, et il évita les assemblées de ses frères
« les évêques (1). »

Saint Martin, destructeur du paganisme et fondateur de l'Église au centre des Gaules ; de là cette gloire qui l'entoure en France et en Italie, et comment, au lendemain de leur conversion, les Francs prennent sa châsse pour bannière.

(1) Sulpice Sévère.

LES MOEURS CHRÉTIENNES

(TREIZIÈME LEÇON)

Messieurs,

Nous avions à nous assurer des forces de la société chrétienne, en présence de l'invasion dont grondaient déjà les premiers bruits. Il fallait connaître quelles institutions allaient recevoir le premier choc de la barbarie, lui résister dès à présent et par conséquent la vaincre un jour. Parmi ces institutions, il en était deux qui méritent d'être étudiées de plus près, à cause de la grande destinée qui les attendaient aux siècles suivants : je veux dire la papauté et le monachisme. Nous en avons interrogé les origines, et nous avons trouvé que la papauté résulte de la constitution même du christianisme, dont elle représente l'unité visible ; nous l'avons vue grandir avec les périls et les besoins, jusqu'à ce qu'enfin, en la personne de Léon le Grand, elle exerce toutes les prérogatives spirituelles qu'elle réclamera jamais, soit par la bouche de Grégoire le Grand, soit par celle de Grégoire VII. Nous avons établi que le monachisme était un phénomène nécessaire de toutes les grandes religions, et, à l'exemple des colléges des prophètes, des esséniens, des thérapeutes, nous avons vu commencer ces grandes colonies monastiques destinées à venir relever aux frontières de l'empire les légions fatiguées, et qui se multiplient avec tant de rapidité, que bientôt les bords des fleuves en sont couverts. Nous avons trouvé dans les écrits de saint Jérôme ce parfum du désert qui attirera dans la solitude d'innombrables anachorètes, et qui jettera saint Colomban dans les montagnes des Vosges ou dans les forêts de la Suisse. Ainsi, ces deux grandes institutions, qui avaient été représentées comme l'œuvre des temps barbares, comme l'ouvrage inévitable, mais désordonné, d'une époque de trouble et de nuit intellectuelle, précédaient les ténèbres où elles étaient appelées à faire briller encore quelque lumière.

Il nous resterait à examiner l'ensemble de la législation ecclésiastique, à considérer cette organisation nouvelle de la famille par le mariage chrétien, de la propriété par la législation des biens ecclésiastiques, de la justice par la procédure qui s'introduit dans les tribunaux épiscopaux, et par le système pénitentiaire de l'Église; laquelle embrasse ainsi, en quelque sorte, tous les degrés de la moralité humaine. Mais, pour entreprendre une pareille tâche, le temps et la force nous manquent. Cependant il nous importe de marquer, dès à présent, ces commencements du droit canonique, dans lequel on voit se continuer les traditions romaines, qui se conservent, à la condition de se purifier. Et de même que les temples restent debout, de même que les lettres latines se maintiennent à la charge de faire, dans l'Église, l'éducation des générations chrétiennes qui s'y pressent, ainsi la législation romaine ne se conserve nulle part plus sûrement que dans ces institutions canoniques, qui semblent d'abord la couvrir et la voiler. C'est dans les canons des conciles, dans les décrets de cette série de papes, descendants des martyrs, qu'il faut aller étudier ce qui s'est conservé de la tradition et de la législation des persécuteurs. Ulpien, ce grand ennemi des chrétiens, n'est jamais plus sûr de vivre que dans le moment où les chrétiens, le couvrant d'un pardon universel, le font entrer et asseoir au lieu le plus honorable dans la chaire de leurs jurisconsultes.

Ainsi les institutions étaient fortes, mais à côté des lois il y a les mœurs. Une société se tient encore moins assise sur ces bases larges, solides et apparentes qu'on appelle le droit, que sur ces autres fondements cachés, profonds, placés, ce semble, hors de la portée de la science et qu'on appelle les mœurs. Rome païenne eut aussi des institutions puissantes ; seulement le progrès des lois y fut en raison de la décadence des mœurs. Il s'agit de savoir si la société chrétienne au cinquième siècle présentera le même contraste, ou si le progrès des mœurs y accompagnera le progrès des lois. Je m'arrête à deux points qui font toute la supériorité des mœurs chrétiennes : la dignité de l'homme et le respect de la femme. Les barbares passent pour avoir introduit ces deux sentiments dans la civilisation moderne. Et, en effet, ces hommes errants, ces hommes de guerre, ces chasseurs, habitués à ne reconnaître aucune autorité visible, à ne dépendre que de leur arc et de leurs flèches, apporteront dans le monde, avec une humeur superbe qui foulera aux pieds, pendant longtemps, toute tentative des lois pour les réduire à la servitude civile, le sentiment de l'indépendance, de l'honneur, de l'inviolabilité personnelle. D'un autre côté, ces hommes indomptés reconnaissent aux femmes je ne sais quoi de divin ; ils leur demandent des oracles avant la bataille, ils leur portent leurs blessures après la victoire, ils s'agenouillent autour de la fatidique Velléda. Ils ont un sentiment que la société romaine ne connaissait pas, qui devait faire la grandeur du moyen âge et porter sa fleur au temps de la chevalerie.

Ce sont là les deux principes par lesquels les barbares doivent innover dans le monde. Il faut voir s'ils n'ont pas été précédés, si en arrivant avec ces deux instincts généreux, le respect de la dignité humaine et la vénération des femmes, ils ne trouveront pas une puissance qui avait déjà fait de ces deux instincts deux vertus.

Le premier ressort, le ressort secret, profond de la société moderne, c'est ce sentiment excellent qu'on appelle l'honneur, qui n'est autre chose que l'indépendance et l'inviolabilité de la conscience humaine, supérieure à tous les pouvoirs, à toutes les tyrannies, à toutes les forces du dehors; c'est, en un mot, le sentiment de la dignité de l'homme, et nous ne devons pas méconnaître combien l'antiquité, avec toutes ses vertus civiques, avait opprimé cet instinct légitime de la dignité personnelle. En effet, vous le savez, en présence de la patrie, le citoyen n'est rien; en présence de la loi, la conscience se tait; en présence de l'État, l'homme ne connaît pas de droits. Voilà la loi générale ; et en même temps que l'antiquité écrasait la dignité humaine par la majesté de l'État, elle flétrissait la personne dans trois sortes d'hommes qui composaient la grande majorité du genre humain : les esclaves, les ouvriers et les pauvres.

Nous savons ce que les lois anciennes avaient fait de l'esclave, nous ne savons pas assez ce qu'il était devenu dans les mœurs, ce qu'était devenue cette créature humaine ou plutôt cette chose dont on se servait pour assouvir les plus lubriques passions, pour essayer des poisons comme Cléopâtre, ou pour nourrir des lamproies comme Asinius Pollion. Mais l'humanité n'a jamais perdu ses droits ; et Sénèque, quelque part, avait osé produire cette opinion téméraire que les esclaves pourraient bien être hommes comme nous. Sénèque cependant possédait vingt mille esclaves, et on ne voit pas que son stoïcisme lui en ait fait affranchir un seul. Bien mieux, ce stoïcisme avait passé dans les écrits des jurisconsultes romains, et cependant ne cherchent-ils pas à diminuer le nombre des manumissions qu'ils regardent comme menaçantes pour la sûreté publique ?

Une moitié de la population romaine était esclave, et, chez l'esclave, on flétrissait l'âme en même temps que le corps. C'était, en effet, un proverbe reçu que de dire qu'à ceux à qui Jupiter enlève la liberté, il ôte aussi la moitié de l'intelligence. Les esclaves eux-mêmes en étaient persuadés : ils se croyaient destinés à cette condamnation éternelle, sous le poids de laquelle ils se sentaient écrasés et flétris, et de là ces emportements de passions, ce dévergondage grossier auxquels ils se livrent et que nous apercevons surtout dans ces scènes dont la comédie latine était si prodigue. Plaute lui-même avait été esclave, il avait tourné la roue, et nous pouvons le croire sur parole lorsqu'il nous représente la profonde corruption de cette servitude.

Le christianisme trouva les choses à ce point : on lui a reproché de ne pas avoir affranchi les esclaves sur l'heure. Mais il eut deux raisons pour cela : d'abord il a horreur de la violence, il déteste le sang versé ; voilà pourquoi Celui qui mourut esclave sur la croix n'enseignait pas à l'humanité le chemin de Spartacus. Une autre raison, c'est que l'esclave n'était pas capable de la liberté ; avant d'en faire un homme libre, il fallait en faire un homme, reconstituer en lui la personne, retrouver la conscience étouffée, et le relever à ses propres yeux. C'est par là, en effet, que le Christ avait commencé en prenant la forme d'un esclave et en mourant sur la croix. Tout homme, à son exemple, par cela qu'il devenait chrétien, devenait esclave volontaire : *Qui liber vocatus est, servus est Christi.*

Tous ceux qui mouraient martyrs mouraient véritablement et légalement esclaves, *servi pœnæ*. Ainsi, dès les premiers jours, la chaîne de l'esclave, baignée déjà dans le sang du Calvaire, fut purifiée, consacrée encore dans le sang des martyrs ; les esclaves eux-mêmes vinrent y tremper leurs fers, et disputer à leurs maîtres chrétiens cet honneur de mourir pour l'immortelle inviolabilité de la conscience. Dans ces bandes de martyrs, bravant le supplice dès les premiers siècles, il y a toujours quelques esclaves pour représenter cette partie déchue et maudite de l'humanité. A Lyon, c'est sainte Blandine ; en Afrique, sainte Félicité ; sainte Potamienne, d'Alexandrie, qui, sommée par le juge de répondre aux désirs passionnés de son maître : « A Dieu ne plaise, « s'écria-t-elle, que je trouve un juge assez inique « pour me contraindre à obéir à la luxure de mon « maître ! »

Dès ce jour la conscience est reconstruite, la personne relevée, et l'esclave ne fera plus qu'accomplir une servitude volontaire. Pour lui, désormais, le péril ne sera pas de se mépriser lui-même, mais de mépriser son maître. Aussi, dès les premiers siècles, saint Ignace exhorte les esclaves à ne point mépriser leurs maîtres, à ne se point laisser entraîner par l'orgueil de la chaîne purifiée dont ils étaient chargés. Plus tard, saint Jean Chrysostome répond à ceux qui lui demandent pourquoi le christianisme n'a pas tout d'un coup affranchi les esclaves : « C'est afin de vous apprendre l'excel« lence de la liberté. Car, de même qu'il est plus « grand de conserver les trois enfants s'ils restent « dans la fournaise, ainsi il y a moins de grandeur « à supprimer la servitude qu'à montrer la liberté « jusque dans les fers (1). »

Ainsi commençait l'affranchissement de l'humanité, par l'âme, par en haut, comme le chris-

---

(1) S. Joan. Chrysost., *in Ep. I ad Cor.*, homil. 19.

tianisme a toujours commencé, en rendant à l'esclave sa liberté morale, en préparant ce long et laborieux ouvrage de la liberté civile ; car, par cela seul qu'il était relevé à ses propres yeux, l'esclave se relevait aux yeux de son maître. Le dogme de l'égalité native de toutes les âmes reparaissait ; l'esclavage n'avait plus de fondement dans la nature, mais dans le péché, et le péché avait été vaincu par la Rédemption. Le maître chrétien ne pouvait plus croire qu'il possédait dans son esclave une nature inférieure à la sienne, sur laquelle il avait tous les droits, même le droit de vie et de mort. Au contraire, saint Augustin disait qu'il n'est pas permis au maître chrétien de posséder un esclave au même titre qu'un cheval ; homme, il faut qu'il aime l'homme comme lui-même ; et un autre docteur, commentant la parole qui donne à Noé l'empire sur les animaux, répétait : « En vous don-
« nant sur les animaux de la terre le pouvoir de
« terreur et de tremblement, Dieu vous le refuse
« sur les hommes. »

L'esclavage subsiste donc chez les chrétiens ; mais le pouvoir sur la personne est à jamais aboli, et, par conséquent, l'esclavage perd la moitié de sa rigueur : l'esclave chrétien a droit aux choses sacrées. Il a droit à la famille, il a droit à la vie et à l'honneur, il a droit au repos : les *Constitutions apostoliques*, ouvrage apocryphe, mais qui remonte, sans contradiction, au cinquième siècle, décident que l'esclave se reposera le dimanche, en mémoire de la Rédemption, et encore le samedi, en mémoire de la Création. L'Église était ingénieuse à trouver des raisons de repos pour les pauvres gens en faveur desquels le Christ avait dit : « Venez, vous « tous qui travaillez, et je vous soulagerai. » En présence de ce visage sur lequel rayonnait déjà l'auréole de la couronne d'épines, le maître commençait à reconnaître dans cette basse créature, qu'il avait foulée aux pieds, l'image du Seigneur. Saint Paulin, dans une lettre où il remercie Sulpice Sévère d'un jeune esclave qu'il lui avait envoyé, se désole d'avoir accepté les services de ce jeune homme, dans lequel il a reconnu une grande âme : « Il m'a donc servi ! il m'a servi, dis-je, et « malheur à moi qui l'ai souffert ! lui qui ne ser- « vait point le péché a servi un pécheur ! Et moi, « indigne, je me laissais obéir par un serviteur de « la justice. Chaque jour il me lavait les pieds, et, « si je le permettais, il essuyait mes chaussures, « ardent à tous les services du corps, avide de l'em- « pire de l'âme. Ah ! c'est Jésus-Christ que je vé- « nère dans ce jeune homme ; car toute âme fidèle « vient de Dieu, et tout homme humble de cœur « procède du cœur même du Christ (1). »

Quand le respect de l'homme était rétabli de la sorte, il faut convenir que l'esclavage était bien

---

(1) S. Paulin, *Ep.* xxiii, *ad Severum.*

ébranlé. En effet, il ne restait plus au christianisme que peu de coups à frapper pour faire tomber successivement tous les pans de ce vieil édifice à moitié en ruines. Ce furent d'abord des catégories entières d'esclaves que le christianisme supprima : comme les esclaves de théâtre. Avant de fermer les portes des théâtres païens, il les avait ouvertes pour en faire sortir tous les esclaves attachés à ce service, ces innombrables danseuses qu'on comptait par troupeaux, ces mimes, ces hommes, enfin, qui étaient les esclaves les plus honteux : les esclaves du plaisir. Que dire aussi de ces troupeaux de gladiateurs qu'il affranchissait à la fois de la servitude et de la mort? Sans doute quelques chrétiens promenaient encore, sur les places publiques, le luxe insolent de leur cortége d'esclaves, mais le christianisme leur faisait une rude guerre, et saint Jean Chrysostome les attendait à la fête prochaine dans sa basilique de Constantinople ; alors il paraissait devant eux le front levé, les mains menaçantes, leur demandant compte de leurs duretés, de leur prodigalité, de leur oisiveté : « Pour« quoi tant d'esclaves ? Un maître devrait se con« tenter d'un serviteur. Bien plus, un serviteur de« vrait suffire à deux ou trois maîtres; si cela te « paraît dur, songe à ceux qui n'en ont pas (1). »

Il en accorde deux ; mais il ne peut souffrir ces

---

(1) S. Joann. Chrysost., *in Ep. I ad Cor.*, homil. 40.

riches qui se promènent sur les places et dans les bains, comme des pâtres chassant devant eux des troupeaux d'hommes. Et comme on lui répondait : C'est afin de nourrir un grand nombre de malheureux qui mourraient de faim s'ils ne mangeaient pas mon pain, il répliquait : « Si vous agissiez « ainsi par charité, vous leur apprendriez un mé- « tier, et ensuite vous les rendriez libres, et c'est « ce que vous vous gardez de faire. Je sais bien, « ajoutait-il, que ma parole vous est à charge, mais « je fais mon devoir et je ne cesserai de parler. »

Ces paroles ont eu d'autres résultats : elles firent plus que d'accomplir un devoir, elles reconquirent un droit pour l'humanité opprimée, et chaque jour se multipliaient ces affranchissements que Constantin avait autorisés dans les églises les jours de fête. Il semblait qu'il n'y eût pas de joie possible si des esclaves n'étaient émancipés par bandes, et si, au sortir de l'église, l'hymne du jour n'était répété par une foule qui secouait ses fers et les jetait loin derrière elle.

Ainsi se grossit sans cesse ce nombre des émancipations dangereuses pour la république. Mais qu'y faire? il faut bien que les Romains s'accoutument à affranchir les captifs barbares, s'ils veulent être affranchis à leur tour. Les barbares, en effet, s'introduisent par toutes les portes de l'empire ; eux aussi enlèvent par troupes les femmes et les enfants, et vendent sur leurs marchés les sénateurs mêmes. En présence de cette nouvelle source d'esclavage, il faut bien que le christianisme s'émeuve, qu'il presse l'œuvre de la rédemption ; que les évêques, traités d'imprudents naguère, lorsqu'ils parlaient de la manumission des esclaves, demandent en chaire maintenant que des sommes soient réunies et des collectes soient faites pour affranchir ces sénateurs, ces patriciens, aujourd'hui captifs de quelque Suève ou de quelque Vandale. C'est alors que saint Ambroise prononce ces admirables paroles dans lesquelles il exhorte à vendre, s'il le faut, les vases sacrés de l'Église pour racheter les captifs, « car, dit-il, l'ornement des mystères, c'est la rédemption des captifs. »

Ainsi, vous le voyez, on a demandé où et quand le christianisme avait prêché formellement la rédemption des esclaves : voilà les textes, et je ne finirais pas si je voulais les citer tous. Nommons seulement saint Cyprien, qui, au milieu des persécutions, traqué par les satellites du proconsul, trouvait le temps de réclamer la collecte des fidèles, non pour lui ou pour ses prêtres, mais pour je ne sais quels captifs enlevés aux frontières par des bandes d'Arabes. Plus tard, c'est saint Grégoire le Grand qui affranchit les esclaves de ses nombreux domaines, et motive ces manumissions en disant :
« Puisque notre Rédempteur, auteur de toute la
« création, a voulu prendre la chair de l'homme
« pour que la puissance de sa divinité brisât la

« chaîne de notre servitude et nous rendît à la li-
« berté primitive, c'est agir d'une façon salutaire
« que d'avoir pitié des hommes que la nature avait
« faits libres, que le droit des gens avait réduits en
« esclavage, et de les rendre par le bienfait de la
« manumission à la liberté pour laquelle ils na-
« quirent (1). »

Voilà les maximes qui ont été l'âme de tout ce grand travail du moyen âge pour l'émancipation des peuples, cette transformation des esclaves en serfs, des serfs en colons, des colons en propriétaires, des propriétaires en bourgeois et des bourgeois en ce tiers état qui devait devenir un jour le maître chez les peuples modernes. Voilà les principes qui animeront saint Éloi, lorsque cet homme illustre, s'échappant du palais des rois mérovingiens, dont il est le serviteur et le ministre, se rend sur la place publique, attendant avec impatience le moment où viendront les captifs qu'on y met en vente, qu'il achète, et qu'il affranchit ensuite dans la basilique, afin de les déclarer libres aux pieds du Sauveur. Plus tard, Smaragde, écrivant au roi Louis le Débonnaire, lui faisait un devoir de conscience de ne plus souffrir d'esclaves dans ses domaines et de rendre un édit pour abolir la servitude sur une terre chrétienne. Ainsi cet effort d'émancipation se fera sentir dans la société chrétienne jusqu'à la fin, et,

(1) *Decret. Grat.*, p. 11, caus. xii, quæst. 2. V. M. Wallon, *Histoire de l'esclavage*, t. III, p. 382.

lorsqu'au treizième siècle, il n'y a plus d'esclaves à affranchir sur la terre de France, aux jours de grandes fêtes, pour que quelque chose rappelle le souvenir de ces émancipations solennelles, on lâchera dans les églises des nuées de pigeons captifs, pour qu'il y ait encore une captivité consolée et des prisonniers délivrés en l'honneur du Rédempteur.

Nous avons à voir en second lieu ce que le christianisme fit des ouvriers. Rien n'est plus ennemi de l'esclavage que le travail libre ; aussi, l'antiquité, qui tenait à l'esclavage, foulait aux pieds le travail libre, le méprisait, le flétrissait des noms les plus durs, et Cicéron, ce grand homme, cet homme si sensé auquel de nos jours on aime tant à recourir, Cicéron dit quelque part que le travail des mains ne peut rien avoir de libéral ; que le commerce, s'il est petit, doit être considéré comme sordide ; que, s'il est vaste et opulent, il ne faut pas trop sévèrement le blâmer (1). Brutus prêtait, et exerçait une si effroyable usure, que toute la Grèce, en quelque sorte était sa débitrice. Atticus prêtait aussi à la grosse aventure et réalisait des bénéfices énormes. Sénèque avait engagé successivement ses débiteurs dans des liens si habilement construits, calculés de telle manière, que la Bretagne, ne pouvant pas se libérer envers lui, et déjà irritée par les exigences du proconsul impérial, commença une insurrection qui

(1) *De Officiis*, l. 1, c. 42.

faillit devenir fatale, et qui coûta la vie à quatre-vingt mille Romains (1).

Voilà les liens sous lesquels pliait le travail libre ; voilà de quelles usures provenaient les *nexi* et toutes ces peines dont le débiteur était menacé. D'après la loi des Douze Tables, le débiteur qui ne satisfaisait pas son créancier était mis à la discrétion de celui-ci pour être vendu comme esclave, ou bien coupé en autant de morceaux qu'il y avait de créanciers, afin que chacun d'eux eût sa part. Au temps de Sénèque, on ne coupait plus le débiteur en morceaux, mais on le contraignait de vendre ses enfants, et, jusqu'à Constantin, on vendait sur la place publique les enfants du débiteur insolvable. Voilà comment l'antiquité traitait le travail libre.

Le christianisme le réhabilita par l'exemple du Christ et des apôtres, par l'exemple de saint Paul, qui avait voulu travailler de ses mains, et s'était associé à Corinthe avec le juif Aquila pour faire des tentes, plutôt que de manger un pain qu'il n'aurait pas gagné à la sueur de son front.

Les premiers chrétiens étaient tous des gens de travail, et Celse prenait en grande pitié « ces car-
« deurs de laine, ces foulons, ces cordonniers,
« tourbe ignorante et grossière qui se tait devant
« les chefs de famille et les vieillards, mais qui en-
« traîne à l'écart les femmes et les enfants pour les
« persuader de ses prodiges. »

(1) Dion Cassius, l. LXII, 2. Cf. Tacite, *Annales*, XIII, 42.

Celse n'avait pas assez de mépris pour cette tourbe des premiers chrétiens ; mais le christianisme s'en honorait, et il se vantait d'avoir appris à philosopher aux cordonniers, aux bouviers, aux laboureurs.

Ce n'est pas tout : ce travail, honoré par la foi, par la doctrine, s'élevait encore par les œuvres sacrées auxquelles il s'était appliqué. Au-dessous des prêtres, des diacres, une condition honorée entre toutes, c'était celle des fossoyeurs (*fossores*), parce que c'étaient eux qui creusaient, au-dessous des carrières de Pouzzolane que Rome avait ouvertes, les retraites cachées des catacombes, qui multipliaient ces réduits dans lesquels se réfugiaient les communautés chrétiennes ; ils étaient les pionniers de la société nouvelle ; avec leurs pioches et leurs lanternes, ils ouvraient la marche que nous suivons encore aujourd'hui ; on les comprenait dans la hiérarchie ecclésiastique, et on disait : « Parmi « les clercs, le premier ordre est celui des fos- « soyeurs, qui, à l'exemple de Tobie, sont chargés « d'ensevelir les morts, afin qu'en prenant soin « des choses visibles ils pensent aux invisibles. » C'est ce que nous attestent de nombreuses inscriptions et les peintures qui nous représentent le *fossor* avec les instruments de son humble travail.

Voilà comment le christianisme réhabilite le travail, par la puissance de l'exemple. Mais ce n'était pas assez de l'honorer, il fallait le reconstituer ; il fallait le désintéresser, en apprenant aux hommes le travail en commun, les uns pour les autres. C'est ce que fit le christianisme dans les communautés monastiques. Dès le principe, saint Basile avait prescrit à ses moines le travail des mains, et afin que le jeûne ne devînt pas obstacle au travail : « Si le jeûne vous interdit le labeur, dit-il, il vaut « mieux manger comme des ouvriers du Christ « que vous êtes. » Saint Augustin, dans son livre *de Opere monachorum*, répond à ces moines superbes qui dans leur monastère se croyaient déchargés de l'obligation du travail imposée au premier homme et qui se répétaient : « Le Christ n'a-t-il pas dit de faire comme les oiseaux du ciel, qui ne travaillent pas, ou comme les lis des champs, qui ne filent pas et n'en sont pas moins aussi bien vêtus que Salomon (1) ? » En réponse à ces objections, saint Augustin consacre son livre à démontrer la dignité, la majesté du travail des mains ; il a cela de souverainement respectable qu'il n'absorbe pas tout entier, qu'il n'empêche pas la méditation. Les oiseaux ne sèment pas, n'amassent pas, mais ils n'ont pas vos palais; ils n'ont pas vos greniers, ils n'ont pas vos serviteurs, pourquoi en auriez-vous ? Il déclare que si l'on voit arriver au monastère un grand nombre d'esclaves qui demandent à y entrer, il faut leur ouvrir les portes à

---

(1) Matth., vi, 28, 29.

deux battants, parce que ce sont ces mâles populations qui font la prospérité d'une communauté chrétienne ; mais il ne faudrait pas, dit-il, que ces hommes qui entrent au monastère croient par là échapper au travail de tous les jours, qu'ils avaient accompli jusque-là ; il ne faut pas que là où des sénateurs viennent s'enfermer et travailler de leurs mains, les paysans entrent pour faire les délicats et trouver le repos (1).

C'est là que le travail est organisé dès les premiers temps. Il y avait bien déjà dans l'antiquité romaine un commencement d'institutions industrielles, des corporations (*collegia*), des associations formées entre les ouvriers, et la législation romaine donne des preuves de l'existence d'une grande quantité de ces corporations, soit pour les ouvriers qui travaillent le bois, soit pour ceux qui travaillent le marbre, l'or, le fer ou la laine. Tous ces colléges nous apparaissent de bonne heure avec des propriétés communes, avec leur *ordo*, leurs curies, leurs magistrats particuliers, qu'ils appellent *duumviri*; mais ils étaient bien faibles, bien écrasés par la législation romaine, par les impôts qui pesaient sur eux; de plus, la corruption païenne les avait gagnés. En effet, plusieurs de ces associations, qu'on serait porté à respecter outre mesure, n'étaient formées que dans la vue de se réunir, à

---

(1) V. M. Wallon, *Hist. de l'esclavage dans l'antiquité*, t. III, p. 402 et suiv.

certains jours, à des banquets et pour se donner du plaisir. Voilà quelle avait été la pensée primitive des corporations ouvrières dans la société païenne.

Il fallait le christianisme pour les sauver et les régénérer par des principes nouveaux, et il réussit.

L'empire tombe, et on voit les *collegia*, les *scholæ*, se multiplier. Constituées bientôt à Rome, à Ravenne, dans toutes les villes de l'exarchat et de la Pentapole, ces corporations armées achèveront de briser la puissance des empereurs d'Orient, sauveront la papauté des périls qu'elle court au commencement du huitième siècle, et constitueront les premiers éléments de ces communes, destinées à devenir si fortes et si glorieuses. Et un signe que le christianisme est avec elles, qu'une pensée meilleure que la pensée de la jouissance inspire leurs délibérations, c'est le dévouement qui les pousse à mourir sur le champ de bataille, lorsqu'il s'agit de résister aux invasions de la Germanie, de défendre les libertés guelfes, qui sont les libertés religieuses. Plus tard, je reconnais encore le signe civilisateur et chrétien dont elles sont marquées, à cette passion des corporations florentines et des autres corporations italiennes pour les arts, pour le beau, pour la poésie, pour tout ce qui est grand. Ce sont en effet des corporations d'ouvriers qui bâtiront l'église de Or San Michele à Florence, ce noble monument de la grandeur républicaine.

Nous avons, en troisième lieu, à parler de la pauvreté. Dans l'antiquité, les pauvres avaient été foulés aux pieds, le génie ancien les regardait comme des hommes frappés de la réprobation de Dieu. Encore au temps de saint Ambroise, les païens et les mauvais chrétiens avaient coutume de dire : Nous ne nous soucions pas de donner à des gens que Dieu a maudits puisqu'il les laisse dans la peine et l'indigence. Il fallait commencer par honorer la pauvreté, c'est ce qu'on faisait en lui donnant la première place à l'église et dans la communauté chrétienne. Saint Jean Chrysostome le dit quelque part : « Comme les fontaines disposées « près des lieux de prières pour l'ablution des mains « que l'on va tendre vers le ciel, les pauvres ont « été placés par nos aïeux près de la porte des égli- « ses pour purifier nos mains par la bienfaisance « avant de les élever à Dieu (1). »

Ainsi les pauvres étaient plus que respectés, il étaient nécessaires, et de là cette grande parole souvent incomprise, souvent blasphémée : « Il y aura toujours des pauvres. » Il n'a pas été dit qu'il y aura toujours des riches, mais il fallait qu'il y eût toujours des pauvres, et, à défaut de la pauvreté forcée, la pauvreté volontaire, qu'il y eût ces institutions dans lesquelles chacun veut faire abnégation de sa propriété personnelle et vœu de pau-

(1) S. Joann. Chrysost., *de Verbis apost. : habentes eumdem spiritum*, serm. III, c. 2.

vreté. Voilà comment la pauvreté allait prendre le rang qui lui était assigné dans l'économie divine : elle devenait la cheville ouvrière de la société chrétienne.

Ce n'est pas tout : il fallait la secourir et la soulager par l'assistance. L'antiquité avait eu un système d'assistance publique; elle avait eu les lois frumentaires de César et les distributions impériales. Aurélien aimait le peuple (1) et voulait que ces distributions fussent faites tous les jours, que tous les jours on donnât aux pauvres une couronne de pain de deux livres, du lard et du vin ; et le préfet du prétoire lui disait : « Si vous continuez ainsi, il n'y a pas de raison pour ne pas leur donner du poulet et des oies ! » Le préfet avait raison, car les pauvres de Rome n'étaient secourus qu'au préjudice des pauvres des provinces, et nos aïeux les Gaulois suaient sang et eau pour nourrir cette société affamée, inscrite sur le registre du cens.

A Rome l'aumône n'était un devoir pour personne, c'était un droit pour tous. Le christianisme fit tout le contraire : dans l'économie chrétienne, l'aumône n'est un droit pour personne et est un devoir pour tout le monde. Elle est un devoir sacré, un précepte et non pas simplement un conseil ; si bien

---

(1) EXTRAIT DES NOTES DE LA LEÇON.

Le christianisme crée le premier le *peuple*. A vrai dire il n'y a pas de peuple à Athènes, à Rome, ou plutôt il y en a trois, les citoyens, les étrangers, les esclaves. Seule l'Église parlait sincèrement quand elle adressait ses instructions *clero et populo*.

que saint Ambroise dit quelque part, s'adressant aux riches :

« Vous dites : Je ne donnerai pas ; mais prenez
« garde que si vous donnez au pauvre, vous ne lui
« donnez pas du vôtre, mais du sien. Vous payez
« une dette, vous ne faites pas une largesse volon-
« taire. C'est pourquoi l'Écriture vous dit : Incli-
« nez votre âme vers le pauvre, et payez ce que
« vous devez (1). »

Mais, si le christianisme fait de l'aumône un devoir envers le pauvre, c'est envers le pauvre anonyme universel, envers ce pauvre qui s'appelle le Christ, qui est pauvre en la personne de tous les pauvres. Lui seulement est créancier ; lui seulement a un tribunal où il attend le mauvais riche. Mais le christianisme n'a jamais créé un droit personnel et individuel à chaque pauvre de réclamer cette créance qui lui appartient. Saint Augustin dit : « Le superflu des riches est le nécessaire des
« pauvres. Posséder le superflu, c'est posséder le
« bien d'autrui... Donnez donc à votre frère qui a
« besoin ; mais à quel frère ? au Christ. Dieu même
« a voulu avoir besoin de vous, et vous retirez la
« main ! » Dieu donc, seul maître de toutes choses, est le seul créancier du riche, créancier invisible et patient. Le riche n'est que son économe ; mais cet économe est juge des besoins ; il faut qu'il garde

---

(1) *Ecclesiastic.*, IV, 8.

la disposition de ses richesses, puisqu'il en règle la distribution. Et saint Ambroise veut que le riche discerne, qu'il écarte les hommes valides, ceux qui peuvent se passer de ce bienfait, les fourbes, les vagabonds, ceux qui se disent dépouillés par les voleurs ou ruinés par des créanciers. Il faut, au contraire, qu'une inquisition sévère aille rechercher les misères cachées, interroger les douleurs qui ne parlent pas, visiter le grabat où souffre en silence le malade, et pénétrer jusque dans les cachots où des malheureux ne trouvent pas d'écho pour renvoyer au dehors le bruit de leur plainte (1).

Voilà à quelles conditions l'assistance chrétienne s'exerça ; mais, outre l'assistance privée, il y avait l'assistance publique. Ce n'est pas le lieu de rappeler l'organisation des secours publics depuis les collectes que saint Paul prescrivait aux Thessaloniciens de faire le premier jour de la semaine. Dans

---

(1)   EXTRAIT DES NOTES DE LA LEÇON.

C'est ici qu'éclate cette vérité méconnue, que, dans le christianisme, le mystère soutient toute la morale. — Comment le christianisme concilia la charité et la propriété, le précepte de l'aumône et le droit de refuser l'aumône. — C'est le Christ qui est dans l'homme, qu'il faut aimer dans l'homme, qui souffre dans le pauvre, qui exercera les droits du pauvre dans l'autre vie.

La morale chrétienne est à ce prix. Si vous ôtez le dogme qui la soutient, elle croule, et les partis s'arment de ses débris pour se faire une morale socialiste, une morale égoïste, la morale de la tyrannie, la morale du désordre et de l'immoralité. — Présence immanente du Christ dans l'humanité. — Le pauvre de saint Martin. — Le lépreux de sainte Élisabeth. — Voilà pourquoi on ne le sert pas avec dédain, mais avec passion, avec transport, assuré que ses plaies sont celles du Sauveur.

les écrits de saint Justin, nous voyons que, le dimanche, les fidèles ne se séparaient pas sans avoir quêté pour les pauvres. Chez saint Cyprien et chez les autres jusqu'à saint Léon, on voit que les collectes s'accomplirent régulièrement jusqu'à l'établissement des diaconies romaines. Alors apparaît un plus vaste système de bienfaisance publique : car ces diacres de Rome ont chacun à visiter deux des quartiers de cette grande ville, et chacun a son registre sur lequel les pauvres sont inscrits, avec mention de leurs titres à la générosité chrétienne et toutes les précautions d'une administration régulière. Je vous rappellerai seulement l'admirable histoire de saint Laurent : pressé de livrer au préfet de la ville les trésors de l'Église, il promit de les livrer dans trois jours ; les trois jours écoulés le préfet, étant venu au lieu marqué, trouva sous des portiques un nombre infini de pauvres, d'estropiés, de misérables, que Laurent lui présenta comme les vases sacrés et les richesses de l'Église romaine.

Il y avait de plus des secours collectifs, et, de bonne heure, on voit commencer les hôpitaux, asiles ouverts à toutes les misères et à toutes les infirmités humaines. Ces institutions sont déjà mentionnées dans une loi de Justinien comme anciennes ; c'est ce qui résulte, d'ailleurs, d'un canon qui se trouve ordinairement à la suite du concile de Nicée et qui présente l'état de la législation et des mœurs

en Orient dès la plus haute antiquité chrétienne :
« Que dans toutes les villes des maisons soient
« choisies afin de servir d'hospices pour les étran-
« gers, les pauvres, les malades. Si les biens de
« l'Église ne suffisent pas à ces dépenses, que
« l'évêque fasse recueillir par les diacres de con-
« tinuelles aumônes, que les fidèles donneront se-
« lon leur pouvoir. Et, ainsi, qu'il soutienne nos
« frères pauvres, malades et étrangers; car il est
« leur mandataire et leur économe. Cette œuvre
« obtient la rémission de beaucoup de péchés, et
« de toutes, c'est celle qui met l'homme le plus
« près de Dieu (1). »

Ainsi vous voyez les hôpitaux s'ouvrir d'un bout à l'autre de l'empire romain, et, s'ils sont déjà si multipliés en Orient, l'Occident n'en manquera pas. Deux personnages illustres, une dame romaine, Fabiola, descendante des Fabius, et Pammachius, aussi descendant de sénateurs, se donneront à Dieu, vendront tous leurs biens, et élèveront, l'une, un hôpital de malades dans Rome, l'autre, un hospice de pauvres à Ostie. Après la mort de Pauline, sa femme, Pammachius, au lieu de répandre des fleurs sur sa tombe, avait répandu les parfums de l'aumône. Saint Jérôme, du fond de son désert, lui écrit : il loue sa charité, mais il ne lui dit pas qu'il en a fait assez : loin de là : « J'apprends que

---

(1) *Concil. Nicœni,* can. 70.

« tu as fondé au port d'Ostie un hospice pour les
« pauvres voyageurs, que tu as planté sur la plage
« d'Italie un rejeton de l'arbre d'Abraham, et
« qu'aux lieux où Énée traça son camp, tu élèves
« un autre Bethléem, une autre maison du pain.
« Qui croirait que l'arrière-petit-fils de tant de con-
« suls, au milieu de la pourpre des sénateurs, pa-
« raîtrait vêtu d'une tunique noire sans rougir des
« regards de ceux qui furent ses égaux ? Cependant
« si, le premier d'entre les patriciens, tu t'es fait
« moine pour le service des pauvres, n'y trouve
« pas un sujet d'orgueil. Tu auras beau t'humi-
« lier, tu ne seras jamais plus humble que le Christ.
« Je le veux ; tu marches nu-pieds, tu te fais l'égal
« des pauvres, tu frappes modestement à la porte
« des indigents, tu es l'œil des aveugles, la main
« des estropiés, le pied des boiteux ; tu portes
« l'eau, tu fends le bois, tu allumes le feu : je le
« veux encore ; mais où sont les soufflets et les cra-
« chats ? où sont les fouets ? où est la croix ? où est
« la mort ? »

Voilà le secret de la bienfaisance chrétienne :
c'est le souvenir de ce premier pauvre, mort sur
la croix, qui passionnera tous les serviteurs des
pauvres, destinés à porter si loin, au moyen âge,
l'enthousiasme de la pauvreté. Saint François d'Assise donnera l'exemple, et son dévouement, capable
d'inspirer les chants de Jacopone da Todi, inspirait
encore Giotto lorsque, dans ses fresques admirables,

il représentait le mariage de saint François et de la Pauvreté.

Ce sentiment, les barbares ne l'avaient pas connu, pas plus que l'amour du travail et la pitié pour l'esclavage. Les barbares avaient le sentiment de la dignité humaine, mais de la dignité de l'homme libre, de l'homme qui avait de l'or et un glaive. Quant à l'esclave, ils le plaçaient, sans doute, dans une condition moins dure, moins odieuse que les lois romaines, mais dans une condition où il dépendait du caprice du maître, qui pouvait trancher la vie du serviteur inutile. En ce qui concerne la pauvreté, ils croyaient que le Valhalla ne s'ouvrait pas si l'on n'avait les mains pleines d'or. Ils ne méprisaient pas moins le travail ; car travailler, c'était s'enchaîner, se vaincre, et le barbare sut vaincre toutes choses hormis lui-même.

L'esclavage, la pauvreté et le travail, que l'antiquité avait déshonorés et flétris, la barbarie ne devait pas les relever. Ce ne fut, au contraire, que par de longs combats que le christianisme parvint, peu à peu, à rendre leur dignité à ces trois types de l'humanité qui avaient été si longtemps insultés, méconnus par l'injustice de la civilisation ancienne et foulés aux pieds par l'injustice de la barbarie. Il fallut de longs siècles pour que s'élevassent dans les pays barbares quelques hôpitaux. Au sixième siècle, à Lyon, s'ouvrira ce grand hôtel-Dieu qui depuis ne s'est jamais fermé ; le septième siècle verra commencer les hôpitaux de Clermont, d'Autun, de Paris. Bientôt ils se multiplieront avec une admirable prodigalité, et le temps viendra où il n'y aura pas de commune chrétienne qui, à côté de son église, n'ait un asile ouvert à la douleur. Saint Grégoire de Nazianze, racontant la fondation du grand hôpital de Césarée par saint Basile, s'écrie qu'il aperçoit des merveilles supérieures à toutes celles de l'antiquité, aux murs de Thèbes ou de Babylone avec ses jardins suspendus, au monument de Mausole, aux pyramides d'Égypte, tombeaux magnifiques, mais qui n'ont pu rendre la vie à un seul des rois qui y était ensevelis, et dont il n'est revenu à leurs fondateurs qu'un peu de vaine gloire. Saint Grégoire avait raison. L'antiquité nous a surpassés en élevant des monuments au plaisir ; quand je vois nos villes de boue et de fange, nos maisons entassées les unes sur les autres et la condition dure et misérable faite à ces populations emprisonnées dans les murs d'une cité, je me dis que, si les anciens revenaient, ils nous trouveraient barbares, et si nous leur montrions nos théâtres, ces petites salles enfumées où nous nous pressons les uns contre les autres, ils se retireraient sans doute avec dégoût. Eux, ils entendaient bien mieux l'art de jouir, rien ne leur coûtait pour élever leurs colisées, leurs théâtres, leurs cirques où venaient s'asseoir les spectateurs par nombre de quatre-vingt mille ; ils savaient mieux l'art de jouir, mais nous les écrasons par les monuments élevés à la douleur et à la faiblesse, par ces innombrables hôtels-Dieu que nos pères ont bâtis en l'honneur de la souffrance et de la faiblesse. Oui, Messieurs, les anciens savaient jouir, mais nous avons une autre science ; ils savaient aussi quelquefois mourir, il faut l'avouer, mais mourir, c'est bien court.... nous, nous savons ce qui fait la véritable dignité humaine, ce qui est long, ce qui dure autant que la vie, nous savons souffrir et travailler.

LES FEMMES CHRÉTIENNES

(QUATORZIÈME LEÇON)

Messieurs,

Il fallait savoir si la société chrétienne était en mesure de recevoir les barbares, de les maîtriser par ses institutions et par ses mœurs ; il fallait voir si elle valait mieux qu'eux, si elle avait devancé les instincts généreux que ces peuples jeunes avaient conservés loin de la corruption romaine, à la faveur de leurs forêts et de leur ciel glacé ! Nous nous sommes arrêtés aux deux sentiments que les barbares passent pour avoir introduits dans le monde, et qui font l'âme des mœurs modernes, je veux dire le sentiment de la dignité de l'homme et le respect des femmes. Si la barbarie eut ces deux instincts, nous avons trouvé qu'avant elle le christianisme en avait fait deux vertus. Les barbares connurent la dignité de l'homme, mais de l'homme libre et armé qui n'obéit pas, qui ne travaille point; ce qu'ils connurent, à vrai dire, c'est l'honneur, l'honneur chevaleresque destiné à remplacer l'ancienne discipline militaire des légions romaines. Mais ils ne connurent pas, et l'Évangile seul pouvait reconnaître la dignité de l'esclave, de l'ouvrier, du pauvre, de l'homme qui obéit, qui travaille, qui souffre, c'est-à-dire de la plus grande portion du genre humain. Les barbares honoraient aussi dans la femme quelque chose de faible, quelque chose de divin. C'est une grande puissance des faibles d'imposer les ménagements et la délicatesse à celui qui est fort. Un gantelet de fer ne cueille pas une fleur comme il étreint une épée. Les barbares crurent voir dans les femmes les compagnes nécessaires de leurs aventures et de leurs périls; ils eurent des guerrières, des vierges, des prophétesses; mais le lendemain du danger le prestige se dissipait. L'antiquité n'avait même pas connu cette délicatesse et ces ménagements.

En Orient, les lois de Manou contiennent des passages charmants sur la destinée des femmes; mais à côté nous y lisons : « Elles ont les cheveux longs et l'esprit court. » Chez les Grecs on nous dira : « Les dieux ont donné au lion la force, à l'oiseau des ailes, à l'homme la pensée; n'ayant plus rien à donner à la femme, ils lui ont donné la beauté. » Les Grecs ne nous citent guère que leurs courtisanes, Aspasie et Phryné; les Romains n'ont d'autre éloge à faire de leurs matrones que de vanter leur fécondité. C'était là le dernier terme de la vertu, de la grandeur des femmes, chez la seule nation de l'antiquité qui les ait honorées. Cependant n'oublions pas que Rome admira Lucrèce, Véturie, Cornélie ; Rome connaissait les vertus domestiques et les traditions de la famille.

Rendons justice à la loi romaine; elle donnait du mariage une définition sublime: « C'est, disait-elle, l'union de l'homme et de la femme, à la condition d'une vie commune et d'un partage complet de tous les droits divins et humains. — *Nuptiæ sunt conjunctio maris et feminæ, et consortium omnis vitæ, divini et humani juris communicatio* (1). » Ces expressions sont belles, mais la loi trouvait à toute heure son démenti, non pas seulement dans les mœurs, mais dans d'autres lois: au lieu de cette égalité promise, nous ne voyons dans le mariage romain qu'inégalité. Et d'abord, inégalité de devoir : sans doute il y eut une pudeur et une vertu antiques, et Rome n'avait rien épargné pour les mettre à l'abri du danger; elle leur avait donné pour gardiens les serments, la majesté des dieux, et l'image terrible du tribunal domestique. Mais elle avait oublié le plus sûr de tous les gardiens ; la

---

(1) *Digest.*, XXIII, tit. ii, l. 1.

chasteté de l'homme, seule garde qui ait jamais mis à l'abri la pudeur des femmes. Elle avait fait un partage inégal des devoirs : de la femme, elle exigeait la virginité avant le mariage, la fidélité pendant, la pureté toujours ; mais ces vertus étaient celles du gynécée, l'homme ne les connaissait pas. Et la société ne se chargeait-elle pas de donner aux femmes des leçons bien différentes et bien dangereuses, lorsqu'elle les admettait aux cérémonies du culte, aux mystères de la bonne déesse ? Le mariage constituait encore l'inégalité dans la condition : la meilleure condition que la loi romaine eût faite à la femme, le jour où les époux étaient unis par les cérémonies de la confarréation, en présence des auspices, avec le concours de tous les dieux, c'était d'être *mater familias*, d'être traitée comme la fille du mari, d'avoir un jour, à la division de l'héritage, une part d'enfant. C'était là tout ce que la majesté de l'homme avait pu faire pour la femme : de la traiter comme un enfant, de lui donner des plaisirs d'enfant, des jouets et un luxe qui charmaient une imagination sans culture. De là les plaintes des philosophes sur le luxe insolent des femmes romaines, sur ces créatures débiles dont le pied ne peut toucher la terre ; qui, pour franchir la moindre distance, ont besoin d'être portées sur le bras des eunuques, et étalent à leurs oreilles le prix de plusieurs patrimoines : tout cela parce que la femme n'était qu'un instrument de plaisir; j'oubliais qu'elle était aussi l'instrument de la perpétuité de la famille.

Le Romain honnête, homme de bien, se marie pour avoir des enfants, *liberorum quærendorum causa*. C'est la loi elle-même qui favorise la paternité et la maternité en attribuant des priviléges à ceux qui ont donné trois enfants à l'État, *jus trium liberorum*. C'est à ces deux conditions que la femme a sa place au foyer domestique, plaire et propager. Si la femme devient vieille, stérile, si des rides paraissent sur son front, les portes du domicile conjugal s'ouvrent, et l'affranchi vient lui signifier qu'elle plie bagage : *Collige sarcinulas, dicet libertus, et exi* (1).

Une union aussi inégale ne pouvait pas être éternelle, et le divorce, introduit dans les lois romaines, fut pratiqué sous toutes les formes et pour tous les motifs. Il y avait le divorce des gens de bien, le divorce par lassitude, le divorce de ceux qui changeaient de femme chaque année. Il y avait le divorce par calcul, comme le prouve Cicéron, qui répudia Térentia, non qu'elle eût en rien contristé son âme, mais parce qu'il lui fallait une nouvelle dot pour satisfaire ses créanciers; enfin, il y avait le divorce par générosité, comme celui de Caton, qui, ayant trouvé que sa femme Marcia plaisait à son ami Hortensius, la lui transféra à titre d'épouse.

(1) Juv., *Sat.* VI, v. 147.

Voilà la place que le mariage faisait aux femmes ; mais la femme trouve sa vengeance dans l'iniquité même de la loi ; ce divorce, elle s'en arme à son tour, et le fait servir à ses intérêts et à ses calculs. De là cette impudeur des femmes qui, au temps de Sénèque, se prévalent du divorce avec la même ardeur que les hommes, et comptent leurs années, non plus par le nombre des consuls, mais par le nombre de leurs maris (1). Elles aussi divorcent pour se remarier, et se marient pour divorcer. Saint Jérôme raconte qu'il a assisté à l'enterrement d'une femme qui avait eu dix-sept maris. Cette égalité que les hommes n'ont pas voulue dans la vertu, les femmes la retrouvent dans le vice. On les voit, comme les hommes, s'asseoir aux orgies, passer les nuits à se gorger de vin, vomir comme eux afin de pouvoir ensuite recommencer à boire et à manger ; on les voit multiplier leurs adultères à ce point que la continence n'est plus qu'une preuve de laideur (2). Elles ont une place d'honneur dans l'amphithéâtre ; elles donnent le signal de l'égorgement du dernier gladiateur qui vient se débattre à leurs pieds en demandant grâce. Lorsque enfin la frénésie des combats du cirque se sera emparée de la société romaine tout entière, quand des chevaliers et des sénateurs descendront dans l'arène, les femmes les y suivront, et le peuple romain aura

(1) Sénèque, *de Beneficiis*, l. III, c. XVI.
(2) Sénèque, *Ep.* XCVII.

ce plaisir d'assister à des combats de matrones nues. Voilà pourquoi Sénèque avait pu dire avec une certaine illusion que permettaient l'horreur des temps et le bouleversement de la nature humaine : « La femme n'est qu'un animal sans pudeur, et si « on ne lui donne pas beaucoup d'éducation, beau- « coup de savoir, je ne vois en elle qu'une créature « sauvage, incapable de retenir ses passions (1). » Cet homme orgueilleux était bien ingrat, car il était l'époux de Pauline, qui voulut partager le sort de son mari, et se fit ouvrir les veines avec lui.

Voilà le mariage chez la nation la plus sage, la plus droite et la plus pratique de l'antiquité.

C'est dans cet état de dégradation que le christianisme vient prendre les femmes; et, au premier abord, il semble qu'il doive y ajouter encore par le souvenir de la faute originelle due à la première femme. Mais saint Ambroise ne l'entend pas ainsi, et, dans un admirable chapitre, il applique tout son génie à prouver que, dans la faute originelle, la femme est bien plus excusable que l'homme ; car, dit-il, l'homme s'est laissé séduire par sa sœur et son égale ; la femme, au contraire, a été séduite par un ange déchu, mais par un ange, par une créature supérieure à l'homme. Chez elle le repentir a été plus prompt, et son excuse est bien plus

---

(1) Sénèque, *de Constantia sapientis*, c. xiv.

généreuse : elle ne se décharge que sur le serpent, tandis que l'homme répond à Dieu : C'est la femme que vous m'avez donnée ! Mais que sont ces souvenirs et ces images en présence des souvenirs de la Rédemption, car si la femme fut l'instrument de la première faute, ne l'a-t-elle pas bien réparée en donnant le jour au Rédempteur ? Et saint Ambroise écrit avec une admirable éloquence : « Appro-
« chez donc, Ève, qui maintenant vous appelez
« Marie, qui nous donnez l'exemple de la virginité,
« qui nous donnez un Dieu. Ce Dieu n'en a visité
« qu'une, mais il les appelle toutes (1). »

Voilà comment la théologie réhabilitait la femme chrétienne ; et le culte de la Vierge, commencé de bonne heure, faisait entrer cette réhabilitation dans les mœurs aussi bien que dans le dogme. Ce culte commence aux catacombes : les découvertes faites jusqu'à ce jour ont constaté ce point. Dans des fresques du troisième siècle au plus tard, comme le démontre la nature de l'enduit sur lequel ces fresques sont peintes, figure déjà la Vierge avec l'Enfant. Ainsi cette image radieuse, qui devait en quelque sorte couvrir de ses rayons la déchéance des femmes, brillait déjà dans les ténèbres du christianisme primitif, du christianisme souterrain, et ne devait en sortir qu'accompagnée de ce cortége de vierges et de martyres auxquelles les chrétiens donnaient

---

(1) S. Ambr., *de Institutione virginis*, c v.

place autour de leurs autels. Il importait d'abord que l'on crût à la vertu des femmes, et c'est ce que le christianisme a obtenu en fondant la profession publique de la virginité, en donnant le voile et le bandeau d'or à ces vierges qui restaient dans leurs familles, mais honoraient par une profession publique cette vertu à laquelle l'antiquité ne croyait pas. De plus, il importait qu'elles se montrassent égales aux hommes dans ces vertus dont eux seuls se croyaient le privilége, le courage de mourir martyres, souvent avec l'honneur de mourir les dernières, après tous les autres. C'est ainsi que firent dès le commencement Thècle et Perpétue, et c'est chose souverainement touchante de voir le respect dont les martyrs, dans leurs prisons, entouraient ces premières mères du christianisme, nos mères dans la foi, qui leur donnaient l'exemple, et qui pour eux étaient comme des anges descendus du ciel, qui n'avaient pas d'ailes, mais qui de plus que les anges avaient des larmes. Voilà ce qu'on voit dès les premiers siècles, et rien dans les actes des martyrs n'égale le culte dont sainte Perpétue est entourée par ses frères dans la souffrance jusqu'au moment où le gladiateur vient l'achever en présence du peuple romain qui hurle de plaisir et d'enivrement.

Mais j'écarte ce qui touche de trop près au sanctuaire, je ne veux plus considérer les femmes dans ces rôles privilégiés, dans ces conditions exceptionnelles de diaconesse, de vierge, de veuve. C'est, au contraire, dans la vie commune que je veux considérer la place que fit le christianisme à ces filles d'Ève, relevées de l'antique anathème.

Le christianisme, pour rétablir la femme à sa place naturelle dans la famille, avait à faire ce grand ouvrage de remanier de fond en comble l'institution du mariage, et d'y instituer tout ce que le paganisme avait méconnu. Dans le christianisme, la fin principale du mariage n'est pas la naissance des enfants ; saint Augustin le dit dans un admirable langage, et c'est aussi la doctrine de Tertullien : la fin principale du mariage, c'est de donner l'exemple, le type, la consécration primitive de toute société humaine dans cet amour qui en est le lien. Et comme ce type de toute société doit être l'unité parfaite, et par conséquent une unité où tout soit égal et indissoluble, il s'ensuit que dans le mariage chrétien tout se partage et rien ne se rompt ; tout se partage, devoirs, condition : les devoirs sont égaux pour les deux parties contractantes. Toutes les deux doivent apporter une même espérance, un cœur égal aux mêmes chaînes destinées à les unir toujours; et saint Jérôme le dit avec son âpre et énergique langage. « Autres sont les lois de César, « autres les lois du Christ ; autres les décisions de « Papinien, autres les préceptes de Paul. Les païens « lâchent le frein à l'impudicité des hommes, et se « contentent de leur interdire l'adultère des femmes

« mariées et le viol des filles libres ; ils leur livrent
« les esclaves et le lupanar. Chez nous, ce qu'on
« défend aux femmes, on ne le permet point aux
« hommes, et sous un même devoir, l'obéissance
« est égale (1) : »

Voilà ce qui rendait le christianisme lourd au monde païen, ce qui le rendait lourd aux Juifs, lourd aux barbares, et je le dis, voilà ce qui rend le christianisme lourd à nos contemporains. C'est cette égalité glorieuse dans l'humiliation volontaire de la force, ce partage commun de la force et de la faiblesse portant ensemble le même joug, qui fit que le monde eut de la peine à subir cette foi. C'est ce qui éclate dans l'Évangile même. Quand le Christ dit une parole semblable, ses apôtres répondent : « S'il en est ainsi, mieux vaux donc ne se
« marier jamais. » Aussi on voit les Pères, dans les premiers temps occupés à faire pénétrer ces maximes sévères dans les cœurs révoltés des chrétiens eux-mêmes ; on les voit, pour ainsi dire, faire la police de ces familles chrétiennes, dans lesquelles le concubinage entre toujours par une porte pour bannir la femme qu'ils ont voulu installer reine du foyer domestique, et ne se tenant satisfaits que lorsqu'ils se sont assurés qu'une seule reine est assise désormais dans la maison, et que la place que Dieu lui a marquée ne sera plus prise

(1) S. Hieronymus, *ad Oceanum de morte Fabiolæ*, ep. LXXVII.

par personne. Toute l'œuvre de la morale chrétienne est d'établir l'égalité de devoirs entre les époux ; en même temps, il faut maintenir l'égalité des conditions ; il faut que cette femme, destinée auparavant aux plaisirs de l'homme, à la récréation de ses sens, à la multiplication de sa postérité, ait désormais un plus sérieux ministère, et le christianisme ne lui épargne pas ce moyen austère de relever sa dignité. C'est pourquoi il la dépouille de tout ornement et lui retire ce luxe misérable, dont elle n'a pas besoin pour charmer le cœur de l'homme. Tertullien écrit des livres entiers sur la parure des femmes, et leur reproche tous ces joyaux dont elles sont chargées ; il veut que leurs doigts soient libres ; il craint qu'au jour du martyre ce cou chargé d'émeraudes ne laisse pas de place à l'épée du bourreau. Les temps chrétiens ne sont pas un âge d'or, mais un âge de fer. Voilà pourquoi le christianisme assigne à la femme ces fonctions respectables, et cette majesté du ministère charitable. Dans les écrits de Tertullien à son épouse, il nous représente la femme chrétienne jeûnant, priant avec son mari, se levant la nuit pour assister aux assemblées des chrétiens, visitant les frères pauvres dans leurs masures, rampant autour des prisons et se jetant aux pieds des geôliers pour obtenir de baiser la chaîne des martyrs. C'est dans ces graves exercices, dans ces austérités, dans ces périls, que la femme se retrempe ;

c'est en cela qu'elle partage avec son mari tous les honneurs (1).

Mais ce n'est pas assez : après avoir établi l'unité dans le devoir et la condition, il fallait l'établir dans la durée. La loi romaine admettait le divorce sans limites, sans conditions, par simple consentement mutuel. Telle était la force des mœurs, la puissance d'une coutume invétérée, que les empereurs, devenus chrétiens, n'osèrent pas toucher au divorce, ou plutôt n'y touchèrent qu'avec prudence, timidité, et pour retirer bientôt leur main. Une institution de Constantin, de l'an 331, ne le permettait que dans trois cas au mari et à la femme : mais, hors ces cas, il ne le punissait que de peines pécuniaires. Cette législation parut cependant trop rigoureuse, et Honorius, en 421, atténua quelques-unes de ces dispositions. Théodose le Jeune alla même jusqu'à rétablir le divorce par consentement mutuel, et le divorce passa ainsi dans la législation de Justinien, qui n'osa l'effacer entièrement de ses codes. Mais, où hésitait la sagesse des empereurs, là ne devait pas chanceler la fermeté de la doctrine chrétienne. C'est le cas ou jamais de dire que le christianisme avait ses lois et César les siennes ; et saint Jean Chrysostome s'écriait : « Ne me citez pas « les lois qui ordonnent de signifier la répudiation. « Dieu ne vous jugera pas sur les lois des hommes, « mais sur les siennes. »

(1) Tertull., *ad Uxorem*, c. ix.

En 416, le concile de Milève interdit aux époux divorcés de convoler à d'autres noces, c'est-à-dire qu'il convertit pour toujours le divorce en simple séparation de corps. De là toute la théorie chrétienne du mariage, telle qu'elle est restée et telle qu'elle a résisté à toutes les atteintes des siècles.

Dans le mariage, il y a autre chose qu'un contrat; par-dessus tout il y a un sacrifice, ou mieux deux sacrifices : la femme sacrifie ce que Dieu lui a donné d'irréparable, ce qui fait la sollicitude de sa mère, sa première beauté, souvent sa santé, et ce pouvoir d'aimer que les femmes n'ont qu'une fois ; l'homme, à son tour, sacrifie la liberté de sa jeunesse, ces années incomparables qui ne reviendront plus, ce pouvoir de se dévouer pour celle qu'il aime, qu'on ne trouve qu'au commencement de sa vie, et cet effort d'un premier amour pour lui faire un sort glorieux et doux. Voilà ce que l'homme ne peut faire qu'une fois, entre vingt et trente ans, un peu plus tôt, un peu plus tard, peut-être jamais !... Voilà pourquoi je dis que le mariage chrétien est un double sacrifice; ce sont deux coupes : dans l'une se trouvent la vertu, la pudeur, l'innocence ; dans l'autre un amour intact, le dévouement, la consécration immortelle de l'homme à celle qui est plus faible que lui, qu'hier il ne connaissait pas, et avec laquelle, aujourd'hui, il se trouve heureux de passer ses jours; et il faut que les coupes soient également pleines pour que l'union soit sainte, et pour que le ciel la bénisse.

C'était en rendant ainsi à la femme l'empire absolu et éternel du cœur de l'homme, en lui faisant ainsi une royauté sans partage, en lui assurant la première dignité domestique, que le christianisme pouvait consentir à lui ouvrir les portes de la maison, à lui laisser franchir ces limites du gynécée où les anciens l'avaient confinée, et à la laisser s'avancer dans la cité, disposée maintenant à l'accueillir avec respect et vénération. Quand, pendant trois siècles, les hommes, chrétiens et païens, eurent été habitués à voir ces femmes chrétiennes dans le prétoire comme martyres, à l'église comme vierges, et partout pour visiter les pauvres et s'enquérir des misères à soulager, alors ils les laissèrent passer sans injures et sans insultes, comme des messagères du ciel qui ne traversaient le monde qu'en y faisant du bien ; alors il n'y eut plus de périls pour elles dans les rues de ces cités tumultueuses où jadis les matrones romaines étaient obligées de se faire porter dans leurs chaises par les bras vigoureux des Germains et des Gaulois leurs esclaves, qui repoussaient loin d'elles les insultes. Alors le respect leur fut assuré. Elles en usèrent pour exercer la magistrature de la charité qu'elles ont conservée jusqu'à nos jours. Ce ne furent pas seulement les diaconesses, mais les simples chrétiennes, qui dévouèrent leur vie, ou cette partie de leur vie que leur laissaient les devoirs de la famille, au service des pauvres, de ceux qui souffrent, et qui jusque-là n'avaient jamais vu leurs larmes essuyées par des mains si tendres et si bienfaisantes.

Saint Jérôme raconte que Fabiola, descendante des Fabius, qui, connaissant mal le christianisme, avait eu le malheur de divorcer, touchée de la mort de son second mari, résolut de faire une pénitence publique et se présenta un jour à la basilique de Latran, la tête chargée de cendres, confondue dans les rangs des pécheurs, et demandant à expier ses fautes, au milieu des larmes que versaient le peuple, le clergé et l'évêque lui-même : et quand elle eut reçu sa pénitence, elle vendit tous ses biens, et de leur prix construisit un hôpital pour les malades où elle les soignait elle-même. La fille des consuls et des dictateurs pansait les blessures des misérables, des estropiés, des esclaves de rebut que leurs maîtres abandonnaient, portait elle-même sur ses épaules les épileptiques, étanchait le sang des plaies, et remplissait tous ces ministères, que les riches chrétiens les plus charitables ont coutume, dit saint Jérôme, de faire exercer par les mains de leurs serviteurs, ayant le courage de faire l'aumône de leur argent, mais non de leurs répugnances. Une foi plus forte est maîtresse de ces dégoûts. Aussi la vénération du peuple s'attacha-t-elle à cette femme qui avait méprisé ainsi et foulé aux pieds toutes les grandeurs pour se

faire servante de toutes les misères, et lorsque Fabiola mourut, saint Jérôme raconte ses obsèques triomphales, qu'il compare à toutes les ovations dont l'ancienne Rome avait entouré ses grands hommes : « Non, dit-il, Camille ne triompha pas
« si glorieusement des Gaulois, ni Scipion de Nu-
« mance, ni Pompée des peuples du Pont. On m'a
« raconté cette foule qui précédait le cortége, et
« ces torrents de peuples qui venaient le grossir.
« Ni les places, ni les portiques, ni les terrasses
« des maisons, ne suffisaient à contenir la multi-
« tude. Rome vit tous les peuples différents qu'elle
« renferme réunis en un seul, et tant d'hommes
« ennemis se trouvèrent d'accord pour la gloire
« d'une pénitente (1). »

Vous voyez donc les femmes déjà en possession de cet aimable empire de la charité que depuis elles n'ont pas laissé échapper de leurs mains. Ce spectacle de tout un peuple accompagnant le cortége de Fabiola s'est renouvelé : il y a quelques années ce même peuple se pressait aux funérailles de la jeune princesse Borghèse, et l'on vit les chevaux du char dételés par cette foule qui voulut porter le corps de sa bienfaitrice jusqu'aux lieux de son dernier séjour. C'est là un de ces points où les mœurs modernes touchent à l'antiquité ; on a peine à y découvrir une imperceptible distance,

(1) Hieronymus, *ep.* LXXVII, *de Morte Fabiolæ.*

malgré les siècles qui nous en séparent ; toutes les différences de temps disparaissent dès qu'on entre dans le fond du christianisme, c'est-à-dire dans ce qui est du domaine de l'éternité.

Avec ce pouvoir du bienfait, peu à peu les femmes devaient devenir les maîtresses des mœurs, des mœurs plus fortes que la loi. Plus tard elles auront part à la puissance des lois elles-mêmes ; c'est ce que vit le cinquième siècle en la personne de Pulchérie, fille d'Arcadius, qui, se trouvant un peu plus âgée que son jeune frère Théodose II, avait un admirable sentiment des difficultés des temps. Aussi, vouant à Dieu sa virginité et sa jeunesse, elle prend la tutelle de son frère, et l'on voit une jeune princesse de seize ans, petite-fille, il est vrai, de Théodose, et seule héritière de son génie et de son courage, gouverner l'empire d'Orient et l'empire d'Occident, qui n'avait rien à opposer à l'influence et au génie de cette femme, lutter pendant tout un règne contre les intrigues d'une cour d'eunuques, contre cet eunuque Chrysaphe, qui semble suscité comme le mauvais génie de l'empire byzantin.

Théodose meurt et les prétoriens décernent la pourpre à Pulchérie elle-même ; elle est proclamée Auguste, impératrice et maîtresse du monde. Mais bientôt, redoutant sa solitaire grandeur, elle tend sa main désormais chargée du fardeau impérial à Marcien, vieux soldat de qui elle obtient la promesse de la respecter comme une sœur, et l'empire romain connut encore quelques années de grandeur et de gloire sous les lois réunies de Marcien et de Pulchérie. Et lorsque Attila, se croyant encore au temps des eunuques et du gouvernement des cours, fit demander à l'empire d'Orient de lui payer le tribut accoutumé, l'impératrice répondit : « Je « n'ai d'or que pour mes amis, et pour mes en- « nemis du fer. » Il fallut qu'une femme chrétienne, qu'une sainte (1) vînt s'asseoir sur le trône de Constantin pour le faire respecter d'Attila.

J'ai insisté sur ce travail du christianisme dans les mœurs du cinquième siècle, parce que là, comme toujours, il ne travaille pas seulement pour un temps, mais surtout pour les âges qui suivent. Il fallait, en effet, que la famille chrétienne fût fondée avant que les barbares vinssent la troubler de leurs désordres. Les barbares apportèrent un instinct qui aurait facilement péri s'il n'avait pas rencontré des leçons capables de les développer et de l'agrandir. Ce n'est pas toujours qu'ils respectèrent les femmes. L'histoire raconte que les Thuringiens, ayant fait invasion dans la Gaule, au commencement du sixième siècle, et ayant enlevé trois cents jeunes filles, les attachèrent à terre

(1) EXTRAIT DES NOTES DE LA LEÇON.
Saint Léon lui rend ce glorieux témoignage qu'en prêtant son appui à la condamnation de Nestorius et d'Eutychès, elle a fait la paix religieuse du monde.

avec des pieux et firent ensuite passer sur elles leurs chariots. En outre, les barbares avaient la polygamie, comme nous l'apprend Tacite ; les chefs se faisaient gloire du grand nombre de leurs épouses ; dans les mœurs germaniques, on achetait celle qu'on se donnait pour compagne, on pouvait la revendre, et souvent le chef qui mourait faisait attacher sur son bûcher les femmes qui avaient partagé l'honneur de sa couche.

Ainsi le christianisme avait à apprendre aux barbares à respecter les femmes tous les jours, et s'il rencontra pour cette œuvre quelque secours dans les instincts de la barbarie, il y trouva encore plus de dangers. Aussi Théodoric et Gondebaud se hâtèrent-ils d'emprunter au code Théodosien la constitution de Constantin, qui réglait le divorce, et à l'aide de ces textes les rois barbares crurent pouvoir introduire la polygamie dans les mœurs ; la polygamie successive, au moins, sinon simultanée (1). De là le grand nombre de femmes des rois mérovingiens, et nous savons comment saint Colomban, par exemple, ayant reproché à Brunehaut le soin avec lequel elle fournissait de concubines le sérail de son petit-fils, fut exilé et obligé d'aller chercher dans les solitudes de la Suisse un lieu où il ne trouva plus que des ours, des bêtes féroces, moins rebelles à ses mains miraculeuses

---

(1) V. l'édit. de Théodoric, c. LIV, et la loi des Bourguignons, tit. III, § 3.

que les hommes. Nous voyons la même question agitée dans tous les siècles barbares et renouvelée au temps du roi Lothaire, lorsqu'il veut répudier son épouse Teutberge. Nicolas I⁰ʳ résiste, et déclare, en réponse à toutes les sollicitations, qu'il ne veut pas souffrir que le désordre étende ses racines et encourage les hommes qui se lasseront de leurs femmes. La même question reparaît dans la lutte du pape Grégoire VII et de l'empereur Henri IV, qui ne songe à mettre la main sur les investitures que pour rompre son mariage avec Berthe, fille du margrave de Saxe ; entre Innocent III et Philippe Auguste ; au seizième siècle, elle se renouvelle entre Henri VIII et Clément VII ; et alors on eut ce grand spectacle de la papauté consentant à voir le schisme d'Henri VIII plutôt qu'à signer son adultère, à perdre une province de l'empire chrétien plutôt que le dogme régénérateur de la famille chrétienne. Et ce n'était pas trop de douze siècles pour lutter contre les instincts violents de ces hommes du Nord, qui n'avaient abjuré aucune des passions de la chair ; ce n'était pas trop de lutter si longtemps pour arriver à faire refleurir cette délicatesse de sentiments qui existait dès le cinquième siècle au sein de la société chrétienne, et devait s'éclipser un moment pour reparaître plus tard, et faire aujourd'hui toute la pureté et tout le charme de la civilisation moderne.

C'est à la condition de cette place qui lui est

faite dans la famille, que la femme prend sa large part dans le travail de la civilisation. Voilà pourquoi ces femmes honorées se trouvent en mesure d'amener, l'un après l'autre, leurs époux barbares à la foi; et avec eux les peuples qui les suivaient. Il suffit de nommer Clotilde et Clovis, Berthe et Éthelbert, Théodelinde et Lothaire ; toutes ces conductrices des peuples paraissent, traînant à leur suite leurs nations comme enchantées derrière leur manteau royal, et traçant les voies dans lesquelles marcheront leurs descendants. Elles ont inspiré à ces peuples naguère barbares une telle confiance, que ces Germains, ces Francs, ces Saxons, ces Espagnols, rebelles à tout commandement humain, qui se faisaient gloire de mépriser toute obéissance, ne craindront pas de se soumettre à la royauté d'une femme.

Cependant il ne faut pas conclure de là que le christianisme ait détruit tout ce que la nature avait fait, qu'il ait voulu précipiter les femmes dans la vie publique, et rétablir cette égalité absolue que le matérialisme de notre époque a rêvé. Non, le christianisme ne l'entend point ainsi, il est trop spiritualiste pour avoir une pareille idée. Le rôle des femmes chrétiennes était quelque chose d'analogue à celui des anges gardiens : elles pouvaient conduire le monde, mais en restant invisibles comme eux. Ce n'est que rarement que les anges deviennent visibles à l'heure du souverain danger, comme l'ange Raphaël avec le jeune Tobie : de même ce n'est qu'à de certains moments marqués longtemps d'avance que cet empire des femmes devient visible, et que ces anges, sauveurs de la société chrétienne, apparaissent sous le nom de Blanche de Castille ou de Jeanne d'Arc.

Je me suis arrêté à vous montrer la réhabilitation des femmes dans les mœurs pour mieux étudier ensuite, ce qui est de mon domaine et de mon devoir, pour étudier la place, le rang, l'influence des femmes dans les lettres ; et c'est ici, je crois, que nous marchons par des chemins nouveaux, et que nous quittons, pour ne plus y revenir, ce lieu commun de la réhabilitation des femmes par le christianisme.

Le christianisme, qui espérait tout de l'intelligence des femmes et ne devait rien leur refuser, prit d'abord soin de leur éducation. Nous avons, sur ce point, des documents bien attachants dans la correspondance de saint Jérôme. Dans les deux lettres qu'il écrit à Læta et à Gaudentius sur l'éducation de leurs deux filles, comme tous les grands hommes, il ne méprise rien de ce qui paraît petit : il fait commencer les premiers soins de l'éducation sur les bras de la nourrice ; comme ce Romain, qui attribuait les commencements de la corruption de l'éloquence aux mauvaises leçons des nourrices et des pédagogues, saint Jérôme veut une nourrice modeste et grave qui ait souvent le nom de Dieu sur les lèvres. Il ne veut pas qu'on perce les oreilles de ces enfants, qu'on teigne leur visage avec du carmin et de la céruse, qu'on donne à leurs cheveux une couleur de flamme, qui est comme un premier reflet de l'enfer. Il demande que de bonne heure on s'applique à dégager leur intelligence, qu'on mette des lettres d'ivoire entre leurs mains pour leur apprendre à former des mots, que l'on confie d'abord à leur mémoire un grand nombre de vers grecs ; que les études latines viennent ensuite ; qu'on ne leur laisse pas ignorer l'Écriture sainte, et enfin les écrits des Pères (1).

Voilà l'éducation mâle et grave que saint Jérôme propose aux filles des chrétiens. Je ne m'étonne plus qu'il offre, au besoin, de la donner lui-même, et qu'il écrive à Læta du fond de son désert : « Je « la porterai sur mes épaules, je formerai ses lèvres « bégayantes, bien plus glorieux qu'Aristote : il « élevait un roi destiné à périr par le poison des « Babyloniens, moi j'élèverai une servante, une « épouse du Christ, héritière du ciel (2). »

Avec cela on peut s'étonner que les femmes chrétiennes des premiers siècles aient si peu écrit, car on ne saurait guère citer qu'un petit nombre de lettres admirables (3), qui ont toujours été leur triomphe, et quelques vers comme ceux de Falto-

---

(1) S. Hieronym., *ad Lætam, ep.* cxii.
(2) *Ad Gaudentium, ep.* cxxviii.
(3) Voir les notes à la fin de la leçon.

nia Proba, qui fit un centon en l'honneur du christianisme. Ce sont là les faibles titres littéraires des femmes chrétiennes des premiers siècles, ou plutôt c'est leur gloire d'avoir compris que dans les lettres comme dans l'État leur empire doit être invisible, et que leur fonction est mille fois moins de paraître que d'inspirer.

On ne voit pas que chez les anciens les femmes aient inspiré des travaux sérieux : parcourez les lettres familières de Cicéron, et vous en trouverez très-peu adressées à des femmes ; parmi les lettres de Symmaque, aucune ne s'adresse à des femmes. Sénèque, il est vrai, a écrit à sa mère et à Helvia pour les consoler; cet homme orgueilleux, qui traitait les femmes avec tant de dédain, une fois avait été touché de leurs larmes. Mais à peine le christianisme a-t-il paru, que déjà l'exemple du Sauveur instruisant la Samaritaine est imité. Saint Jean écrit à Électe, et tous les Pères de l'Église écrivent pour des femmes. Tertullien compose les deux livres *ad Uxorem suam*, le traité *de Cultu feminarum*, le traité *de velandis Virginibus*. Ce génie si fier, ce génie indompté, s'humilie devant les servantes du Christ, et il se déclare le dernier venu et le plus humble de leurs frères. Saint Cyprien tient le même langage dans son livre *de Habitu virginum*. Saint Ambroise compose trois écrits sur la virginité, et s'adressant à celles qui liront son livre, il leur dit : « Si vous trouvez ici quelques fleurs, ce

« sont celles de vos vertus, et tout ce qu'il y a de
« parfums dans ce livre vient de vous (1). »

Telle était la courtoisie de ce grand esprit ; mais je trouve plus lorsque j'arrive à saint Augustin. Saint Augustin est par-dessus tout l'ouvrage de sa mère, sainte Monique : elle l'avait enfanté deux fois ; la première, dans les douleurs de la chair ; l'autre, dans les angoisses du cœur : c'est cette fois qu'elle l'avait enfanté pour l'éternité. Nous savons avec quelles larmes elle avait suivi les égarements de son fils, et sa joie à cette parole d'un évêque, qui lui promet que le fils de tant de larmes ne peut pas périr.

Elle a la première joie de sa conversion et la première place dans les *Entretiens philosophiques* de Cassiciacum. Et comme la bonne mère demande si jamais on a vu dans les livres que les femmes aient philosophé, Augustin répond que si la philosophie n'est autre chose que l'amour de la sagesse, Monique, qui aime Dieu depuis bien plus longtemps, est bien plus près de la philosophie, « car,
« après tout, ma mère, dit-il, ne craignez-vous pas
« la mort bien moins que beaucoup de prétendus sa-
« ges, » et il ajoute qu'il se ferait volontiers son disciple. Aussi, bien loin de l'écarter de ces disputes, il l'engage à y prendre part, et déclare que, si jamais ces livres qu'il écrit tombent entre les mains de

---

(1) S. Ambr., *de Virginibus, ad Marcellinam sororem suam*, l. II, c. vi.

quelqu'un, il est sûr que personne ne lui fera de reproche d'avoir donné la parole à sa mère. Lorsqu'il dispute sur le souverain bien, c'est Monique qui ouvre cette opinion que l'âme n'a d'autre aliment naturel que la science, que l'intelligence de la vérité ; et il se trouve par là qu'elle rencontre l'*Hortensius* de Cicéron. Saint Augustin, ravi de cette circonstance, déclare que sa mère a remporté la palme de la philosophie, que c'est à elle qu'il doit cette passion de la vérité qu'il préfère à toute chose ; qu'il lui doit de ne penser qu'à cette vérité, de ne vouloir connaître qu'elle ; de telle sorte qu'il fait remonter toute sa vocation de penseur à l'inspiration qui lui vient de sa mère (1). C'est, en effet, ce qu'il justifie dans ce passage de ses *Confessions*, qu'on ne peut trop rappeler, lorsqu'il nous raconte que peu de jours avant la mort de Monique il se trouvait avec elle près d'une fenêtre à Ostie, que là ils s'entretinrent ensemble de la vie future, de Dieu, de l'éternité, et qu'à un moment, par un effort du cœur, ils y touchèrent. Monique conclut l'entretien en déclarant qu'elle n'avait plus rien à faire sur la terre. Elle mourut en effet bientôt, mais son œuvre est accomplie ; elle a fait de son fils tout ce que Dieu l'avait chargée d'en faire (2). Augustin reprendra plus d'une fois ce chemin de l'éternité qu'il avait suivi un soir avec sa mère dans cette

(1) S. Augustin, *de Vita beata*, l. I, c. VIII.
(2) *Confessiones*, IX, c. IX.

dernière conversation : il retournera à Dieu, il arrivera très-avant dans la science de Dieu ; mais toujours il y retournera par la même route, repassant par les mêmes lieux, où pour la première fois, encore inexpérimenté, il ne s'était aventuré que sous l'aile de sa mère.

Saint Augustin est un tendre génie qui a pu être un jour saisi par la main d'une mère. Mais il doit en être autrement, ce semble, de saint Jérôme : et le plus merveilleux, c'est que cet homme fougueux à l'esprit indompté, à l'imagination ardente et indisciplinée, que le christianisme a conquis, ne s'est développé que sous ces mêmes inspirations des femmes chrétiennes. Nous avons déjà vu saint Jérôme à Rome ; ce qui est moins connu, c'est qu'il avait alors cinquante-deux ans, et que, jusque-là, il avait très-peu écrit, deux ou trois lettres seulement, quelques traités d'une médiocre importance. C'était là tout le produit de cette longue vie, mûrie au désert. Sur sa réputation, il ne tarda pas à être entouré d'un grand nombre de matrones chrétiennes des plus illustres de Rome, Paula et ses deux filles, Eustochie et Blesilla ; Felicitas, Albina, Marcella, Læa, veuve, et Asella, vierge. Marcella, chez laquelle toutes les autres se rassemblaient pour entendre le grand docteur, dévorée de la passion des Écritures, ne voyait saint Jérôme que pour lui poser des questions, multipliant les objections autour de lui, ne l'abandonnant que lorsque la lumière était complète. Et quand il eut quitté Rome, Marcella devint l'âme de cette petite société de femmes chrétiennes ; elle répondait à leurs difficultés avec ce tact et cette délicatesse qui n'appartiennent qu'aux femmes, leur disant toujours : c'est la doctrine de Jérôme ou de quelque autre, mais ne parlant jamais en son nom.

Revenu dans la solitude de Bethléem, saint Jérôme continua à être poursuivi des questions de ces illustres matrones. Ce n'est pas tout, plusieurs d'entre elles allèrent le rejoindre, et chercher encore cette lumière dont elles ne savaient plus se passer. Elles le poursuivent dans son désert. C'est ainsi que Fabiola traversa les mers, pour voir les saints lieux sans doute, mais aussi pour relire avec saint Jérôme le livre des *Nombres*, et se faire expliquer des chapitres qu'elle n'avait jamais bien compris. Paula, devenue veuve, et sa fille Eustochie renoncèrent aussi à la gloire et à la fortune qui les entouraient, franchirent la Méditerranée, arrivèrent à Antioche, et ces femmes, qui autrefois pour aller dans Rome avaient besoin des bras de leurs eunuques, montées sur les ânes, traversèrent les âpres chemins du Liban pour se rendre à Jérusalem. Arrivées à Bethléem, elles y fondèrent un monastère d'hommes et trois monastères de femmes ; et dans les règles de ces monastères de femmes, aucune religieuse ne pouvait se dispenser d'étudier l'Écriture sainte. C'était une école de théologie et une école

de langues puisque l'interprétation de l'Écriture
sainte est fondée sur l'étude des langues, et que ces
femmes illustres parlaient latin, grec, hébreu ;
Paula, en effet, chantait les psaumes en hébreu,
et saint Jérôme, lorsqu'elle touchait à ses derniers
moments, s'étant approché d'elle pour lui demander si elle souffrait, elle lui répondit en grec.
Aussi ces deux femmes ne lui laissaient pas de repos ; elles le pressaient de relire avec elles la Bible
tout entière, d'un bout à l'autre, en leur en expliquant tous les détails. Longtemps il se refusa à
leurs instances ; mais enfin, ne pouvant plus résister, il y consentit, et éprouva bientôt à quelles
difficultés il s'était exposé : elles ne souffraient pas
qu'il ignorât quelque chose, il ne lui était pas permis de déclarer qu'il ne savait pas, et il devait dire
au moins quelle était l'opinion la plus probable.
Ce fut pour elles qu'il entreprit ce grand ouvrage
qui fit sa gloire et sa puissance, qui, après tout, a
fait de lui le maître de la prose chrétienne pour
tous les siècles suivants : la traduction de l'Écriture
sainte. La Vulgate fut entreprise pour satisfaire aux
impatiences et aux ardeurs de ces deux femmes :
c'est à Paula et à Eustochie qu'il dédie les livres de
Josué, les *Juges*, les *Rois*, *Ruth*, *Esther*, les
Psaumes, *Isaïe*, les douzes petits prophètes, et
dans sa dédicace il déclare qu'elles seules ont eu
le pouvoir de le décider à reprendre la charrue
pour tracer ce laborieux sillon et écarter les brous-

sailles qui germent sans cesse dans le champ de l'Écriture sainte. C'est à elles qu'il en appelle de ceux qui pourraient douter de l'exactitude de sa version : « Vous êtes, leur dit-il, juges compétents « des controverses des textes, ouvrez les originaux « hébreux, comparez-les avec ma traduction pour « savoir si j'ai hasardé un seul mot (1). » Et comme il est en butte à des accusations de toute espèce, comme on s'afflige de sa traduction ainsi que d'une nouveauté, et qu'il réduit au désespoir tous ces prêtres possesseurs d'exemplaires magnifiques, d'admirables parchemins, ornés de lettres d'or, auxquels il vient dire qu'il en faut d'autres, ceux-ci, plutôt que d'admettre une vérité si affligeante, aimant mieux révoquer en doute l'exactitude de la nouvelle traduction, il ne trouve contre eux d'autre ressource, d'autre appui que les prières de Paula et d'Eustochie. Il les conjure de prendre sa défense contre la langue des médisants.

Ces grandes dames chrétiennes semblent jouer le rôle des femmes germaines : elles aussi assistent aux combats, mais aux combats de l'esprit, elles en présagent la fin, en assurent l'heureuse issue, et pansent les blessures de la controverse. Ainsi se constituait une école chrétienne de femmes illustres qui se perpétuera pendant plusieurs siècles, et qui sera le modèle sur lequel le dix-septième

(1) Voir la lettre XCII[e] à Paula et à Eustochie.

siècle devait voir tant d'incomparables et illustres personnes ne pas dédaigner de pâlir, elles aussi, sur les livres saints et les grands docteurs de l'Église. Les femmes chrétiennes sont donc déjà en possession de ces deux grands rôles qu'elles conserveront jusqu'à la fin : le rôle d'inspirer et celui de concilier.

Mais, si elles ont l'avantage dans la science, il est à craindre qu'elles ne le perdent dans l'art et dans la poésie. En effet, les femmes ont si souvent et si dangereusement inspiré les sculpteurs et les poëtes païens, que le christianisme semble devoir chercher à effacer pour toujours ces images qui parlent trop à l'imagination, aux sens émus ; et pourtant il n'en fut pas ainsi : si nous pénétrons dans les catacombes, c'est-à-dire dans les lieux les plus austères que le christianisme ait habités, au milieu de tous ces souvenirs de la persécution et des menaces des satellites qui sont déjà peut-être à l'entrée, et qui, tout à l'heure, vont mettre la main sur le prêtre à l'autel et sur les fidèles qui l'entourent, nous verrons, à la clarté des flambeaux et des lampes, un certain nombre de peintures qui décorent le sanctuaire et se développent en guirlandes autour des autels. Le sujet de ces peintures, nous le dirons une autre fois ; mais j'en remarque une qui est la plus fréquente, avec celle du bon Pasteur, c'est celle qu'ils appelaient l'Orante : c'est une femme en prière, seule, les bras en croix, quelquefois la tête voilée; vêtue avec cette simplicité que Tertullien et saint Cyprien prêchèrent. D'autres fois elle paraît, comme les martyrs, au lieu du supplice, comme parurent dans l'arène Félicité et Perpétue, sans voile, sans ornements, sans ces colliers et ces émeraudes qui n'auraient pas laissé de place à l'épée du bourreau ; elle est couverte de la *stola*, robe simple, blanche, garnie seulement d'une bande de pourpre qui retombe jusqu'à ses pieds ; elle porte les yeux levés au ciel, les mains étendues... C'est donc sous les traits d'une femme que les chrétiens représentent la prière, se persuadant qu'avec l'humilité et la douceur de cette sainte créature, la prière fléchirait Dieu plus facilement. D'autres fois, elle est représentée avec deux vieillards qui lui soutiennent les bras à droite et à gauche. Quelquefois deux noms sont écrits aux pieds de l'image : les deux vieillards s'appellent Pierre et Paul, et la femme qui est au milieu d'eux, qui prie, qui étend les bras, s'appelle Marie. Cette figure, qui paraît à côté du Christ, ne serait donc autre chose que la première image de la Vierge, de la madone, de cette longue famille de vierges byzantines qui inspireront les peintres du moyen âge : la femme régénérée régénérera les arts modernes.

Ce n'est pas assez que la femme chrétienne ait pris possession de la peinture et des arts plastiques pour les réformer ; il faut qu'elle entre dans la poésie, il faut que cette poésie tout inondée des ardeurs de Sapho et d'Alcée, toute brûlante des passions que les femmes de l'antiquité inspirent, se purifie en se lavant dans le sang des vierges martyres, qui deviennent les héroïnes, les inspiratrices des poëtes chrétiens.

Ce qui est singulièrement touchant dans la poésie chrétienne, c'est que la première femme qui l'a inspirée, qui lui a arraché des accents nouveaux, c'est une jeune fille, sainte Agnès, qui mourut martyre à Rome, en 310, à la fin de la persécution de Dioclétien. Une sorte de prédilection s'attacha à elle, comme à la plus jeune, à la dernière née de cette nombreuse famille des martyrs ; toutes les complaisances de l'imagination contemporaine se rassemblèrent sur elle, et l'amour, le respect et l'enthousiasme s'unirent pour composer sa couronne. En effet, peu de temps après sa mort, on raconte déjà une des plus charmantes légendes chrétiennes : Ses parents veillaient, quelques jours après son supplice, et priaient à son tombeau, lorsque la vierge Agnès leur apparut au milieu d'une grande lumière, entourée d'une multitude de vierges, vêtues comme elle de longues robes d'or, elle avait un agneau blanc comme la neige à ses côtés, et, s'adressant à ses parents qui pleuraient, elle leur dit: « Ne pleurez pas, car vous « voyez que j'ai été reçue avec les compagnes que « voici, dans les demeures de lumière, et que je « suis unie à celui que j'avais aimé. »

Cette vie paraît avoir captivé les regards et l'admiration de tous les hommes de ce siècle, et il n'est pas de sainte qui ait été célébrée davantage dans les discours des hommes éloquents et les vers des poëtes. Saint Ambroise y revient à trois fois, et, au commencement de son livre *de Virginitate*, il se plaît à célébrer cette jeune fille qui avait bravé les bourreaux, qui s'était avancée au lieu du sacrifice plus triomphante que si elle était allée donner sa main au plus illustre descendant des consuls.

Mais les poëtes surtout s'attachent à cette image : et d'abord le pape saint Damase, qui vivait à la fin du quatrième siècle, a chanté, dans un poëme très-court, mais d'une rare énergie, le supplice d'Agnès et sa gloire, « comment au signal lugubre
« de la trompette, elle s'échappa des bras de sa
« nourrice, foula aux pieds les menaces du tyran,
« et, quand son noble corps fut livré aux flammes,
« comment sa jeune âme vainquit l'épouvante im-
« mense, comment elle se couvrit de ses longs che-
« veux, de peur que des yeux périssables ne vissent
« le temple de Dieu. »

Viribus immensum parvis superasse timorem,
Nudam profusum crinem per membra dedisse,
Ne Domini templum facies peritura videret (1).

Ces vers sont très-beaux, mais ils sont égalés par l'hymne que Prudence, poëte du commencement

(1) *Biblioth. Patrum*, t. IV, p. 545.

du cinquième siècle, a composé en l'honneur de saint Agnès : il fait une longue histoire du martyre et il la couronne par cette invocation.

« O vierge heureuse ! ô nouvelle gloire ! noble
« habitante du palais du ciel, abaissez vers notre
« fange votre front ceint d'une double couronne.
« L'éclair de votre visage favorable, s'il pénètre
« jusqu'à mon cœur, le purifiera. Tout devient pur
« là où daignent tomber vos regards, là où se pose
« votre pied éclatant de blancheur. »

Nil non pudicum est quod pia visere
Dignaris, albo vel pede tangere (1).

Je ne sais, mais voilà une poésie qui me semble avoir retrouvé l'élan des anciens, seulement la trace qu'elle suit, c'est la trace qui mène au ciel.

Ce n'est pas tout, un autre souffle, un souffle nouveau, qui vient aussi des lèvres des femmes, va pénétrer dans la poésie chrétienne et y révéler une fécondité dont les autres âges recueilleront les fruits : l'amour platonique. Ce sentiment commence seulement dans Platon à se dégager des obscénités et des ignominies de l'amour grec ; au contraire, lorsque, pour la première fois, un chrétien que le souffle inspirateur a touché, écrit en prose mais dans un langage bien poétique, lorsque Hermas compose son livre étonnant du *Pasteur*, l'amour

---

(1) Prud., *Peristephanon*, XIV, v. 155.

platonique s'y fait place, mais ne souffre autour de lui rien que de chaste. Il raconte que dans sa jeunesse il avait aimé, pour sa beauté et sa vertu, une jeune esclave chrétienne, dont son tuteur était le maître; et souvent il se disait : « Heureux si j'avais « une telle épouse! » Quelque temps après, Hermas errait avec ses pensées dans la campagne, honorant les créatures de Dieu qu'il trouvait belles; et, s'étant endormi, il songea qu'il était dans un lieu sauvage où il se mit à genoux pour prier ; et le ciel s'ouvrit, et il vit la jeune fille qu'il avait aimée, et elle lui disait :

« Salut, Hermas ! — Ma Dame, que faites-vous « là? — J'ai été appelée ici pour t'accuser devant « Dieu. — Ma Dame, si j'ai péché contre vous, « quand est-ce et en quel lieu ? Ne vous ai-je pas « toujours tenue pour ma dame et respectée comme « ma sœur? — Un mauvais désir est monté dans « ton cœur ; prie Dieu et il te pardonnera ton pé- « ché. » Et le ciel se referma (1).

Vous voyez là commencer cet amour qui se reproche jusqu'à la pensée légitime du mariage, cet amour qui ne veut rien d'intéressé, qui est tout entier dans le sacrifice, dans le dévouement, qui devient coupable au moment où il cesse de s'oublier lui-même.

C'est là le principe de toutes les lettres chrétien-

---

(1) Hermas, *Pastor, visio prima*.

nes pendant les âges qui vont suivre, et nous en aurons bientôt le spectacle. En effet, les barbares viennent, mais le christianisme a pris soin de s'assurer de leurs filles : les vierges franques et anglo-saxonnes remplissent les monastères, et les saints écrivent pour elles, comme les Pères pour les vierges des premiers siècles. Ainsi Fortunat passera de longues années à Poitiers, composant des vers pour sainte Radegonde, épouse du roi Clotaire; saint Boniface, au milieu des travaux immenses de son apostolat, adresse des vers à la belle Lioba, abbesse d'un des monastères d'Angleterre, qui, plus tard, suivit la trace de Boniface, continua ses travaux apostoliques et éleva des couvents dans les forêts de la Germanie pour faire l'éducation des jeunes barbares. Ainsi Alcuin comptera parmi ses disciples les filles et les nièces de Charlemagne; elles lui demanderont des commentaires sur saint Jean, et elles ne manqueront pas de lui rappeler que saint Jérôme ne méprisait point les prières des nobles femmes, et qu'il leur écrivait de longues lettres pour dissiper les obscurités des prophéties, et il y a moins loin, ajoutent-elles, de Tours à Paris que de Bethléem à Rome. Comment aurait-il pu résister ? Aussi désormais on voit son exemple entraîner la postérité : les femmes chrétiennes prennent peu à peu rang dans la théologie et dans les lettres : c'est au dixième siècle, Hroswitha ; au douzième, sainte Hildegarde; plus tard, c'est sainte Catherine de

Sienne, qui partage la gloire des plus grands écrivains; c'est enfin, au seuil des temps modernes, cette grande sainte Thérèse, qui étonne encore le monde de son génie.

Cette influence se continuera plus tard, lorsqu'au milieu de toutes les lumières du dix-septième siècle les plus grands esprits brigueront les suffrages d'un certain nombre d'incomparables femmes ; Jacqueline Pascal, qui partagera les travaux de son frère et s'associera à sa gloire par ses efforts ; madame de Longueville, qui prêta des auspices si favorables au génie de Nicole ; madame de Sévigné, madame de la Fayette, madame de Maintenon, et toutes ces autres femmes illustres qui achevèrent l'éducation intellectuelle du peuple le plus poli de la terre.

Voilà pour la prose, pour la science ; mais pour la poésie, le respect des femmes ne sera-t-il pas le principe générateur, l'âme de toute la chevalerie? Sans l'idée de sacrifice, toute cette poésie disparaissait : il faut que le chevalier serve sa dame sans intérêt, et c'est à la même condition qu'il est permis au poëte chevaleresque de la chanter. C'est désormais ce culte destiné à épurer l'âme des adorateurs qui doit devenir l'inspiration dominante de toute la poésie des douzième et treizième siècles ; c'est lui qui suscite les premiers troubadours, les premiers *Minnesinger*, les premiers poëtes italiens, et qui fera le génie de Dante et de Pétrarqué? Qu'est-ce en effet que Béatrix, si ce n'est une personnification vivante de l'intelligence divine, une représentation symbolique, en même temps qu'une réalité souveraine et charmante? Qu'est-ce que Béatrix, si ce n'est celle qui est destinée a purifier l'âme de Dante, à la dégager de tout ce qui lui restait de terrestre ; le seul sourire de cette jeune fille qui passait suffisait pour inonder de joie le cœur de Dante, pour donner la paix, pour humilier l'orgueil, pour effacer les offenses et pour induire à bien faire. Dante supposait sans doute à Béatrix trop d'empire, mais du moins il a ressenti cet empire. Lorsqu'il la retrouve, lorsqu'elle lui apparaît au sommet du purgatoire, dans ce paradis terrestre qu'il reconstruit, Béatrix se montre non pour le flatter, pour lui accorder de vains éloges, mais pour l'accuser de ne pas lui avoir voué un amour assez pur, de laisser son âme s'appesantir à l'atmosphère dangereuse de la terre ; elle accuse Dante comme la belle esclave accusait Hermas : cette esclave inconnue qu'Hermas avait un jour aimée se trouve, en quelque sorte, la sœur aînée de Béatrix, de Laure, de toutes ces femmes illustres destinées à susciter les plus beaux génies de la poésie moderne.

Nous avons aussi un spectacle bien rare dans l'histoire littéraire. Il y a des siècles qui sont comme de véritables printemps, où tout fleurit dans l'esprit humain ; mais c'est une jouissance rarement permise que d'atteindre jusqu'aux dernières racines et aux premiers germes de ses fleurs, de savoir d'où elles ont reçu la séve et la vie. C'est là ce que nous venons de voir, et nous ne nous arrêtons plus désormais à ces fleurs de poésie des temps chevaleresques, dont la racine est cachée dans la dernière profondeur des temps chrétiens.

En étudiant les mœurs chrétiennes du cinquième siècle, nous venons d'assister à la plus grande révolution intellectuelle qui ait jamais été. Les lettres sont gouvernées par les intelligences, oui, mais par les intelligences qu'elles ont pour mission d'instruire ou de charmer. C'est l'auditoire qui fait l'orateur ; c'est la foule pour laquelle ils chantent qui inspire et suscite les poëtes : dans l'antiquité, les philosophes ne parlent que pour un bien petit nombre d'esprits d'élite, que pour le cortége peu nombreux des initiés et des adeptes ; les orateurs s'adressent à la foule qui couvre les places publiques, mais cette foule ne se compose que des citoyens ; les poëtes, à Athènes, produisent pour le théâtre, mais au théâtre n'entrent que les hommes libres. A Rome, les femmes vont au théâtre, mais la poésie latine, si peu intelligible pour le vulgaire, ne s'adressait encore qu'à un petit nombre d'esprits. Horace s'en plaint, il savait que, ainsi que Virgile, il n'était goûté tout au plus que par des chevaliers, et que jamais son génie ne descendrait jusqu'aux derniers rangs du peuple-roi. Les lettres antiques n'avaient jamais parlé qu'au petit nombre : il en fut autrement des lettres chrétiennes qui s'adressent à tous. Les Pères écrivent pour les esclaves et composent pour les femmes, et saint Jean Chrysostome se félicite, dans ces termes énergiques que vous lui connaissez, de ce que le christianisme apprend à philosopher aux cordonniers et aux foulons. Les Pères montent en chaire non plus pour parler seulement à ceux qui ont le droit de cité, mais à tous les hommes libres, à tous les esclaves, aux femmes, aux enfants réunis dans la même basilique.

On a considéré comme un événement grave, dans l'histoire de l'esprit humain, l'invasion et l'arrivée des barbares : on a eu raison, car enfin les barbares venaient renouveler l'intelligence humaine en donnant à tous ceux qui étaient capables de parler et d'écrire des auditeurs nouveaux, une foule neuve, qui n'apportait pas des oreilles blasées, un esprit flétri, qui venait leur ouvrir, au contraire, un cœur jusque-là libre et disposé à frémir, à tressaillir de tout ce qui serait véritablement digne d'admiration. On a eu raison : l'arrivée de ce flot d'esprits nouveaux devait changer les conditions littéraires du monde; mais on n'a pas pris assez garde à cette invasion plus grande, plus considérable, accomplie avant celle des barbares : je veux dire l'invasion des esclaves, des ouvriers, des pauvres, des femmes, dans le monde intellectuel, c'est-à-dire l'invasion de la plus grande partie de l'humanité qui venait demander, non pas des empires, des biens, des terres, comme les barbares le demandèrent plus tard, mais une part légitime dans cette jouissance promise à tous, qui est due à tous, du vrai, du bien, du beau.

EXTRAIT DES NOTES DE LA LEÇON

LETTRE

PAULA ET EUSTOCHIE A MARCELLE.

La charité n'a point de mesure, l'impatience ne connaît point de règle, et le regret n'attend pas... Vous qui la première nous avez poussées à ces études par la parole et par l'exemple, qui nous avez rassemblées, comme la poule rassemble ses poussins sous ses ailes, maintenant vous nous laissez voler sans mère, tremblant de rencontrer l'épervier! C'est pourquoi nous vous supplions tendrement (l'absence ne nous permet pas davantage) de nous rendre notre Marcelle, et elle si bonne, si suave et plus douce que le miel.....

Vous répondez que la garde des anges et la grâce du Christ se sont retirées de Jérusalem depuis que le Seigneur en a prophétisé la ruine en pleurant. Mais le Seigneur ne pleurerait pas sur elle s'il ne l'aimait pas. Il pleura aussi Lazare parce qu'il l'aimait. Sachez d'ailleurs que le crime fut celui du peuple, non de la cité... On l'appelle une terre maudite parce qu'elle a bu le sang du Sauveur. Et comment tient-on pour bénis les lieux où Pierre et Paul, les chefs de l'armée chrétienne, ont donné leur vie... Nous vénérons partout les sépultures des martyrs, et, s'il se peut, nous touchons leurs cendres de nos lèvres. Et quelques-uns voudraient qu'on négligeât le tombeau du Sauveur !

Nous ne prétendons point dire que nous ne portions pas en nous-mêmes le royaume de Dieu, ni qu'il n'y ait des saints dans d'autres contrées. Mais ici, où nous sommes venues les dernières de tous, nous avons trouvé les premiers de l'univers... Tout ce qu'il y a de grand dans les Gaules accourt à Jérusalem. Le Breton, séparé du monde, tourne le dos au soleil couchant et veut visiter les lieux qu'il ne connaissait que par la renommée et par le témoignage des Écritures. Que dirai-je des Arméniens, des Perses, des Éthiopiens, du Pont et de la Cappadoce, terres fertiles en moines presque à l'égal de l'Égypte, et de tous les essaims qu'envoie l'Orient ? Les langues ne s'accordent point, mais la religion est une. Autant de nations, presque autant de chœurs qui psalmodient. Au milieu de cette ferveur, rien d'arrogant; personne ne se fait gloire de ses jeûnes, personne ne juge le prochain, de peur d'être jugé par le Seigneur.

Oh ! quand viendra le temps où un courrier tout essoufflé nous apportera ce message, que notre Marcelle vient d'aborder au rivage de la Palestine ? Tous les chœurs des moines, tous les essaims de vierges le répéteront. Et nous déjà, nous avons hâte de courir au-devant d'elle, et sans attendre la litière, nous pressons nos pas. Nous tiendrons donc ses mains, nous verrons ses traits, à peine nous arrachera-t-on d'un embrassement si désiré. Viendra-t-il donc le jour où il nous sera donné d'entrer ensemble dans le sépulcre du Sauveur, de pleurer dans le tombeau de notre Dieu, avec notre sœur, avec notre mère? Nous baiserons ensuite le bois de la croix, nous gravirons la montagne des Oliviers, accompagnant de l'âme, du désir, le Seigneur qui la monta... Nous irons à Nazareth, et, selon l'étymologie de son nom, nous verrons la fleur de la Galilée. Non loin de là se trouve Cana, où l'eau fut changée en vin... Puis, toujours en compagnie du Christ, après avoir passé par Silo, Béthel et les autres lieux où des églises s'élèvent comme les trophées des victoires du Seigneur, nous reviendrons à notre grotte de Bethléem; nous y chanterons toujours, nous pleurerons souvent, nous prierons sans cesse, et, blessées de la flèche du Sauveur, nous dirons ensemble : « J'ai trouvé celui que cherchait mon « âme, je le retiendrai, et je ne le quitterai plus! »

COMMENT LA LANGUE LATINE

DEVINT CHRÉTIENNE

(QUINZIÈME LEÇON)

Messieurs,

Au moment où les barbares forçaient les portes de l'empire, nous venons de trouver deux civilisations en présence. D'une part, une civilisation païenne impuissante à recevoir, à éclairer, à toucher surtout les hôtes terribles que Dieu envoyait; condamnée par conséquent à périr, mais non pas tout entière et sans résistance, non pas sans laisser dans la religion, dans les lois, dans les lettres, des dangers et des richesses que les âges suivants recueilleront. D'autre part, le dogme chrétien, assez fort pour sortir vainqueur des luttes théologiques, pour produire déjà une philosophie à son image dans les écrits de saint Augustin, était aussi en mesure de fonder toute une société nouvelle. Il en avait les éléments dans cette hiérarchie dont nous avons démontré l'antiquité, dans ces mœurs dont la sainte hardiesse introduisait à la vie de l'esprit les esclaves, les pauvres et les femmes. C'est cette invasion des déshérités du monde ancien, de ceux que la société méprisait qui prépare, devance et dépasse de beaucoup, à mon sens, dans ses proportions, l'invasion des barbares. C'est elle qui déjà grandit l'auditoire auquel s'adressera la parole humaine et qui par conséquent renouvelle l'inspiration des lettres.

Je vais maintenant étudier avec vous ces premiers commencements de la littérature chrétienne, chercher comment le principe régénérateur, descendant à tous les degrés de la pensée, s'empara de l'éloquence, de l'histoire, de la poésie, et leur donna dès le cinquième siècle, ces mêmes formes que le moyen âge vit s'épanouir avec tant de vigueur et d'éclat.

Mais il fallait d'abord que la littérature chrétienne trouvât sa langue, et, ce qui est plus difficile, qu'elle le composât d'éléments existants et rebelles. Il fallait que l'Église d'Occident parlât latin, c'est-à-dire la langue naturelle de cette société mourante dont elle avait à consoler les derniers moments, la langue d'emprunt de cette multitude de Germains, de Francs, de Vandales qui déjà envahissaient les terres des frontières, les rangs de l'armée et jusqu'aux grandes charges de l'empire. Mais il reste à savoir par quel prodige le latin, cette vieille langue païenne qui gardait les noms de ses trente mille dieux, cette langue souillée des impuretés de Pétrone et de Martial, devint chrétienne, devint la langue de l'Église, celle du moyen âge; comment cet idiome, qui semblait destiné à finir avec le monde des flancs duquel il était sorti, resta langue vivante sur le tombeau d'une société morte; à ce point que pendant tout le moyen âge on ne cessa de prêcher, de haranguer et d'enseigner en latin, et que de nobles peuples, de nos jours encore, n'ont pas abjuré cette langue latine qui est en quelque sorte une partie de leur liberté. Ainsi c'est cette transformation, sans exemple dans l'histoire de l'esprit humain, dont il faut nous rendre compte et qui vaut bien la peine d'appeler un moment votre attention. Ma tâche épineuse serait plus difficile encore si elle ne m'avait été aplanie par mon excellent collègue, M. Egger, qui a montré cette même révolution s'accomplissant dans la langue grecque à Alexandrie.

Rien ne semble, au premier abord, moins capable des idées chrétiennes que cette vieille langue latine qui, dans son âpreté primitive, ne semblait faite que pour la guerre, pour l'agriculture et pour les procès. Voyez le vieux latin avec ses formes dures, concises, monosyllabiques; c'est bien l'idiome d'un peuple qui n'a pas le loisir de se perdre, comme les Grecs, dans de longs entretiens, qui ne consume pas son temps sur les degrés de marbre du Parthénon et sous les portiques de l'Agora. On voit, au contraire, des hommes pressés, moins avides d'idées que de gain, qui se rencontrent à peine sur un chemin poudreux, dévorés des rayons du soleil, et qui échangent brièvement, dans la langue la plus contractée, la plus courte possible, les mots qui expriment leurs droits, leurs désirs, leurs espérances. Ainsi, s'agit-il de la guerre, ce sont toutes ces courtes, ces fortes expressions : *Mars*, *vis*, la guerre, la force; *æs*, l'airain dont se font les armes. Il s'agit de la campagne, n'attendez pas qu'ils en célèbrent les beautés dans des expressions harmonieuses qui rempliront l'oreille; au contraire, ce sont des monosyllabes : *flos*, *frux*, *bos*, fleurs, fruit, bœuf; tout ce qui est nécessaire à l'homme des champs se termine par un son bref, aussi court que le moment qui lui est donné pour mettre son grain en terre et le recouvrir. La langue des affaires a sa semence, son germe dans ces expressions resserrées où toute l'énergie d'un peuple plaideur, d'un peuple juridique, semble s'être concentrée : *jus*, *fas*, *lex*, *res*, droit, justice, loi, chose, en un mot toutes les racines essentielles de la langue du droit.

Sans doute, si on y regarde de plus près, on découvre l'affinité du latin avec le dialecte éolien et des traces d'une parenté plus lointaine avec les langues de l'Orient, avec la langue sanscrite, par exemple.

Mais, au fond, quand on écarte ces aperçus utiles et lumineux de la science pour ne considérer que ce qui caractérise le génie du peuple, il est impossible de ne pas reconnaître dans les hommes qui parlent cet idiome âpre et concis les mêmes hommes que Plaute faisait haranguer par le dieu Mercure au commencement de l'*Amphitryon*, et auxquels il souhaitait, non de douces et charmantes rêveries sous les ombrages frais, ou les plaisirs de l'esprit et de l'imagination, mais de s'enrichir promptement par un gain bon et durable (1).

Voilà le peuple trivial dont la langue est destinée à devenir celle de la civilisation universelle.

Mais, lorsque les mœurs de la Grèce eurent envahi Rome, aussitôt les orateurs s'appliquèrent à modeler la langue latine sur les formes grecques. Une culture artificielle commençait, concentrée assurément dans un petit nombre d'esprits éclairés, mais poussée à un degré incroyable d'ardeur et de perfection. Cicéron s'exerce à déclamer dans cette langue grecque, qui offre plus de ressources et d'ornements. De plus, il ne lui suffisait pas de dérober à Démosthènes et à Eschine les figures, les raisonnements, les hardiesses de leurs compositions oratoires, c'était aussi les secrets de leur éloquence

---

(1) Et ut res rationesque vostrorum omnium
Bene expedire voltis peregreque et domi,
Bonoque atque amplo auctare perpetuo lucro,
Quasque incepistis res, quasque inceptabitis.
(PLAUTE, *Amphitr.*, prolog., v. 5.)

qu'il allait chercher, c'était le mystère de cette harmonie dont les orateurs grecs flattaient les oreilles avides de la multitude. On voit alors Cicéron, avec un art infini, une prodigieuse subtilité, rechercher dans Aristote, dans Éphore, dans Théopompe, les mesures diverses qui peuvent entrer dans une période oratoire pour la rendre plus nombreuse et plus satisfaisante à l'oreille. Ne croyez pas qu'il se permette de la composer au hasard de syllabes longues et brèves; non, il lui faut un certain nombre de trochées, de péons et autres pieds, et Cicéron est encore tout plein d'un discours auquel il avait assisté dans sa jeunesse, où Carbon, tribun du peuple, terminant une invective impétueuse contre ses adversaires politiques, arrache les applaudissements de la multitude par une phrase que couronnait le ditroché le plus harmonieux qu'on ait jamais entendu : *Patris dictum sapiens temeritas filii comprobavit.* Ce mot *comprobavit*, avec ces deux longues alternées de deux brèves, avait tellement ravi et enchanté l'oreille de l'auditoire, qu'un long murmure d'approbation avait enveloppé l'orateur. C'est à ce point que les raffinements de l'euphonie avaient été poussés chez ce peuple, où il fallait qu'un joueur de flûte accompagnât l'orateur à la tribune afin de soutenir sa voix.

En même temps, la poésie ne restait pas en arrière de soins, de zèle et de laborieuse application : successivement les mètres de la Grèce avaient passé d'abord dans la poésie épique, ensuite dans le théâtre des Latins ; enfin Catulle et Horace empruntèrent aux poëtes lyriques de l'école éolienne les plus ingénieuses et les plus délicates combinaisons qu'avait pu permettre l'harmonie de leur belle langue.

Ainsi vint un moment où la Grèce n'eut pas de trésor sur lequel Rome n'étendît la main ; vint une heure, bien courte, il est vrai, où se déclara cette maturité parfaite de la langue latine, où on la vit capable à la fois de poursuivre, avec Cicéron, tout l'essor de l'intelligence humaine jusqu'aux derniers degrés qui touchent à l'infini ; capable de pénétrer avec les jurisconsultes les dernières profondeurs, les plus subtiles délicatesses, les replis les plus cachés des affaires humaines ; et aussi, avec Virgile, d'arracher à des syllabes autrefois rauques et sans harmonie des sons qui devaient charmer pendant longtemps les oreilles de la postérité, qui les charment encore, et des cris poétiques capables de faire évanouir Octavie entre les bras d'Auguste.

C'est là la grandeur, la beauté de cette langue latine qu'on ne saurait assez louer dans l'incomparable et trop court moment que je viens de marquer. Mais cette culture artificielle ne pouvait durer longtemps. Les langues portent en elles-mêmes une loi de décomposition qui veut qu'arrivées à une certaine maturité, elles fassent comme les fruits, tombent, s'ouvrent et rendent à la terre des semences d'où doivent sortir des langues nouvelles. Tandis que la société romaine, dans ce qu'elle avait de plus élégant et de plus poli, s'attachait ainsi à toutes les délicatesses, à toutes les perfections d'une langue exquise, le peuple n'avait pas pu s'élever aussi haut; il n'avait pas en lui la patience nécessaire pour se prêter aux exigences des oreilles patriciennes. En effet, il y a dans une langue littéraire deux sortes de règles : les règles euphoniques, qui tiennent de l'art, et les règles logiques, qui tiennent de la science. Le peuple n'articule pas exactement et avec pureté ; pressé qu'il est, il parle comme il peut, et par là il viole les règles euphoniques ; le peuple construit mal, et par là il viole les règles logiques. Il s'ensuivit nécessairement, et au bout de peu de temps, qu'une langue populaire, imparfaite, un dialecte, en quelque sorte, un peu grossier, se forma au-dessous de la langue savante, et circula dans cette multitude immense qui remplissait Rome et les provinces. En effet, les traces ne manquent pas de cette langue populaire des rues de Rome, que les comiques devaient parler pour se mettre parfois à la portée de leurs auditeurs : nous les trouvons dans Plaute, et dans les inscriptions nous en trouvons des traces plus fortes encore, qui nous montrent les règles de la grammaire incroyablement violées. On y trouve : *cum conjugem suam, pietatem causa, templum quod est in palatium.* Et les exemples semblables sont nombreux.

Ainsi la décomposition de la langue latine s'était déjà produite au temps de Cicéron, qui signalait avec regret, comme l'âge d'or de cette langue, l'âge de Scipion l'Africain. Pour Cicéron, comme pour bien d'autres, le siècle où il vivait causait sa tristesse, lui paraissait frappé de décadence, et il plaçait l'apogée bien loin de son temps : Ce fut, dit-il, le privilége du siècle des Scipions de bien parler comme de bien vivre; mais, depuis, la multitude des étrangers a corrompu le discours... Quintilien dit plus tard que tout le langage est changé, et il témoigne que, plus d'une fois, lorsque le spectacle tragique avait ému les esprits, les exclamations parties de tous les points du théâtre avaient laissé entendre quelque chose de barbare qui venait donner un démenti à la langue pure que le poëte avait voulu parler (1).

Ainsi, dès les premiers temps de l'empire, la corruption de la langue se déclare, le latin périt : ce n'est donc pas le christianisme qui le tue, au contraire, c'est par le christianisme qu'il allait revivre.

Trois génies se partagent l'antiquité : le génie de l'Orient, c'est-à-dire celui de la contemplation, du symbolisme, parce qu'en contemplant la nature on découvre le langage du Créateur, celui de la véritable poésie; qu'est-ce que la poésie, sinon cette

(1) *Tota sæpe theatra, et omnem circi turbam exclamasse barbare scimus.* (Quint., *Instit. Or.*, l. I, c. VI.)

contemplation divine des choses terrestres, cette contemplation idéale des choses réelles? En second lieu, le génie grec, qui fut, par-dessus tout, celui de la spéculation, de la philosophie, qui fut capable d'adapter des expressions justes et fines à toutes les nuances de la pensée humaine, qui suffit à tous les besoins du passé : que dis-je? à tous les nôtres ; car c'est encore à cette langue que nous venons demander des mots pour désigner les découvertes de notre siècle. Enfin, le génie latin, qui fut celui de l'action, du droit, de l'empire.

Pour que la civilisation ancienne tout entière passât dans l'héritage des modernes, pour que rien ne se perdît de la succession intellectuelle du genre humain, il fallait que ces trois génies fussent conservés, il fallait que ces trois esprits de l'Orient, de la Grèce et de Rome vinssent, en quelque sorte, former l'âme des nations naissantes. La langue latine offrait au christianisme un instrument merveilleux de législation et de gouvernement pour l'administration d'une grande société ; mais il fallait que la langue de l'action devînt celle de la spéculation ; il fallait assouplir, populariser cette langue roide et savante, lui donner les qualités qui lui manquaient pour satisfaire la raison par toute la régularité et l'exactitude de la terminologie grecque, et pour saisir l'imagination par toute la splendeur du symbolisme oriental.

Le christianisme y réussit par un ouvrage qui,

au premier abord, semblait bien humble, mais qui, comme tout ce qui est humble, recélait une des plus hardies et une des plus grandes pensées qui aient jamais été conçues : ce fut la Vulgate, la traduction de la Bible. Un homme se rencontra, parfaitement versé dans les lettres latines, pénétré de toutes les connaissances et de presque toutes les passions de la société romaine; après avoir, pendant quelques temps, recueilli les lumières et contemplé, quoique d'un peu loin, les plaisirs de cette société dégénérée, cet homme effrayé se réfugia au désert, alla chercher asile à Bethléem, dans les solitudes que commençaient à peupler les premiers moines, et là Jérôme s'efforçait de repousser les souvenirs qu'il avait apportés de Rome et les images de ces voluptés dont la pensée le troublait jusqu'aux lieux de ses méditations et de ses jeûnes. Les livres de Cicéron, de Platon ne sortaient pas de ses mains; mais il y avait encore là trop de retentissement, trop d'échos de ce monde ancien qu'il voulait oublier. Pour se dompter lui-même et vaincre sa chair, dit-il, il entreprit d'étudier l'hébreu ; il se mit sous la conduite et, pour ainsi dire, au service d'un moine juif converti, interprète avare, qui, la nuit, dans une carrière, de peur que les autres Juifs n'en fussent informés, lui enseignait les secrets de la langue sacrée. « Et moi, dit-il, tout
« nourri encore de la fleur de l'éloquence de Cicé-
« ron, de la douceur de Pline et de celle de Fronton,

« des charmes de Virgile, je commençais à bégayer « des paroles stridentes et essoufflées, *stridentia* « *anhelantiaque verba ;* je m'attachais à cette lan- « gue difficile comme un esclave s'attache à la « meule ; je m'enfonçais dans les ténèbres de cet « idiome barbare comme un mineur dans un sou- « terrain où, à peine, après beaucoup de temps, il « aperçoit quelque lumière, et, dans ces profon- « deurs, dans ces obscurités, je commençais à trou- « ver des jouissances inconnues ; plus tard, de la « semence amère de mon étude, je recueillis des « fruits d'une douceur infinie. »

C'est là le langage de saint Jérôme, vous le reconnaissez à la sauvage énergie de son éloquence. Ces fruits qu'il voulait recueillir, ces fruits d'une étude amère, c'étaient les livres saints qu'il se proposait de traduire de l'hébreu pour rectifier ce qui pouvait se trouver d'inexact dans les traductions faites d'après les Septante, et aussi pour ôter aux Juifs tout subterfuge, leur retrancher toutes les objections qu'ils tiraient de la différence supposée entre l'original hébreu et la version grecque.

Voilà le motif pour lequel saint Jérôme entreprenait la traduction de la Bible, et il ne fallait rien moins qu'une pensée de foi, que la forte conviction d'un devoir, pour lui faire braver les difficultés de ce travail et l'opposition même de ces chrétiens qui s'inquiétaient de voir une traduction nouvelle, qui avaient déjà leurs traductions plus anciennes et qui étaient bien aises de les garder ; car, dit saint Jérôme, il se rencontre des gens qui tiennent à avoir de beaux manuscrits sans chercher s'ils sont corrects.

Le génie et l'enthousiasme de saint Jérôme ne furent pas de trop pour affronter tous les écueils et tous les dégoûts de ce long travail. Il y fut soutenu par l'amitié et la docilité de sainte Paule, d'Eustochie et d'autres dames romaines qui partageaient ses travaux. Ainsi aidé et soutenu, il avance dans cette œuvre difficile avec un système de traduction qu'il fixe lui-même, et qui consiste à pratiquer sans cesse deux règles : la règle la plus commune est de conserver, autant qu'il se peut, sans blesser le sens, l'élégance et l'euphonie de la langue dans laquelle on traduit ; ainsi, dit-il, Cicéron a traduit Platon, Xénophon et Démosthènes ; ainsi les comiques grecs ont passé sur la scène latine avec Plaute, Térence et Cécilius ; c'est ainsi encore qu'il se propose de transporter les beautés de la langue hébraïque dans les textes latins sans en altérer la pureté grammaticale. Mais la seconde règle, à laquelle il sacrifie la première, c'est que, lorsqu'il s'agit de conserver le sens, de traduire un passage obscur, rien ne doit coûter, et qu'il faut violenter la langue qui traduit plutôt que de dissimuler l'énergie de la langue traduite : à tout prix, il est nécessaire de rendre le texte divin. Voilà ce que saint Jérôme veut, se propose et pour-

suit avec un incroyable courage. Il n'ignore pas la
barbarie qui en rejaillira sur son style, et il conjure Paulin de ne pas se laisser repousser par la
langue simple et rude des Écritures. Ailleurs il demande que le lecteur n'exige pas de lui une élégance
qu'il a perdue au contact des Hébreux.

Ainsi se produit la Vulgate, cette traduction de
l'Ancien Testament en langue latine, un des plus
prodigieux ouvrages de l'esprit humain et qu'on n'a
pas assez étudiée sous ce point de vue. Par elle entre dans la civilisation romaine tout le flot, pour
ainsi dire, du génie oriental, non pas tant par le
petit nombre de mots hébreux intraduisibles que
saint Jérôme a conservés et dont il est inutile de
tenir compte. Ce n'est pas parce que la langue latine a adopté l'Alleluia et l'Amen qu'elle a multiplié ses richesses, mais c'est par les constructions
hardies qu'elle s'est appropriées, par ces alliances
de mots inattendues, par cette prodigieuse abondance d'images, par le symbolisme des Écritures
où les événements mêmes et les personnages sont
les figures d'autres événements et d'autres personnages, où Noé, Abraham, Job valent surtout comme
types, comme représentations anticipées du christianisme, où les noces sacrées de Salomon représentent les noces futures du Messie et de l'Église,
où, en un mot, toute image du passé se rapporte à
l'avenir. De là ce qu'on n'a pas encore assez remarqué dans les profondeurs du génie hébraïque, ce

qui arrivait ainsi dans les richesses nouvelles de la langue chrétienne : je veux dire ce parallélisme qui est le génie même des Hébreux.

Les Grecs composent presque toujours sur le nombre trois : ainsi, l'ode grecque est composée d'une strophe, d'une antistrophe et d'une épode ; il y a dans la grammaire grecque trois temps, le présent, le passé et le futur. Mais il n'en est pas ainsi dans le génie des Hébreux : là, au contraire, les versets d'un psaume se divisent toujours en deux parties à peu près égales qui se balancent et répondent l'une à l'autre. Vous ne trouvez dans cette langue que deux temps, par un caractère qui lui est d'ailleurs commun avec les autres langues sémitiques. L'hébreu n'a pas de présent. Et avec raison : car qu'est-ce que le présent ? c'est un point d'intersection invisible entre le passé et l'avenir ; il n'y a pas de temps présent qui ne soit divisible en deux portions, l'une passée, l'autre future : il n'y a donc pas de présent. Aussi la langue hébraïque ne connaît que le passé et le futur, de même que le peuple hébreu n'a pas de destinée présente et ne connaît que sa destinée passée, qui s'appelle la tradition, et sa destinée à venir, qui s'appelle les prophéties. De là dans cette langue, dans cette poésie, ce caractère tout nouveau qui fait que, sans cesse, sont en présence ces deux temps, la tradition accomplie et la prophétie qui doit s'accomplir, se répondant et s'appelant l'une l'autre, et, au milieu de ces deux temps qui se changent, se prennent l'un pour l'autre, le sentiment du présent s'efface. Souvent les prophètes se serviront du passé pour exprimer les choses futures, et Isaïe racontera la passion du Christ comme un événement accompli ; au contraire, Moïse rapportant l'alliance conclue entre le peuple d'Israël et son Dieu, place toutes ces choses dans l'avenir. Tel est le caractère de cette langue et telle a été sa destinée : avec elle le temps s'efface ; il ne reste plus qu'une chose, un grand sentiment qui est le fond de la pensée orientale, et qui entre avec elle dans la langue latine pour la marquer d'un cachet dont toute la littérature du moyen âge se ressentira : ce qui entre dans cette langue, à cette heure où nous nous en occupons, ce qui y pénètre et y demeure, c'est le sentiment de l'éternité.

J'arrive au second point. Une partie seulement de l'Ancien Testament était écrite en hébreu et avait été traduite ; mais une autre partie et tout le Nouveau Testament, les épîtres des apôtres contenant le résumé le plus profond de la théologie chrétienne, les livres des premiers Pères, tout cela était en grec, et avait dû être traduit de très-bonne heure en langue latine pour les besoins religieux ; mais tout aussi repassa sous la main de saint Jérôme, lorsque le pape Damase exigea de lui la révision complète des Écritures de la nouvelle alliance comme de l'ancienne. En conséquence, les richesses théologiques du christianisme grec passèrent à leur tour dans la langue latine, et là aussi je tiens peu de compte des mots nouveaux que l'on fut contraint d'emprunter aux Grecs, comme par exemple, tous les mots relatifs à la liturgie, à la hiérarchie : *episcopus*, *presbyter*, *diaconus*, le nom de *Christ*, le *Paraclet*, les noms de *baptême*, d'*anathème* et tant d'autres. Mais ce ne sont pas là des conquêtes qui comptent pour une langue, c'est comme la pierre que l'avalanche ramasse dans sa chute et qui ne fait pas corps avec elle.

— Ce que la langue latine apprit à l'école du christianisme grec, ce ne furent pas non plus ces artifices oratoires, ces jeux de nombre et de rhythme auxquels Cicéron s'était arrêté ; mais elle y apprit à suppléer à son insuffisance philosophique, à cette insuffisance dont Cicéron lui-même se plaignait lorsque, dans ses efforts pour traduire les écrits de Platon et doter sa langue de ce que la Grèce avait pensé, par moments, il s'avouait désespéré et vaincu. Le christianisme n'accepta pas ce désespoir et cette défaite, et quand la langue latine eut une fois osé traduire les épîtres de saint Paul, c'est-à-dire ce qu'il y avait de plus hardi et de plus difficile dans la métaphysique chrétienne, il n'était rien désormais qu'elle ne pût tenter.

D'abord le christianisme fit ces mots nécessaires à toute théologie chrétienne : *spiritualis*, *carnalis*, *sensualis*, pour désigner ce qui a rapport à l'âme, à la chair ou aux sens ; ensuite ces verbes qui expriment aussi des idées que les anciens ne connaissaient pas, le verbe *salvare*, car Cicéron dit lui-même quelque part qu'il n'existe pas de mot pour rendre le mot σωτήρ, pour exprimer l'idée du Sauveur, et il fallait une innovation chrétienne pour dire *salvator, justificare, mortificare, jejunare ;* voilà beaucoup de verbes qu'il fallait produire.

Ce n'était pas assez : il fallait descendre plus profondément que les anciens ne l'avaient fait dans les délicatesses du cœur humain. Sénèque, sans doute, avait poussé bien loin le scrupule de l'analyse, mais le christianisme allait plus avant et découvrait, dans les derniers replis du cœur, des vertus dont les anciens n'avaient pas cru l'homme capable. Les anciens Romains n'avaient jamais dit et les chrétiens les premiers disent *compassio ;* il est vrai qu'ils ne font pas toujours des mots latins, qu'ils se bornent quelquefois à transcrire le mot grec ; c'est ainsi qu'ils dirent *eleemosyna*, l'aumône. Il fallait pousser avec vigueur ce travail qui créait ainsi à la langue des ressources qu'auparavant elle n'avait pas connues, et n'être plus retenu par la crainte de former des expressions nouvelles.

La langue latine avait toujours gardé le caractère concret : la langue latine n'aimait pas les expressions abstraites ; elle n'avait pas le don de les tirer de son propre fonds. Ainsi, pour dire reconnaissance, les anciens latins disaient *gratus animus ;*

pour dire ingratitude, *ingratus animus;* le christianisme fut plus hardi, et il dit en un mot, *ingratitudo.* De là la facilité de construire beaucoup de termes analogues, de multiplier les idées abstraites, de propager, d'étendre dans la langue latine le dictionnaire des pensées abstraites : ainsi on fit *sensualitas,* et même *gratiositas, dubietas.* Toutes ces expressions n'étaient pas superflues et propres seulement à encombrer de vaines richesses une langue qui déjà se suffisait à elle-même ; elles rendent ce qui, auparavant, se rendait par une périphrase, c'est-à-dire ce qui souvent ne se rendait pas ; car on n'énonce volontiers que ce qui s'exprime par un mot seul. Par là, les raisonnements suivis, les discussions les plus subtiles pouvaient se soutenir en langue latine ; la langue chrétienne, pour suivre les disputes épineuses des Ariens, avait été obligée de se mouler sur la souplesse, sur la délicatesse de la langue grecque et d'acquérir la même promptitude à servir l'intelligence en lui donnant le mot demandé, un mot exprès pour une pensée définie. Le latin était donc arrivé à cette richesse du grec de pouvoir plus que jamais créer des mots selon le besoin.

Mais le christianisme ne pouvait parvenir à ce renouvellement de la langue latine qu'à la condition de faire subir bien des violences à cette belle langue de Cicéron et de Quintilien, pour lui faire accepter ces expressions inouïes que je viens de rappeler, pour qu'il fût possible de dire, dans cet idiome autrefois exquis, *sensualitas*, *impassibilitas*, et tous ces autres mots nécessaires cependant aux disputes des conciles. La Bible avait été le principe et le grand instrument de la réforme du latin, en introduisant, d'une part, les richesses poétiques de l'hébreu, et, d'autre part, les richesses philosophiques du grec. Mais la Bible elle-même et le christianisme, en ceci, furent servis par deux auxiliaires : d'un côté, par les Africains, de l'autre, par le peuple, c'est-à-dire, déjà à l'époque où nous nous trouvons, par un peuple à moitié barbare.

Je signale à votre attention ce fait, trop peu étudié, de l'intervention, de l'invasion des Africains dans les lettres latines et surtout dans les lettres chrétiennes au temps qui nous occupe. On a remarqué plus d'une fois que les lettres latines font en quelque sorte le tour de la Méditerranée : écloses dans ce berceau que formaient la grande Grèce et l'Étrurie, elles en sortirent pour passer les Alpes et trouver dans la Gaule des écrivains comme Cornélius Gallus, Trogue Pompée et leurs contemporains ; ensuite en Espagne, où se rencontrèrent des poëtes et des historiens d'un goût moins pur ; et enfin, un peu plus tard, en Afrique, où naquit la dernière, mais non la moins laborieuse génération qui apporta dans les lettres toute la fougue de son climat. Ce furent, au temps de Néron, Cornutus, disciple de Sénèque ; puis Fronton, maître de

Marc-Aurèle, le poëte Némésianus, Apulée, et bien d'autres, pour finir par Martius Capella, dont je vous ai fait connaître la savante allégorie des Noces de la Philologie et de Mercure. Le génie des Africains est surtout connu par Apulée, qui, dans son roman de l'*Ane d'or*, fait bien voir son goût des métaphores obscures, des expressions surannées, des hyperboles téméraires. Apulée charge la prose de tous les ornements de la poésie, il fait de la prose un langage poétique, foulant aux pieds toutes les règles du goût latin. Il semble, en vérité, que ces écrivains africains aient à venger l'injure d'Annibal sur la langue de ses vainqueurs. Mais on ne peut méconnaître, au milieu de ce désordre, je ne sais quoi de fougueux qui se sent de l'ardeur du soleil et des sables du désert. C'est ce qu'on reconnaît davantage quand l'école africaine devient chrétienne ; quand elle produit les plus illustres Pères de l'Église latine et les premiers : Tertullien, que saint Cyprien appelait le Maître, lorsqu'il disait à son secrétaire en parlant de ses ouvrages : « Donnez-moi le Maître ; » puis saint Cyprien lui-même, Arnobe, et par-dessus tous saint Augustin.

Vous le voyez, la littérature chrétienne, dès les premiers siècles, est tout africaine d'origine, et par conséquent elle en a le caractère. Tertullien, le chef de cette école, a aussi tous les torts du génie africain : il n'a pas de calme, et c'est déjà un grand

tort en présence de cette antiquité dont le calme est, en général, le plus grand caractère dans les ouvrages d'esprit. L'impétuosité de sa pensée se jette non pas sur l'expression la plus juste, mais sur la plus forte et la plus dure. S'il a une vérité à présenter, n'attendez pas qu'il la présente par le côté qui attire, mais par le côté qui blesse. Il est téméraire, provocateur, il met au défi les intelligences qui le suivent ; mais ses ténèbres sont pleines d'éclairs, mais, chez lui, la pompe des paroles ne sert point à voiler l'indigence des pensées ; il brise les moules antiques, mais parce que la lave qui déborde ne s'y contient plus ; ses expressions si énergiques, qui semblent des défis, bien souvent forcent enfin l'aveu de votre raison qui se reconnaît vaincue ; et cet homme, qui dit tout d'une manière si barbare, arrive enfin à ce qui est le triomphe de l'éloquence humaine : à dire ce qu'il veut dire ; il le dit mal peut-être, mais tout entier, sans ménagements, de la manière la plus forte et la plus durable. C'est ainsi qu'il a fait un jour, pour le besoin d'exprimer l'ensemble de la civilisation romaine, ce mot monstrueux, mais éloquent : *romanitas*. C'est ainsi qu'ayant à définir l'Église il a dit dans une langue qu'aucun Romain assurément n'eût voulu reconnaître pour la sienne :
« *Corpus sumus de conscientia religionis et disci-*
« *plinæ divinitate et spei fœdere*. L'Église est un
« grand corps qui résulte de la conscience d'une
« même religion, de la divinté d'une même disci-

« pline et des liens d'une même espérance. » C'est lui aussi qui, voulant poursuivre jusque dans ses derniers détails la décomposition de l'organisation humaine, a trouvé ces fortes expressions : « *Cadit in originem terram, et cadaveris nomen, ex isto jam nomine peritura in nullum inde jam nomen et omnis vocabuli mortem.* » Et il a légué à Bossuet cette phrase immortelle : « Ce je ne sais quoi qui n'a de nom dans aucune langue... » — Ainsi les Africains sont des barbares, mais des barbares éloquents ; ils portent la hache sur cet édifice savant de la langue latine telle que l'avaient faite les anciens, les élèves des Grecs ; mais on comprend que de ces débris on pourra reconstruire quelque chose de plus grand.

Toutefois ce n'étaient pas les Africains seuls qui aidaient au christianisme dans ce grand travail de destruction et de reconstruction ; ils étaient seulement la tête de cette colonne barbare que formait, à vrai dire, le peuple romain, ce peuple recruté de toutes les barbaries.

Dès les temps les plus anciens, en effet, bien avant qu'il fût question de Goths et de Vandales, l'invasion s'accomplissait à Rome et s'y faisait tous les jours. Lorsqu'au cinquième siècle de Rome, par exemple, l'esclave Hordeonius et un grand nombre des siens se trouvèrent maîtres du Capitole, c'était Rome qui était au pouvoir des barbares. Rome était peuplée d'esclaves, d'affranchis, de mercenaires, d'étrangers qui disposaient de sa langue ; et Scipion lui-même, que Cicéron plaçait à l'âge d'or de la langue latine, Scipion disait au peuple du haut de la tribune, avec toute la présomption d'un héros qui ne craignait rien : « Je vous reconnais tous pour les Numides, les « Espagnols et autres barbares que j'ai amenés ici « les mains liées derrière le dos; vous êtes libres « d'avant-hier et vous votez aujourd'hui ! » Voilà comment ce peuple, qu'on appelait le peuple romain, n'était autre chose que la grande et croissante recrue de la barbarie. C'était aussi la recrue du christianisme : car cette religion, qui n'avait pas de dédains pour les petits, pour les ignorants, qui avait fait les premiers pas au-devant d'eux, leur ouvrait les portes à deux battants, n'avait pas peur de leur grossièreté et permettait que les catacombes fussent couvertes d'inscriptions grossières semées de barbarismes et de solécismes : « *Quam* « *stabiles tivi hæc vita est. — Refrigero deus animo* « *hominis. — Irene da Calda.* »

Vous le voyez, la langue des inscriptions des catacombes, c'est la langue de ce peuple dont je vous parlais déjà comme ne s'inquiétant ni des règles euphoniques ni des règles logiques, et ayant une prononciation très-différente de celle de la société choisie et élégante qui parlait la langue de Cicéron et d'Horace. Il défigurait même le latin si populaire des psaumes, et saint Augustin nous apprend que dans les églises d'Afrique le clergé n'avait jamais pu obtenir qu'on chantât : *Super ipsum efflorebit sanctificatio mea*. On chantait *floriet ;* toute la docilité chrétienne n'avait pu déraciner ce solécisme. De même saint Augustin dit encore que pour être entendu du peuple, il ne faut pas dire : *Non est absconditum a te os meum*, mais *ossum meum*, et il aime mieux lui-même parler ainsi; « car, « dit-il, il ne s'agit pas tant d'être latin que d'être « compris. » Saint Jérôme, tout amoureux qu'il est encore de la belle langue des poëtes et de ses souvenirs classiques de Cicéron et de Plaute, accorde que les Écritures doivent être d'une simplicité qui les mette à la portée d'une assemblée d'ignorants.

Cependant c'est surtout dans la poésie que l'intervention du peuple devient sensible, nouvelle et féconde avec le christianisme. A côté de cette poésie savante dont un petit nombre seulement pouvait goûter les jouissances, pendant que les oreilles exercées des courtisans d'Auguste savouraient toute l'harmonie des dactyles et des spondées tombés des lèvres de Virgile, le peuple romain, trop grossier pour ces plaisirs d'esprit, avait assurément d'autres jouissances poétiques ; il avait ses poésies populaires, ses atellanes que nous connaissons peu, ses vieux vers saturnins que nous ne connaissons pas davantage. Nous ne savons, des goûts poétiques des anciens Romains, qu'une seule chose, laquelle nous intéresse infiniment, c'est que dans les vers ils goûtaient beaucoup la rime.

On en trouve des traces dans Ennius, dans les poésies de Cicéron, et même dans les vers de Virgile, l'hémistiche rime avec la fin du vers. Cette rime se retrouve surtout, avec une affectation et une recherche très-volontaire, dans les pentamètres d'Ovide, qui va au-devant des désinences consonnantes, se plaît à les rapprocher, et y trouve évidemment sa satisfaction et l'espoir certain d'enlever un applaudissement. Ce goût de la rime, qu'on ne peut pas s'empêcher de reconnaître jusque dans la poésie savante du siècle d'Auguste, paraît sortir des instincts poétiques du peuple, de ce peuple qui, avec sa langue grossière, devait avoir aussi sa poésie rude et ignorante. En effet, parmi les plus anciens monuments de la chanson populaire latine, il s'en trouve plusieurs dont les vers riment entre eux. Vous connaissez ce chant des soldats romains :

> Mille, mille Sarmatas occidimus;
> Mille, mille Persas quærimus.

Le christianisme, si condescendant pour les goûts populaires, n'avait assurément aucune raison de contrarier celui-là; et aussi, dans les plus anciens essais poétiques qui soient tombés d'une main chrétienne, on est surpris de trouver déjà la rime développée à un point qui nous transporte dans les habitudes des temps modernes. Je signale, pour la première fois, un poëme très-peu connu, qui n'a encore été cité par personne, et qui me paraît cependant décisif en cette matière ; c'est un poëme sous le nom de saint Cyprien, qui ne paraît pas être de lui, mais qui est certainement de son temps, du temps des persécutions. Le sujet est la résurrection des morts, et les quatorze premiers vers forment une grande tirade monorime dont vous allez juger l'harmonie par le peu que j'en lirai :

> Qui mihi rucicolas optavi carmine Musas,
> Et vernis roseas titulari floribus auras,
> Æstivasque graves maturavi messis aristas,
> Succidi tumidas autumni votibus uvas, etc.

Après quatorze vers qui riment en *as*, cinq riment en *o* et six en *is*; et, d'un bout à l'autre, le poëte chrétien qui cherche à graver ses vers dans le souvenir de ses auditeurs, n'a pas trouvé de moyen plus sûr que la rime pour s'emparer de leur mémoire et séduire leur imagination.

Un peu plus tard, le chrétien Commodianus, encore aux temps des persécutions, compose quatre-vingts chapitres *Adversus gentium deos*, qui ont la prétention d'être des vers. Ils ne valent point ceux que je viens de vous lire. Ils n'ont de l'ancien vers héroïque que le nombre des syllabes, qu'il faut faire longues ou brèves arbitrairement pour obtenir des dactyles et des spondées ; les vingt-six derniers vers forment une longue tirade monorime :

> Incolæ cœlorum futuri cum Deo Christo
> Tenente principium, vidente cuncta de cœlo,
> Simplicitas, bonitas, habitet in corpore vestro.

C'est détestable, mais curieux : voilà la rime qui se prononce, qui prend le dessus ; après avoir été accessoire dans les poëmes du siècle d'Auguste, elle devient la seule difficulté des poëmes nouveaux, où l'imitation des vers héroïques n'est plus, en quelque sorte, qu'une tradition défigurée.

Saint Augustin met de côté toutes les prétentions de rappeler les procédés de l'art ancien ; écartant tous les souvenirs de la métrique latine, dont il avait cependant autrefois composé un traité en cinq livres; pour les besoins de son troupeau, pour graver dans les esprits les principes de la controverse contre le donatisme qui avait si longtemps déchiré l'Église d'Afrique, il compose un psaume *Contra donatistas*, et ce psaume ne compte pas moins de deux cent quatre-vingt-quatre vers, divisés en vingt couplets de douze versets, chacun accompagné d'un refrain, sans compter l'épilogue. Ces vers sont tous également composés de seize à dix-sept syllabes partagées au milieu par une césure et se terminant tous par la même rime :

> Omnes qui gaudetis de pace, modo verum judicate,
> Abundantia peccatorum solet fratres conturbare ;
> Propter hoc Dominus noster voluit nos præmonere,
> Comparans regnum cœlorum reticulo misso in mare.

Vous voyez qu'ici tous les artifices de la poésie ancienne ont disparu ; tout ce qui ressemblait à la quantité, aux dactyles, aux spondées, s'est effacé: il ne reste plus que les deux éléments de toute poésie populaire moderne, à savoir le nombre des syllabes et la rime.

Ce qui me frappe bien davantage encore, c'est que cette forme, qui consiste à suivre la même rime pendant vingt, trente, quarante vers, jusqu'à ce qu'elle soit épuisée, est précisément la première sous laquelle se produiront nos anciens poëmes chevaleresques dans le moyen âge, nos poëmes carlovingiens et nos plus vieux romans : la même assonance y revient pendant une page entière jusqu'à ce qu'elle ait lassé la patience du jongleur et de l'auditoire. Ainsi il fallait que l'esprit humain trouvât un charme singulier dans cet artifice nouveau, qui succédait à tous ceux de la poésie ancienne : à y regarder de près, il se peut que l'attrait de la rime consiste précisément dans cette attente qu'elle excite et qu'elle satisfait, dans cette expérience qu'elle fait naître et dans ce souvenir qu'elle rappelle, dans ce retour d'une même consonnance agréable, dant ce retour d'un même plaisir, lorsque tous les plaisirs passent et reviennent si peu. Voilà peut-être le principe psychologique de ce ressort nouveau, de cet art nouveau, qui s'introduit avec l'élément populaire dans la langue latine, et qui deviendra le principe de toutes les versifications modernes.

Voilà ce que fit le christianisme avec la Bible pour instrument, les Africains et les barbares pour serviteurs ; et, de plus, le peuple, c'est-à-dire la

recrue de la barbarie. Il ne fallait pas moins que
ce grand remaniement de la langue latine pour y
réunir tous les éléments de la civilisation ancienne
et pour en faire la langue du moyen âge.

D'abord le moyen âge devait être une époque de
contemplation : rappelez-vous ces innombrables
ascètes, ces moines, cette vie cénobitique qui déborde alors partout. Il fallait bien qu'elle trouvât
son expression dans une langue qui se fût colorée
aux feux qui éclairaient les anachorètes d'Orient. Il
fallait que le moyen âge trouvât dans l'idiome qu'il
parlerait l'expression de ce symbolisme qui était
aussi un de ses besoins. Aucune époque n'a plus
cherché à représenter les idées par des figures, à
découvrir dans chaque être le signe d'une pensée
divine. Ainsi partout, dans sa poésie, dans son architecture, dans les œuvres du pinceau comme dans
celles du ciseau, le moyen âge conservera le caractère allégorique ; le chant des psaumes pouvait seul
prêter aux cathédrales gothiques une voix digne
d'elles. Le latin était la langue nécessaire de la
liturgie, qui est l'âme poétique du moyen âge.

En second lieu, le moyen âge a le génie de la
spéculation, une activité d'esprit qui ne se lasse
pas de distinguer, d'analyser. Il produira ces légions de logiciens, de controversistes, dont l'infatigable subtilité ne se lassera pas d'analyser les
choses de l'esprit. Il fallait aussi, pour rendre ces
pensées, une langue assouplie, à l'exemple de la

logique et de la métaphysique grecque : le latin du moyen âge devint la langue de la scolastique.

En troisième lieu, le moyen âge a le génie de l'action, et l'idée du droit le presse ; la plupart des grandes guerres du moyen âge commencent par de grands procès. On y plaide pour le sacerdoce et contre le sacerdoce ; on y plaide pour l'empire et contre l'empire, pour le divorce et contre le divorce. Il y avait, je le répète, un litige au fond de toutes les querelles armées du moyen âge ; cette époque est une époque souverainement juridique : elle produit tout le droit canon ; il fallait donc qu'elle eût aussi une langue faite pour rendre toutes les subtilités, pour satisfaire à tous les besoins des jurisconsultes : le latin du moyen âge fut la langue des affaires. Mais surtout le moyen âge était l'enfance commune des nations chrétiennes : il fallait donc que cette enfance commune eût la même langue pour servir à la même éducation, de plus, il fallait que cette langue fût simple, naïve, familière, capable de se prêter à la pauvreté d'esprit de ces Saxons, de ces Goths, de ces Francs, qui formaient la grande multitude de la nation chrétienne. Voilà pourquoi le christianisme avait, avec raison, préféré l'idiome du peuple à l'idiome des savants, et d'avance préparé ainsi un langage accessible à ces fils de barbares qui allaient bientôt remplir les bancs de toutes les écoles.

Ainsi toutes les langues modernes devaient,

l'une après l'autre, naître de l'influence et de la fécondité de l'ancien latin ; non-seulement celles qu'on appelle néo-latines, l'italien, le provençal, l'espagnol, devaient trouver leur origine dans la langue des Romains ; mais même les langues germaniques ne s'étaient pas affranchies de cette espèce de tutelle que le latin avait exercée sur elles. Longtemps elles en ont ressenti l'heureuse influence, et la langue anglaise, par exemple, où cette influence s'est mieux conservée que dans les autres langues du Nord, est aussi celle qui a acquis le plus de clarté, de force et de popularité.

Le latin, qui a ainsi façonné les langues modernes, n'est pas le latin de Cicéron, ni même le latin de Virgile, si étudié qu'il ait été au moyen âge, c'est le latin de l'Église et de la Bible, le latin religieux et populaire dont je vous ai fait l'histoire. C'est la Bible, ce premier livre que les langues naissantes s'efforcent de traduire, le premier dont nous avons des essais de traduction dans la langue française du douzième siècle, dans la langue teutonique des huitième et neuvième siècles, c'est la Bible qui, avec ses admirables récits, avec cette simplicité de la Genèse, avec ses peintures de l'enfance du genre humain, s'est trouvée parler le langage qu'il fallait à ces peuples enfants aussi, qui arrivaient pour faire leur avénement à la civilisation et à la vie de l'esprit. Nos pères avaient coutume de couvrir d'or et de pierres précieuses le volume des Écritures saintes. Ils faisaient plus : lorsqu'un concile se rassemblait, le livre des saintes Écritures était placé sur l'autel, au milieu de l'assemblée sur laquelle il planait, et dont il devait, en quelque sorte, conquérir les esprits. Si les pompes religieuses s'écoulaient au dehors, Alcuin nous apprend que dans les rangs de la procession on portait en triomphe la Bible dans une châsse d'or. Nos ancêtres avaient raison de porter la Bible en triomphe et de la couvrir d'or ; ce premier des livres anciens est aussi le premier des livres modernes ; il est pour ainsi dire l'auteur de ces livres mêmes, car de ses pages devaient sortir toutes les langues, toute l'éloquence, toute la poésie et toute la civilisation des temps nouveaux.

L'ÉLOQUENCE CHRÉTIENNE

(SEIZIÈME LEÇON)

Messieurs,

La langue latine périssait ; elle périssait par la dissolution qui atteint tôt ou tard les idiomes savants, qui en relâche les liens et finit par les décomposer en dialectes populaires. Et cependant c'était cette langue mourante qui devait être et rester celle du christianisme en Occident. Nous avons vu par quelle merveilleuse transformation le latin devint capable de ses nouvelles destinées ; comment la Bible, entrée de vive force dans le vieil idiome de Cicéron, l'élargit, et y fit pénétrer à la fois la hardiesse du symbolisme oriental et la richesse de la métaphysique grecque ; comment ce grand ouvrage fut secondé par la barbarie elle-même, par ces écrivains africains qui brisaient sans ménagements les formes antiques, par cette multitude d'étrangers de toute race qui violaient les lois de la langue aussi peu scrupuleusement que les frontières de l'empire, et qui, en défigurant cette langue, en la faisant grossière comme eux, la rendaient accessible à cette multitude de Goths, de Francs, de Saxons appelés à la parler un jour. Ainsi se formait le latin de l'Église, idiome étrange, à la fois ancien et nouveau, souvent sublime dans sa rudesse, qui eut aussi sa grâce, ses ornements et ses grands écrivains, assez riche pour tous les besoins de la liturgie, de la scolastique, du droit canonique et féodal, assez familier pour servir aux affaires, à l'enseignement, à l'éducation des barbares, et assez fécond pour produire toute la famille moderne des langues néo-latines.

Ainsi la langue de la civilisation chrétienne était trouvée : il reste à voir comment en sortiront ces choses qui font la substance de toute littérature, l'éloquence, l'histoire et la poésie.

Aujourd'hui nous traiterons de l'éloquence. L'antiquité avait aimé jusqu'à l'excès le plaisir de la parole : je dis le plaisir, car la parole n'avait pas seulement à satisfaire la pensée, il fallait surtout qu'elle charmât les sens. Pour les Grecs et pour les Romains eux-mêmes, l'éloquence était un spectacle et la tribune une scène. De même que le théâtre grec était une sorte de temple où l'acteur, avec la majesté du costume qui le rehaussait, représentait les héros et les anciens dieux, et devait garder une sorte de dignité sculpturale, de même à la tribune, l'orateur grec ou romain, avec la pureté de son costume, de son attitude et l'ornement de toute sa personne, devait avoir la correction d'une statue de Praxitèle ou de Phidias. Sa voix s'élevait, soutenue, gardée, pour ainsi dire, par le joueur de flûte qui ne l'abandonnait pas, et l'oreille exigeante de la foule ne lui permettait ni de s'élever, ni de descendre au delà d'un certain nombre de tons requis pour satisfaire les exigences musicales de ces organisations délicates et sensuelles. Voilà pourquoi, quand l'antiquité distingue cinq parties principales de la rhétorique, à savoir l'invention, la disposition, l'élocution, l'action et la mémoire, Démosthènes, ce grand maître, déclarait que l'action les enveloppait toutes, et que le peuple était vaincu aussitôt qu'il était conquis par la vue et par l'oreille, c'est-à-dire par les sens ; et il devait en être ainsi et pour ces Grecs si sensuels, et pour ces Romains, le peuple au fond le plus matérialiste qui fut jamais.

Mais le temps arriva où l'intérêt politique, qui soutenait ces grands spectacles, vint à manquer; et, de même que la scène grecque devint stérile, ne produisit plus de grands tragiques dès que les inspirations du patriotisme vaincu se retirèrent, de même aussi l'éloquence tarit dès que ces grands sujets qu'avaient donnés les siècles de liberté eurent disparu. Au temps où nous sommes, il ne reste plus à l'éloquence que trois emplois : le barreau d'abord qui, sous Valentinien, a du moins reconquis la publicité de la parole. C'est là un des bienfaits des empereurs chrétiens, et dans le forum des grandes villes, à Milan, à Rome, à Carthage, subsistent encore un certain nombre d'orateurs renommés pour leur habileté à plaider une cause. Mais la fortune n'est pas là, car Martianus Capella, si vanté de ses contemporains, si remarquable par l'étendue de son érudition et la souplesse de son langage, avoue que jamais le barreau de Carthage ne l'avait enrichi, et qu'il mourait de faim au milieu des applaudissements dont on l'entourait au tribunal du proconsul.

Le deuxième emploi de l'éloquence, c'est le panégyrique : panégyrique des empereurs, panégyrique des ministres et des favoris des empereurs, et encore des favoris des ministres. L'éloquence, avilie en se mettant ainsi aux pieds de toutes les grandeurs dégénérées et méprisables de ce temps, y devait perdre tout ce qui fait l'inspiration saine, c'est-à-dire la noblesse du cœur, ce *pectus quod disertos facit*. En effet, qu'attendre de ces gens qui, pour louer Maximien, ce collègue de Dioclétien, ne trouvent moyen de le comparer qu'à Hercule ; car le comparer à Alexandre, ils n'y songèrent pas, c'est trop peu de chose ; ou bien ils auront tellement abaissé en misérables flatteries les ressources de leur esprit que, si la Providence envoie un grand homme, leur imagination ne leur suggérera plus rien pour le louer, et Pacatus, célébrant Théodose, ne trouvera rien à dire sinon que l'Espagne, en produisant ce prince, a effacé Délos, berceau d'Apollon, et l'île de Crète, patrie de Jupiter.

Ainsi c'est ailleurs qu'il faut chercher les derniers débris, les derniers restes de la parole antique, et peut-être les trouverons-nous dans un second genre moins connu, et cependant encore plus usité chez les anciens : je veux parler de ces déclamations, de ces discours prononcés par des rhéteurs ambulants, qui allaient de ville en ville avec des morceaux soigneusement préparés pour servir soit d'exorde, soit de péroraison, et qui, aux sollicitations de la ville, consentaient à improviser, précautions prises, et enlevaient les applaudissements de l'auditoire. Cet usage était bien ancien et montre jusqu'à quel point la Grèce était amoureuse de ces plaisirs de l'oreille auxquels la poésie toute seule ne suffisait pas. C'est ainsi qu'à Athènes on voit paraître, de bonne heure, Hippias, Gorgias, qui font métier d'enseigner comment on prouve le juste et l'injuste, qui font étalage, pour achalander leur école, de leur art à soutenir une thèse ou à pousser jusqu'au bout une déclamation.

Lorsque la liberté a disparu et, avec elle, les causes sérieuses de l'éloquence, celle-là du moins subsiste encore. On voit, par exemple, le rhéteur Dion Chrysostome, poursuivi par la haine de l'empereur Domitien, obligé de s'exiler plus loin qu'Ovide, de se réfugier à Olbia, ville à moitié grecque, à moitié scythe, des bords de la mer Noire. Dès qu'il arrive, il est entouré par une foule d'hommes parlant un langage à peine grec, habitant des ruines, sans cesse menacés par les invasions des Scythes, obligés de veiller nuit et jour sur les murailles ; cependant, voyant un rhéteur au milieu d'eux, ils se pressent autour de lui, le conduisent au temple de Jupiter, s'assemblent en foule sur les degrés et conjurent Dion de leur adresser la parole, si bien qu'il est obligé de leur faire un discours, de traiter devant eux un lieu commun où il entremêle l'éloge de leur ville (1).

Cette passion, si grande en Orient, n'était pas moindre en Occident. En Afrique, au second et peut-être au troisième siècle, nous en avons un grand exemple dans Apulée, qui voyage dans toutes les villes de la Numidie et de la Mauritanie, portant avec lui ce qu'il a appelé des *Florida*, des discours fleuris prêts à être prononcés dans les grandes circonstances. C'est ainsi qu'arrivant à Carthage, au milieu d'une nombreuse assemblée

---

(1) Dionis *Borysthenica*, Orat. 36.

qui s'est formée pour l'entendre, il prend la parole et se félicite d'abord de la foule immense dont il est environné, il ne veut pas qu'on le confonde avec ces misérables rhéteurs ambulants qui cachent la main d'un mendiant sous le manteau d'un philosophe. Il se compare au rhéteur Hippias ; mais s'il ne sait pas comme lui faire de ses propres mains ses vêtements, son anneau et son pot à l'huile, « en revanche, dit-il, je fais profession de
« savoir tirer d'une même plume des poëmes de
« toute espèce, ceux dont on marque la cadence
« sur la lyre, ceux qu'on récite chaussé du socque
« ou du cothurne; des satires, des énigmes, des
« histoires de tout genre, des discours que loueront
« les hommes éloquents, des dialogues approuvés
« des philosophes, et tout cela à volonté, en grec
« ou en latin, avec la même application, avec le
« même style (1). »

Voilà jusqu'où avait été poussée l'effronterie et je dirai, en même temps, l'avilissement de l'éloquence ; et cet homme, qui commence à s'apercevoir qu'il s'est trop loué, s'excuse en disant qu'il s'est loué ainsi pour fixer l'attention du proconsul par l'éloge duquel il termine, se rendant deux fois odieux à force de vanité et à force de bassesse.

Vous voyez que l'éloquence est perdue : peu importe que dans les écoles on donne encore des le-

(1) Apul.; *Florid.*, l. II, initio.

çons de rhétorique, que l'on répète toujours les mêmes exercices, que les jeunes gens soient formés éternellement à composer des harangues, à renouveler les plaintes de Thétis sur la mort d'Achille ou celles de Didon sur le départ d'Énée. Ces exercices continueront pendant tous les temps barbares : on les trouve dans les écrits d'Ennodius, qui en a composé plusieurs ; plus tard dans Alcuin, qui les recommande et y forme ses disciples. Mais il est évident que la vie n'est plus là.

Le christianisme cependant ne pouvait pas laisser périr la parole, lui qui l'honora plus qu'aucune autre doctrine ne l'avait jamais fait, car le christianisme représentait la parole, c'est-à-dire le Verbe, comme la créatrice du monde ; c'était elle qui avait formé l'univers, qui l'avait sauvé, qui devait le juger un jour. C'était bien cette même parole divine qui devait se conserver, se perpétuer dans l'Église chrétienne par la prédication ; en telle sorte qu'aucune forme de respect n'était trop grande pour entourer la parole sainte. Les anciens avaient donné à la parole humaine le plus magnifique piédestal ; ils lui avaient élevé la tribune, au milieu de l'Agora ou du Forum, d'où elle dominait ces villes intelligentes et passionnées dont la conquête était le prix de la parole victorieuse. Il était difficile de faire à quelque chose d'humain plus d'honneur ; le christianisme cependant fit plus : il la plaça non sur la tribune, mais dans le temple, à côté de l'autel. Il lui éleva une chaire, un second autel, pour ainsi dire, auprès du sanctuaire. On vit alors ce que le paganisme n'avait jamais vu, on vit la parole en prose, simple, et sans ornement, dans le temple, au milieu des mystères. Il est vrai que par là même le caractère de la parole changeait : elle cessait d'être un spectacle pour devenir un enseignement ; son but n'était plus de flatter les sens, mais d'éclairer les esprits et d'ébranler les cœurs. Voilà pourquoi, dans l'éloquence chrétienne, l'action disparaîtra presque entièrement : et comment attendrait-on l'action de ces évêques qui, assis et presque immobiles sur leur trône pontifical, au fond de l'abside, s'adressent à une multitude composée de pauvres, d'esclaves, de femmes, de gens ne connaissant guère les délicatesses antiques de la déclamation grecque ou romaine (1)?

En second lieu, l'élocution même perdra beaucoup de son importance, la disposition sera négligée, et toute l'application de l'art chrétien se réfugiera dans l'invention, dans la conception plus profonde, plus entière du sujet. Vous le voyez, l'art diminue, mais l'inspiration augmente, et, ce que je constate, c'est qu'au cinquième siècle l'inspiration s'était retirée de la rhétorique, n'y laissant

(1) EXTRAIT DES NOTES DE LA LEÇON.

La parole, c'est la prédication ; — l'orateur, c'est l'évêque ; — la parole, c'est l'accomplissement d'un devoir ; — c'est un acte, un ministère, c'est un sacerdoce ; — elle n'est plus au service de l'intelligence, mais de l'amour.

qu'un fantôme d'art ; ici l'art est absent, mais l'inspiration est revenue, bientôt l'art la suivra ; là où elle est présente, elle l'attire, tôt ou tard, comme le soleil, en se levant, appelle toutes les voix harmonieuses de la création pour le saluer.

Dès les commencements de l'éloquence chrétienne, j'y vois une séparation profonde d'avec les théories et l'art de l'antiquité, et j'y trouve encore ce je ne sais quoi d'original qui ébranle les hommes et qui est véritablement le secret de l'éloquence. Voyez saint Paul arrivant au milieu de cette multitude de Grecs si raffinés : comme il foule aux pieds les misérables ressources de la parole humaine ! comme il fait peu de cas des sublimités du langage ! Il fait profession de ne savoir qu'une seule chose : le Christ et le Christ crucifié. Je ne tarde pas à m'apercevoir, comme saint Jérôme, que cet homme, qui me paraissait sans culture, a en lui-même des ressources que ses auditeurs de l'Aréopage ne connaissaient plus, et que ses paroles inattendues, brusques, non préparées, frapperont comme des coups de foudre.

A mesure que la société chrétienne grandit, la prédication s'étend : elle finit par avoir besoin de se régler. Il faut qu'un ministère si continuel et si considérable trouve ses lois, et quand saint Ambroise écrit son livre *de Officiis ministrorum*, imité à quelques égards du livre *de Officiis* de Cicéron ; lorsqu'il trace les devoirs du prêtre, il n'oublie pas

le ministère de la parole. On a compté avec erreur saint Ambroise parmi ceux des Pères qui s'étaient montrés étrangers à l'art et ennemis des lettres : au contraire, il est encore tout nourri des chefs-d'œuvre de l'antiquité, et il en a si bien gardé le parfum, qu'il s'attache à trouver les règles de l'art, même dans l'Écriture sainte. Dans les lettres qu'il écrit à un nommé Juste, il s'applique à montrer comment, partout dans l'Écriture, il trouve les trois choses que les rhéteurs regardaient comme nécessaires pour faire un discours complet : une cause, une matière et une conclusion. Ainsi saint Ambroise est tout pénétré des règles antiques, des grâces mêmes de l'antiquité, et il en paraîtra quelque chose dans les préceptes qu'il tracera à l'orateur chrétien. En voici le résumé : « Que le dis-
« cours soit correct, simple, clair, lucide, plein
« de dignité et de gravité; qu'il n'y ait point d'é-
« légance affectée, mais qu'il s'y mêle quelque
« grâce... Que dirai-je de la voix? Il suffit, selon
« moi, qu'elle soit pure et nette; car c'est de la
« nature et de nos efforts qu'il dépend de la ren-
« dre harmonieuse. Que la prononciation soit dis-
« tincte et mâle, qu'elle s'éloigne du ton rude et
« grossier des campagnes sans prendre le rhythme
« emphatique de la scène, mais qu'elle conserve
« l'accent de la piété (1). »

(1) S. Ambroise, de Officiis ministrorum, l. I, c. 22, 23.

Ainsi, vous le voyez, il ne faut pas s'y méprendre, saint Ambroise est encore de cette école qui prenait soin non-seulement de la pensée, de la parole, mais du geste même de l'orateur et des plis de son vêtement.

Cependant le véritable fondateur de la rhétorique chrétienne, celui à qui cette fonction appartenait, précisément à cause de sa profession d'ancien rhéteur, c'est saint Augustin, surtout dans le quatrième livre d'un de ses traités fort considérables *de Doctrina christiana* et *de Catechizandis rudibus*. Après avoir consacré les trois premiers livres à montrer comment et dans quel esprit on doit étudier les Écritures, saint Augustin emploie le dernier à faire voir comment on doit communiquer aux autres la science dont a su faire la conquête, et là, dans cette théorie de la prédication chrétienne, il est conduit à rassembler tous les préceptes d'une rhétorique nouvelle. « Et d'abord il déclare qu'il connaît la
« rhétorique des écoles, qu'il ne se propose ici ni
« d'en donner les préceptes, ni de les discréditer ;
« car, la rhétorique apprenant à persuader le vrai
« et le faux, qui osera dire que la vérité doit de-
« meurer sans armes contre le mensonge (1)? »

Mais il se montre novateur lorsqu'il ajoute ce que les anciens n'avaient pas osé dire, que l'éloquence se rencontre aussi sans la rhétorique, que l'on peut

---

(1) S. Augustin, *de Doctrina christiana*, l. IV, c. 2.

y arriver en écoutant, en lisant les auteurs éloquents, en s'exerçant soi-même à dicter et à écrire. A ces conditions, on peut se passer de la subtilité de l'école, et, par cette voie, un homme peut rencontrer ce don ineffable de persuader et de bien dire.

Après avoir fait ce juste partage de l'éloquence et de la rhétorique, saint Augustin reprend, sans nous en avertir, les préceptes des anciens et en fait, pour ainsi dire, le triage, laissant de côté tout ce qui est devenu superflu pour la simplicité des temps nouveaux. Ainsi la part principale est faite à l'invention, comme il convenait aux temps chrétiens qui assurent à la pensée l'empire qu'elle doit avoir sur la forme. L'invention est donc le point principal, et, se fondant sur le beau traité de Cicéron, *de Inventione*, saint Augustin rappelle que la sagesse est le fonds même de toute éloquence, qu'elle est bien au-dessus ; car la sagesse, sans l'éloquence, a fondé les cités, et l'éloquence, sans la sagesse, les a plus d'une fois mises en ruines. Appliquant ces préceptes, il vaut mieux, dit-il, que les prédicateurs parlent éloquemment, mais il suffit qu'ils parlent sagement. Ces préceptes étaient d'une admirable fécondité et d'un admirable à-propos : car si le christianisme, aussi sévère que l'antiquité en matière d'art, eût voulu donner la parole seulement à des hommes éloquents, alors à combien peu eût-il été permis de la répandre, et à combien peu de la recevoir! Et ainsi l'enseignement chrétien, au lieu d'être la lumière et la consolation de tous, serait resté le plaisir et le privilége d'un petit nombre. C'était donc une grande et féconde parole que celle qui devait donner la liberté de la chaire, non plus seulement à celui qui serait exercé pendant de longues années aux luttes oratoires, comme Démosthènes et Cicéron, mais au plus humble prêtre, quand il aurait la foi qui inspire, et le bon sens qui ne permet pas de se fourvoyer.

Saint Augustin conserve, avec Cicéron, la distinction des trois parties de l'invention oratoire ; car, dit-il, il est d'une vérité éternelle que l'orateur doit convaincre, plaire et toucher. Et je ne m'étonne pas que saint Augustin veuille conserver à l'orateur chrétien cette mission de convaincre, ni qu'il l'exhorte à ébranler la volonté rebelle et à la toucher ; surtout je ne suis pas surpris qu'il lui permette de plaire, car je sais la pénétration de saint Augustin, ce grand connaisseur du cœur humain, et je n'ignore pas que le secret de plaire est aussi celui de gagner les âmes. Cependant, là encore, il s'attache à l'essentiel, il déclare que, pourvu que la clef ouvre, il permet qu'elle ne soit pas d'or, qu'elle soit de plomb ou de bois ; mais il faut qu'elle ouvre les barrières, qu'elle les ouvre à toutes les lumières de la vérité et à toutes les violences de la grâce divine.

Quant à l'élocution, il conserve aussi, comme

fondée sur la nature, la distinction des trois styles : le simple, le tempéré et le sublime. Le sujet de l'orateur chrétien est toujours sublime, mais il n'en est pas de même de son style. Le style simple, dit saint Augustin, est celui que l'auditeur supporte plus longtemps ; et, plus d'une fois dans sa longue carrière, il a observé que l'admiration d'une belle parole arrache quelquefois moins d'applaudissements à l'auditoire que le plaisir d'avoir conçu, facilement et sans nuage, une vérité difficile mise à sa portée par une parole simple.

Voilà tout ce que recommande saint Augustin pour l'élocution. En ce qui concerne le nombre oratoire, il déclare que, pour lui, il cherche à le conserver dans ses discours, sans affectation, mais qu'au fond il y tient peu et se réjouit de ne pas le rencontrer dans les livres saints, qu'il éprouve quelque plaisir dans les beautés naïves, incultes, toutes spirituelles de l'Écriture, affranchie en quelque sorte de ces usages de la sensualité ancienne.

Il y a quelques périls dans les dédains de saint Augustin pour les délicatesses du style ; il y a ici quelques traces de la décadence et du mauvais goût de son siècle. Cependant, s'il est insuffisant en ce qui concerne l'élocution, s'il n'a fait que répéter les règles de la rhétorique cicéronienne en ce qui regardait l'invention, il va se relever singulièrement lorsqu'il entrera jusque dans les dernières profondeurs de la philosophie de la parole, et qu'il donnera le véritable mystère de la nouvelle éloquence qu'il veut fonder. C'est ce qu'il fait dans un autre ouvrage, dont l'occasion même est digne d'intérêt, et qui peint bien l'âme de saint Augustin.

Un diacre, nommé Deo Gratias, chargé de l'instruction des catéchumènes, lui avait écrit une lettre pour lui peindre ses dégoûts, ses peines, ses découragements dans une fonction si difficile. Saint Augustin cherche à relever son courage en lui faisant, avec une admirable analyse, la peinture de toutes les tristesses, de tous les découragements qui peuvent saisir un homme chargé de porter la parole devant ses frères, et cependant en lui montrant par quels moyens victorieux on peut dompter ses ennuis, ses découragements et triompher, tôt ou tard, de toutes les résistances de soi-même et d'autrui. Les deux secrets de toute cette éloquence dont saint Augustin va chercher le fond dans l'étude de l'esprit humain, sont l'amour des hommes, qu'il faut instruire, et l'amour de la vérité, qui n'est autre que Dieu même. Je dis d'abord l'amour des hommes, et saint Augustin trouve, en effet, une ressource d'éloquence que les anciens n'avaient pas connue dans la charité, dans ce besoin que nous avons de communiquer à autrui les vérités dont nous sommes pénétrés, dans cette ardeur qui fait que nous ne pouvons nous empêcher d'ouvrir la main, quand elle est pleine de ce que

nous regardons comme vrai, comme beau, comme bon. « Car, dit-il, de même qu'un père se plaît à
« se faire petit avec son enfant, à bégayer avec lui
« les premiers mots, non qu'il y ait rien de bien
« attrayant à murmurer ainsi des mots confus, et
« cependant c'est là le bonheur rêvé par tous les
« jeunes pères ; de même pour nous, pères des
« âmes, ce doit être un bonheur de nous faire petits
« avec les petits, de murmurer avec eux les pre-
« mières paroles de la vérité, et d'imiter l'oiseau
« de l'Évangile qui réunit ses petits sous ses ailes,
« et n'est heureux qu'autant qu'il est réchauffé
« de leur chaleur et qu'il les réchauffe de la
« sienne. » C'est qu'en effet, personne mieux que saint Augustin n'a connu cette mystérieuse sympathie de l'orateur et de l'auditeur, par laquelle l'un éclaire, soutient, conduit l'autre, tandis que tous deux travaillent à la même heure, par le même effort, au dégagement et à l'éclat de la même vérité.

Si l'amour des hommes est un des principes de l'éloquence nouvelle, il y a un amour plus sacré encore, c'est l'amour de la vérité, l'amour de cet idéal souverain dont l'orateur doit être rempli, dont il n'atteint jamais toute la perfection et toute la splendeur, qu'il perd par moments, mais dont a vue, de temps à autre, le soutient, le réveille, et lui rend toute son ardeur. Voilà ce que saint Augustin avait connu mieux peut-être qu'aucun des hommes éloquents de l'antiquité, et ce qu'il exprime dans une page qu'il faut vous lire tout entière :

« Pour moi, presque toujours mon discours me
« déplaît, car je suis avide d'un mieux, que sou-
« vent je possède au dedans de moi, avant que j'aie
« commencé à l'exprimer par le bruit de la parole ;
« et quand tous mes efforts sont restés au-dessous
« de ce que j'ai conçu, je m'afflige de sentir que
« ma langue n'a pas pu suffire à mon cœur. L'idée
« illumine mon esprit avec la rapidité de l'éclair ;
« mais le langage ne lui ressemble point : il est
« lent, tardif, et, tandis qu'il se déroule, déjà
« l'idée est rentrée dans son mystère. Cependant
« comme elle a laissé des vestiges admirablement
« imprimés dans la mémoire, ces vestiges durent
« assez pour se prêter à la lenteur des syllabes, et
« c'est sur eux que nous formons ces paroles qu'on
« appelle langue latine, grecque, hébraïque ou
« tout autre ; car les vestiges mêmes de l'idée ne
« sont ni latins, ni grecs, ni hébreux, ni d'aucune
« nation ; mais comme les traits se marquent dans
« le visage, ainsi l'idée dans l'esprit... De là il est
« facile de conjecturer quelle est la distance des
« bruits échappés de notre bouche à cette première
« vue de la pensée... Cependant, passionnés pour
« le bien de l'auditeur, nous voudrions parler
« comme nous concevons... et parce que nous n'y
« réussissons pas, nous nous tourmentons, et

« comme si nos peines étaient inutiles, nous sé-
« chons d'ennui, et l'ennui fait languir le discours
« et le rend plus impuissant qu'au moment même
« où, du sentiment de son impuissance, l'ennui
« nous est venu (1). »

C'est admirable ! il n'est pas besoin de vous le dire : l'éloquence est retrouvée, quand on en a retrouvé non-seulement toutes les inspirations, mais surtout tous les découragements, toute la mélancolie et tous les désespoirs. Voilà comment la doctrine théorique de l'éloquence nouvelle avait été reconstruite par les grands orateurs chrétiens.

Il resterait maintenant à la voir à l'œuvre et à se demander comment ces ressources nouvelles se produisirent dans leurs discours. Je ne m'engagerai pas témérairement ni volontiers dans un sujet que M. Villemain a traité avec une supériorité si grande, qu'il n'est permis à personne d'y toucher après lui ; mon sujet, d'ailleurs, ne le comporte pas et me ramène seulement à tracer les principaux traits des changements qui devaient s'accomplir, peu à peu, sous l'empire de ces règles, et conduire l'éloquence de la forme qu'elle avait eue chez les anciens à celle qu'elle devait prendre au moyen âge.

L'éloquence chrétienne semble naître en Grèce du défi que Julien avait adressé au christianisme

---

(1) S. Augustin, *de Catechizandis Rudibus*, cap. 2.

lorsque, dans un jour de mépris et de colère, il engageait les Galiléens à aller dans leurs églises étudier Luc et Matthieu. C'est alors que saint Grégoire de Nazianze lui répondait : « Je vous aban-
« donne tout le reste, richesse, naissance, gloire,
« autorité et tous les biens d'ici-bas, dont le sou-
« venir passe comme un songe ; mais je mets la
« main sur l'éloquence, et je ne regrette pas les
« travaux, les voyages sur terre et sur mer que j'ai
« entrepris pour la conquérir (1). »

Ainsi ils étaient bien loin de vouloir abandonner leur part de la puissance de la parole, et alors, en effet, commence cette grande école où florissaient, à côté de Grégoire de Nysse, saint Basile, saint Chrysostome, dont la conversion faisait le regret éternel du rhéteur Libanius, lorsqu'il s'affligeait tous les jours qu'on lui eût enlevé Chrysostome auquel il se proposait de léguer son école. A mon sens, Chrysostome n'a pas beaucoup perdu.

Les Latins n'ont pas, comme les Grecs, cet art de la disposition, cet éclat et ces grâces de l'élocution, ces comparaisons toujours anciennes et toujours neuves tirées de la mer, du port, du théâtre et de la palestre. Ils n'ont pas non plus la même pureté dans le choix des expressions. La barbarie se fait sentir par la subtilité et une certaine grossièreté, la recherche, les raffinements qu'entraîne

---

(1) S. Greg. Naz., *Op.*, t. I, p. 132, *Orat.* IV.

le mauvais goût. C'est que les Pères latins ne parlent pas à une population aussi polie, ils s'adressent à une multitude bien autrement mêlée. A Antioche, à Césarée, à Constantinople, les Pères grecs ont encore devant eux les restes choisis de la société ancienne ; mais à Hippone, le peuple qui se presse autour de la chaire de son évêque n'est composé que de pêcheurs et de paysans ; à Milan même et à Rome, au milieu de toute cette multitude, je reconnais un nombre incalculable d'affranchis et de mercenaires dont le son de voix guttural rappelle les forêts d'où ils sont sortis. Pour faire la conquête de ces populations si mêlées, si peu sensibles aux charmes extérieurs de la parole, il faut d'autres moyens : il faut être avec elles familier, sensé, pathétique. Ces trois conditions sont, en général, le caractère dominant de l'éloquence des Pères latins.

Cependant chez saint Ambroise on trouve mieux ; on trouve plus fidèlement conservés les restes et comme un dernier parfum de l'art ancien. De même que, dans sa doctrine, il faisait une part plus large aux grâces de la forme et même du costume, de même aussi, dans son langage, il y a je ne sais quel miel attique. On racontait que, saint Ambroise encore au berceau, dormant un jour dans la cour du prétoire à Trèves, un essaim d'abeilles vint se poser sur ses lèvres, comme autrefois sur les lèvres de Platon. Ce récit s'accrédita avec le grand renom d'éloquence de saint Ambroise ; cette éloquence suffisait à maintenir à la fois dans la persévérance et le devoir, dans la fermeté et dans la soumission, le peuple de Milan pendant plusieurs jours, tandis que les soldats de l'impératrice Justine assiégeaient la basilique pour la livrer aux ariens. Cette éloquence entraînait à ce point que les mères cachaient leurs filles quand saint Ambroise glorifiait la virginité. C'était cette même éloquence qui devait arrêter Théodose coupable à la porte du sanctuaire et qui suspendit à la douceur de sa parole Augustin, encore à moitié manichéen, encore indécis, mais déjà plus qu'à demi gagné par le charme d'un orateur qui disait si bien (1).

Voilà le caractère de l'éloquence d'Ambroise, mais j'ai hâte d'arriver à saint Augustin, qui occupe une place bien plus grande dans la postérité. Saint Augustin a moins d'ornements, il est moins antique, il a eu moins de commerce avec la Grèce ; il n'avait pas, comme saint Ambroise, traduit du grec un grand nombre d'écrits des Pères. Il nous a laissé jusqu'à trois cent quatre-vingt-dix-huit sermons, sans compter plusieurs traités prêchés avant d'être écrits. Si vous les parcourez, vous y trouverez précisément les caractères que je marquais, les caractères que saint Augustin recom-

---

(1) Voir les notes à la fin de la leçon.

mandait lui-même dans ses préceptes et qui doivent donner une forme nouvelle à la prédication : je veux dire ce familier abandon et ce style simple, celui dont on se lasse le moins.

En effet, le discours de l'évêque d'Hippone est un entretien avec son peuple, qui l'interrompt souvent et auquel il répond. Souvent aussi l'évêque rend compte de ses affaires les plus intérieures et les plus domestiques : par exemple, il y a deux sermons où saint Augustin décrit à ses auditeurs la vie qu'il mène en commun avec ses clercs, comment ils sont réunis pour imiter la communauté primitive de Jérusalem, aucun d'entre eux ne possédant rien en propre, et il vient de lui-même au-devant des objections. On se plaignait, à Hippone, que l'église était pauvre parce que son évêque ne voulait recevoir ni donations, ni legs, et que personne ne voulait plus donner. Augustin répond qu'en effet il a refusé des héritages ou des legs de plusieurs pères qui avaient déshérité leurs fils pour enrichir l'Église : « Car de quel front, moi
« qui, si tous deux étaient vivants, devrais m'em-
« ployer à leur réconciliation, recevrais-je cet hé-
« ritage témoin d'une colère incapable de pardon-
« ner ; mais qu'un père qui a neuf enfants compte
« le Christ pour un dixième, j'accepterai alors.
« Quand un père déshéritera son fils pour enri-
« chir l'Église, qu'il aille chercher un autre
« qu'Augustin pour recevoir le legs, ou plutôt,

« Dieu veuille qu'il ne trouve personne (1) ! » C'est ainsi qu'il communique à son peuple les affaires intérieures et jusqu'aux comptes de sa maison. Cependant cela ne l'empêche pas d'expliquer les parties les plus ardues des Écritures, d'initier ses auditeurs à tous les mystères de l'explication allégorique, de leur faire voir l'historique des personnages et des événements, le sens figuré sous le sens propre, et de réfuter les manichéens qui opposeraient l'Ancien Testament au Nouveau. Il faut aussi lutter contre l'arianisme ; et devant ce peuple grossier, il aborde toutes les difficultés, toutes les objections, il pénètre dans tous les nuages, s'efforce de les dissiper, et, par un art admirable, il parvient à faire passer dans ses discours, si simples et si rustiques, les plus grandes considérations, les vues les plus vastes répandues dans les écrits théologiques qu'il avait composés pour tout le peuple chrétien. Il réussit à faire comprendre à ses humbles auditeurs comment la Trinité a son image dans la triple unité de la mémoire, de l'intelligence et de la volonté. C'est là une idée longuement développée dans les écrits philosophiques de saint Augustin ; il la reprend devant ses pêcheurs, ses paysans, il fait de la psychologie avec eux, il entre dans tous les détails de la pensée humaine, il leur demande : « Avez-vous une mé-

---

(1) S. Augustin, *de Vita clericorum suorum*, serm. 355.

« moire? mais, si vous n'aviez pas une mémoire,
« comment retiendriez-vous les paroles que je vous
« adresse? Avez-vous une intelligence? mais si
« vous n'aviez pas d'intelligence, comment com-
« prendriez-vous ce que je vous dis? Avez-vous une
« volonté? Si vous n'aviez pas de volonté, com-
« ment me répondriez-vous? » — Et après les avoir
ainsi amenés à dégager eux-mêmes de ce chaos de
leur intelligence grossière les trois facultés consti-
tutives de l'âme, il leur en montre à la fois l'unité
et la variété. Peu à peu cette foule le comprend,
le suit, le devance; il aperçoit qu'il est entendu, il
est ravi, et il s'écrie : « Je le dis sincèrement à
« votre charité : je craignais de réjouir la subti-
« lité des habiles et de décourager les esprits lents;
« maintenant je vois que par votre application à
« écouter, par votre promptitude à comprendre,
« non-seulement vous avez saisi la parole, mais que
« vous l'avez devancée. Je rends grâces à Dieu (1).»

C'était, en effet, un prodige que d'arriver à élever à ce degré de métaphysique, à cette puissance
intellectuelle des âmes si grossières et si mal préparées, et quand Platon écrivait sur sa porte :
« Nul n'entre ici s'il n'est géomètre, » il était glorieux d'écrire au contraire sur sa porte, comme
le Christ : *Venite ad me, omnes*. Vous tous qui travaillez, qui bêchez la terre, qui pêchez dans la

---

(1) S. Augustin, *de Trinitate*, serm. 52.

mer, qui portez des fardeaux, qui construisez lentement, difficilement, des barques sur lesquelles vos frères iront braver les flots, vous tous, entrez ici ; je vous expliquerai non pas seulement le γνῶθι σεαυτὸν de Socrate, mais les derniers, les plus profonds mystères, le mystère de la Trinité. Voilà le secret de cette éloquence simple.

D'autres fois, il se plaît à orner davantage son discours, à donner plus de place à l'art ancien, toujours avec cette forme d'un entretien familier, à faire passer tour à tour ses auditeurs par les plus grands souvenirs de l'Écriture sainte, et aussi par les réminiscences littéraires qui pouvaient gagner les esprits du petit nombre de lettrés qui se trouvaient parmi eux.

Je vous citerai, comme exemple, un discours de saint Augustin, non pas plus éloquent, mais plus curieux peut-être que les autres. C'est une homélie sur la prière, au moment où il vient d'apprendre la prise de Rome par Alaric. Il importe de recueillir les échos que cette grande catastrophe réveilla par tout l'univers, à Hippone comme à Bethléem, alors qu'une foule de fugitifs cherchaient asile sur tous les rivages, ayant abandonné or, argent, trésors, pour avoir la vie sauve. Tant de désastres avaient agité les esprits, et, en Afrique même, les pêcheurs et les paysans, comme dans le sénat de Rome Symmaque et les siens, commençaient à dire que toutes choses périssaient dans les

temps chrétiens, que le christianisme avait porté malheur à la grandeur romaine, et que les anciens dieux l'avaient bien mieux gardée. Saint Augustin, provoqué par ces plaintes, répondit avec un mélange d'ironie, d'enjouement et de gravité : « Vous
« dites : Voici que tout périt dans les temps
« chrétiens. Pourquoi murmurez-vous? Dieu n'a
« point promis que ces choses terrestres ne péri-
« raient point ; le Christ ne l'a point promis.
« Éternel, il a promis des choses éternelles. La
« cité qui nous a engendrés temporellement est-
« elle encore debout ? rendons grâces à Dieu, et
« puisse-t-elle, régénérée par l'esprit, passer avec
« nous à l'éternité ! Mais si la cité qui nous donne
« la vie temporelle n'est plus, celle qui nous a en-
« gendrés spirituellement est debout !... Quelle
« cité ? la cité sainte, la cité fidèle, la cité voya-
« geuse sur la terre, mais qui a ses fondements
« dans le ciel. Chrétien, ne laisse pas périr l'espé-
« rance, ni se perdre la charité, ceins tes reins...
« Pourquoi t'effrayer si les empires terrestres pé-
« rissent ? La promesse t'a été faite d'en haut que
« tu ne périrais point avec eux ; car ces ruines ont
« été prédites... Et ceux qui ont promis l'éternité
« aux empires de la terre ont menti pour flatter
« les hommes. Un de leurs poëtes fait parler Jupi-
« ter, et lui fait dire des Romains :

His ego nec metas rerum nec tempora pono,[1]
Imperium sine fine dedi.

« La vérité répond mal à ces promesses. Cet em-
« pire sans fin que tu leur donnes, ô Jupiter!
« qui ne leur as jamais rien donné, est-il au ciel
« ou sur la terre? sur la terre sans doute; mais,
« fût-il au ciel, n'est-il pas écrit que le ciel et la
« terre passeront! Ce que Dieu a fait passera :
« combien plus vite ce qu'a fondé Romulus! Peut-
« être, si nous voulions quereller Virgile pour ces
« vers, il nous prendrait à part et nous dirait : J'en
« sais autant que vous; mais que faire quand j'avais
« à charmer l'oreille des Romains? Et cependant
« j'ai pris mes précautions en mettant ces paroles
« dans la bouche de leur Jupiter : un Dieu faux
« ne pouvait être qu'un oracle menteur. Mais ail-
« leurs, quand j'ai parlé en mon nom, j'ai dit :

Non res romanæ perituraque regna.

« Vous le voyez, j'ai dit que leur empire péri-
« rait... »

On voit bien que saint Augustin n'a cité Virgile que pour opposer le poëte au poëte lui-même et ébranler la trop grande autorité que lui prêtaient encore quelques lettrés.

Puis Augustin, sachant qu'un certain nombre de ses auditeurs se plaignaient de sa sévérité pour les calamités romaines, qu'autour de lui on murmurait quand il prenait la parole sur les événements de Rome, car il paraît qu'en Afrique il y avait deux partis : un parti romain et un parti

opposé au Romains, dont saint Augustin était considéré comme le chef, il va au-devant des objections :
« Je sais qu'on dit de moi : « Surtout qu'il ne
« parle pas de Rome ! Oh ! s'il pouvait ne rien dire
« de Rome ! » Comme si je venais pour insulter
« autrui et non pour fléchir Dieu et pour vous
« exhorter selon la mesure de mes forces. A Dieu ne
« plaise que j'insulte Rome ! N'y comptions-nous
« pas beaucoup de frères ? n'en avons-nous pas
« encore beaucoup ? Une grande partie de la cité
« de Dieu voyageuse en ce monde n'y a-t-elle point
« sa demeure !... Que dis-je donc quand je ne
« veux point me taire, si ce n'est qu'il est faux que
« notre Christ ait perdu Rome, et qu'elle fût mieux
« gardée par ses dieux de pierre ou de bois. Les
« voulez-vous plus précieux ? ses dieux d'airain ;
« ajoutez ses dieux d'argent et d'or. Voilà à qui
« des hommes savants avaient confié la garde de
« Rome... Comment donc garderaient-ils vos maisons, ces dieux qui n'ont pas pu garder leurs
« idoles ? Il y a longtemps qu'Alexandrie a perdu
« ses faux dieux ; il y a longtemps que Constantinople a perdu les siens, et, reconstruite par un
« empereur chrétien, elle a grandi cependant, elle
« grandit encore, elle demeure, elle demeurera
« autant que Dieu l'a résolu ; car même à cette cité
« chrétienne nous ne promettons pas l'éternité(1). »

(1) S. Augustin, serm. 105, c. 7 et 9.

Ce dernier fragment a beaucoup de grandeur, cette opposition des nouvelles destinées de Constantinople à celles de la vieille Rome et, en même temps surtout, cette vue d'un empire grand, mais périssable, attaché à Constantinople même, tout cela montre l'étonnante justesse de coup d'œil que saint Augustin a portée dans l'histoire ; il semble qu'il ait vu, à travers les temps, ces autres barbares et cet autre Alaric, qui devaient annoncer un jour à Constantinople que l'heure était venue.

On trouverait dans les sermons de saint Augustin des passages non moins éloquents, des morceaux entiers tout resplendissants de beautés analogues à celles qui sont si communes dans saint Jean Chrysostome et dans saint Basile, notamment un passage d'un admirable discours sur la Résurrection :

« Vous êtes triste d'avoir porté au sépulcre celui
« que vous aimiez, et parce que tout à coup vous
« n'entendez plus sa voix. Il vivait et il est mort ;
« il mangeait et il ne mange plus ; il ne se mêle
« plus aux joies et aux plaisirs des vivants. Pleurez-
« vous donc la semence quand vous la confiez au
« sillon ? Si un homme était assez ignorant de
« toutes choses pour pleurer le grain qu'on apporte
« aux champs, qu'on met dans la terre et qu'on
« ensevelit sous la glèbe brisée ; et si cet homme
« disait en lui-même : « Comment donc a-t-on
« enterré ce blé moissonné avec tant de peine,

« battu, émondé, conservé dans le grenier : nous
« le voyions, et sa beauté faisait notre joie : main-
« tenant il a disparu de nos yeux !..... S'il pleu-
« rait ainsi, ne lui dirait-on pas : « Ne t'afflige
« point ; ce grain enfoui n'est assurément plus
« dans le grenier, il n'est plus dans nos mains ;
« mais nous viendrons plus tard visiter ce champ,
« et tu te réjouiras de voir la richesse de la récolte,
« là où tu pleures l'aridité du sillon. »..... Les
« moissons se voient chaque année, celle du genre
« humain ne se fera qu'une fois à la fin des
« siècles..... En attendant, toute créature, si nous
« ne sommes pas sourds, nous parle de résurrec-
« tion. Le sommeil et le réveil sont de tous les
« jours : la lune disparaît et se renouvelle tous
« les mois. Pourquoi viennent, pourquoi s'en vont
« les feuilles des arbres ? Voici l'hiver assurément
« ces arbres desséchés reverdiront au printemps.
« Sera-ce la première fois, ou l'avez-vous vu l'an
« passé ? Vous l'avez vu : l'automne amena l'hiver,
« le printemps ramène l'été. L'année recommence
« dans un temps qui lui est marqué ; et les hommes
« faits à l'image de Dieu mourraient pour ne plus
« revivre ! »

J'ai hâte d'en finir, et, pour montrer comment Augustin savait s'élever à ce troisième degré de l'éloquence qu'il appelle le sublime, comment après avoir traversé le langage simple et familier, et cet autre, qui n'est dénué ni d'ornements ni d'érudition, il savait aussi arracher au fond des cœurs une victoire disputée.

J'aime mieux vous citer deux faits racontés par saint Augustin lui-même, par nécessité, et non pour vanter son éloquence.

De temps immémorial existait en Mauritanie, à Césarée, une coutume qu'on appelait la *Caterva;* c'était une petite guerre, mais sérieuse et meurtrière, qu'on se faisait chaque année ; chaque année, les habitants de la ville, divisés en deux bandes, les pères et les fils, les frères et les frères, armés les uns contre les autres, se faisaient, pendant cinq ou six jours, une guerre à mort ; des flots de sang coulaient dans la ville. Aucune prescription des empereurs n'avait pu déraciner ce détestable usage : cela étonnera moins ceux qui sauront que l'Italie, au moyen âge, connut quelques coutumes semblables, et qu'il fallut des efforts persévérants pour les effacer. Saint Augustin tâcha d'abolir ce que les édits des empereurs avaient vainement voulu détruire : il parla, il ébranla, il fut couvert d'applaudissements; mais il ne se crut pas vainqueur tant qu'il n'entendit que des acclamations : il parla encore ; enfin il vit couler des larmes ; alors il sentit que la victoire était gagnée : « En effet, dit-il, il y a huit ans que « j'ai parlé, et il y a huit ans que la coutume an- « nuelle n'a pas reparu (1). »

---

(1) S. Augustin, *de Doctrina christiana*, l. IV, 24.

Une autre fois, il s'agissait d'un usage moins dangereux, mais plus difficile à déraciner : On avait institué à Hippone des banquets demi-païens qui se célébraient dans l'église et s'appelaient *Lætitia*. Les gens d'Hippone paraissaient bien disposés à ne pas renoncer à cette coutume : le vieil évêque Valère avait appelé Augustin à venir partager avec lui le fardeau de l'épiscopat et le ministère de la parole. Il le chargea d'attaquer encore une fois cette coutume profane, contre laquelle tous ses efforts étaient demeurés impuissants. Ce fut pour Augustin l'occasion d'un nouveau triomphe. Aussitôt qu'on sut qu'il parlerait sur ce point, on s'entendit pour ne tenir aucun compte de son discours. Cependant, par curiosité, on alla l'entendre : il parla trois fois, à trois jours différents, et, le jour où il resta maître du terrain, il avait pris en quelque sorte avec lui toute ses armes, il avait fait apporter tous les livres de l'Écriture sainte, il avait fait lire l'Évangile du Sauveur chassant les marchands du temple, il avait lu l'Exode, où sont représentés les Juifs adorant les faux dieux, et prenant ensuite le livre des Épîtres de saint Paul, il avait lu les passages dans lesquels saint Paul flétrit l'ivresse et les banquets ; ayant enfin rendu tous ces livres à celui qui en était le gardien : »

« Je commençai, dit-il, à leur représenter le com-
« mun péril et d'eux qui nous étaient confiés, et
« de nous qui rendrions compte au prince des

« pasteurs; et, par les injures du Christ, par sa
« couronne d'épines, par sa croix et par son sang,
« je les suppliai que, s'ils voulaient se perdre, ils
« eussent pitié de nous, et qu'ils songeassent à la
« charité du vieil et vénérable évêque Valère, qui,
« pour l'amour d'eux, m'avait imposé la formida-
« ble charge de leur annoncer la parole de vérité.
« Et, tandis que je leur faisais ces reproches, il
« arriva que le maître des âmes me donna de l'in-
« spiration selon le besoin et le péril. Mes larmes
« ne provoquèrent point les leurs; mais, tandis
« que je parlais, prévenu par leurs pleurs, j'avoue
« que je ne pus me défendre de laisser éclater
« les miens, et, quand nous eûmes pleuré ensem-
« ble, je mis fin à mon discours avec un ferme es-
« poir de leur conversion (1). »

Voilà assurément de beaux exemples des victoires de la parole. Et ne vous arrêtez pas à ce qu'ils
ont de petit et d'obscur par leur objet, car toutes
les conquêtes spirituelles commencent ainsi par
être humbles et obscures; mais cette parole, qui
avait vaincu les habitants de Césarée, en Mauritanie, et les gens d'Hippone, vous la verrez grandir
et triompher sur d'autres champs de bataille.

Il nous resterait à étudier bien d'autres orateurs
chrétiens de l'école de saint Ambroise et de saint Augustin. Ils sont nombreux au quatrième et au cin-

(1). *Epist.* XXIX, *ad Alypium.*

quième siècle : je citerai seulement saint Léon, si magnifique lorsqu'il dévoile les destinées de Rome chrétienne et qu'il invite saint Pierre à venir prendre possession de cette capitale de tous les paganismes (1); saint Zénon de Vérone, dont les discours sont fort instructifs et surtout très-curieux : ils sont adressés aux catéchumènes au moment où ils vont recevoir le baptême ; je pourrais citer encore saint Pierre Chrysologue de Ravenne, Gaudence de Brescia, Maxime de Turin. Mais il faut convenir que les discours de saint Augustin restèrent, avec ceux de Grégoire le Grand, comme le modèle principal et favori de la prédication chrétienne au moyen âge. Nous en avons la preuve dans les discours de saint Césaire d'Arles, que longtemps on a confondus avec ceux de saint Augustin et qu'il faut encore rechercher aujourd'hui dans l'Appendice des œuvres de celui-ci, tant est grande la ressemblance de ces deux esprits ! tant le disciple a suivi le maître pas à pas ! A son tour, le recueil des discours de saint Césaire devint le manuel de tous ceux qui étaient incapables de prêcher par eux-mêmes. On en a formé des *homéliaires* ou livres d'homélies, manuels des missionnaires innombrables envoyés à toutes les extrémités du monde pour conquérir les barbares à la foi.

Les temps nouveaux sont en possession de l'élo-

---

(1) Voir les notes à la fin de la leçon, II.

quence qui leur convient : elle sera simple, comme il la faut à saint Éloi, à saint Gall, à saint Boniface, pour toucher les âmes de ces néophytes encore tout remplis des souvenirs de leur paganisme grossier et des divinités sanguinaires du Valhalla. Elle sera familière et rustique s'il le faut, comme il convient aux prédicateurs des temps carlovingiens qui auront à instruire et à éclairer des porchers et des bouviers pour lesquels ils stipulent avec tant de soin le repos du dimanche, afin qu'il leur reste un jour au moins pour s'instruire et arriver à la connaissance de leur religion. Il faudra aussi que cette parole reste assez élevée, assez puissante, pour conserver les hautes pensées de la métaphysique chrétienne, en rendre toute la délicatesse, tous les détails les plus difficiles à saisir et les faire pénétrer, les uns après les autres, dans des intelligences qui semblent les moins faites pour les entendre ; il faudra enfin qu'elle demeure assez forte et assez efficace pour que, à un moment donné, elle puisse ébranler les nations. Après avoir étudié les prodiges obscurs de la parole, nous ne serons plus étonnés de ce qu'elle a fait au huitième et au neuvième siècle ; il est plus difficile de créer des sociétés que de les conduire et de les armer ensuite. Quand je vois la prédication chrétienne assez forte pour arracher des populations entières au paganisme, pour les amener à des mœurs nouvelles, pour déraciner les plus opiniâtres passions, je ne suis pas étonné de la trouver, plus tard, assez puissante pour réconcilier les villes lombardes et Jean de Vicence dans les champs de Vérone, assez puissante pour précipiter, avec saint Bernard, toute l'assemblée de Vézelay à la croisade.

EXTRAIT DES NOTES DE LA LEÇON

I

C'est dans tous les Pères, mais peut-être dans saint Ambroise excellemment, qu'il faut voir le type de l'homélie. La parole même de Dieu donnant non-seulement le sujet, mais toute la trame de la prédication.

Hexæmeron. — Sermons sur l'œuvre des six jours, prêchés matin et soir au peuple de Milan pendant la dernière semaine du carême. — Un *notarius* les écrivait. — Plus tard Ambroise les rédigea. Il y réunit ce que les anciens savaient de la nature : Pline, Virgile. Il anima le récit de la création, s'attacha à combattre les objections des païens et des hérétiques, et en relevant le sens symbolique à retrouver dans cette vie de la nature l'image et la règle de la vie humaine. — Physique. — Métaphysique. — Morale.

Admirables tableaux de la mer : « Quelle ver-
« dure des prairies, quel charme des jardins peut
« égaler l'azur de l'Océan ? Les jardins brillent

« émaillés de lis, la mer est semée de voiles. Les
« lis ne portent qu'un parfum, les navires portent
« le salut des hommes. Ajoutez les poissons bon-
« dissant, les dauphins se jouant et les flots reten-
« tissant d'un sombre murmure. » — D'autres
fois il se complaît aux plus humbles peintures :
« La cigogne nourrissant ses vieux parents, les
« abeilles combattant pour leur reine, le rossignol
« enchantant les nuits où il couve ses petits : « Je
« lui compare cette pauvre mais chaste femme
« qui se lève la nuit pour tourner la meule et
« moudre le pain de ses petits enfants, et qui
« essaye de charmer par ses chants l'ennui de sa
« pauvreté. Et quoiqu'elle ne puisse imiter la mé-
« lodie du rossignol, du moins elle en imite la
« tendresse. »

Sages instructions. — Premier jour. — Contre les philosophes qui font le monde et la matière éternels. — Le dogme de la création. — Quatrième jour. — Contre l'astrologie. — Le soleil n'est que le serviteur du Christ. — Si vous croyez à la fatalité de l'horoscope, pourquoi des lois, des châtiments ; pourquoi le laboureur n'attend-il pas que ses greniers se remplissent d'eux-mêmes ?

Applications morales. — La rose était d'abord sans épine, elle s'en couvrit ensuite et devint le symbole de notre vie. Car l'élégance de notre vie est tout assiégée et toute pressée de sollicitudes, de façon que la tristesse soit unie au plaisir ; et si quelqu'un, par la justesse de sa raison, ou par le succès d'une heureuse carrière, a lieu de se féliciter lui-même, il faut qu'il se souvienne du péché qui dans nos âmes couvertes comme des fleurs aux parfums du paradis terrestre a fait naître les ronces. « O « homme! vous avez beau briller de tout votre « éclat : regardez au-dessous de vous, vous fleuris- « sez sur des épines. »

La création de l'homme. — Conclusion. — « Remercions le Seigneur notre Dieu d'avoir fait « cet ouvrage où il put se reposer. Il fit le ciel, je « ne lis pas qu'il se reposa ; il fit la terre, je ne lis « pas qu'il se reposa ; il fit le soleil et les étoiles, « je ne lis pas encore qu'il se soit reposé. Mais je « lis qu'il fit l'homme, et alors il se reposa, car il « avait à qui pardonner. »

II

SERMON POUR LA FÊTE DES APÔTRES.

La solennité d'aujourd'hui sollicite la piété de toute la terre : mais une joie plus vive doit célébrer cette fête dans cette ville où s'accomplit leur glorieux martyre. C'est par eux, ô Rome! que l'Évangile du Christ a lui pour toi, et que, maîtresse de l'erreur, tu es devenue disciple de la vérité. Par eux tu es née sous de meilleurs auspices qu'au jour où celui qui te donna son nom te souilla du sang de son frère. Ce sont eux qui t'ont conduite à ce degré de gloire où je te vois, peuple élu, famille sainte, cité sacerdotale et royale, devenue, par le siége de Pierre, la capitale du monde, régnant par la foi plus loin que par l'empire. Car, si tes victoires ont étendu ta puissance sur la terre et sur les mers, les labeurs guerriers t'ont soumis moins de provinces que la paix chrétienne.

Dieu bon, juste et tout-puissant, qui ne refusa jamais sa miséricorde au genre humain... a pris pitié de notre malice en nous envoyant son Verbe égal et coéternel à lui... et afin que l'effet de cette grâce inénarrable se communiquât par tout le monde, il y pourvut par une admirable providence en fondant l'empire romain, dont les frontières grandissantes reculèrent jusqu'à ce qu'elles touchassent à tous les peuples. Car il convenait souverainement à l'œuvre divine qui se préparait, que les royaumes divers se confondissent sous une même puissance, et que le gouvernement d'une cité reine, en maîtrisant tant de peuples, ouvrît parmi eux les voies à la prédication universelle. Rome, cependant, ignorant l'auteur de ses progrès, en même temps qu'elle régnait sur toutes les nations, s'était rendue l'esclave de toutes les erreurs, et croyait s'être fait une grande religion, parce qu'elle n'avait repoussé aucun mensonge... Quand les apôtres se partagent le monde, le bienheureux Pierre est destiné à la capitale de l'empire romain... Quelle nation n'avait pas alors ici quelques-uns des siens, quels peuples pouvaient ignorer ce que Rome enseignait? C'était ici qu'il fallait fouler aux pieds les opinions des philosophes, ici qu'on devait confondre les vanités de la sagesse terrestre, humilier le culte des démons, détruire l'impiété des sacrifices; c'était ici où la superstition semblait avoir pris soin de réunir tout ce que l'imposture avait conçu. Voilà donc cette ville où vous ne craignez pas de venir fixer votre demeure, bienheureux apôtre saint Pierre. Vous entrez dans cette forêt peuplée des bêtes rugissantes, vous vous avancez sur les profondeurs orageuses de cet océan, plus courageux qu'au jour où vous marchiez sur la mer; et vous ne redoutez pas Rome maîtresse du genre humain, vous qui, dans la maison de Caïphe, aviez eu peur de la servante du prêtre... Vous apportiez au Capitole le trophée de la croix et la gloire du martyre.

L'HISTOIRE

(DIX-SEPTIÈME LEÇON)

Messieurs,

Nous savons maintenant comment l'éloquence épuisée se retrempe aux sources chrétiennes. Après l'éloquence, l'histoire surtout avait occupé le génie des anciens. Chez ces peuples, mal persuadés de la vie future, qui cherchaient d'abord l'immortalité de la terre, il y avait deux puissances, les sculpteurs et les historiens; les uns et les autres donnaient la gloire, dérobaient les héros à la fuite des temps, les faisaient rester debout pour l'éternité dans un marbre vivant ou dans une page ineffaçable. Mais précisément parce que l'histoire était un art chez les anciens, comme la sculpture, elle en avait le caractère ; elle cherchait la beauté plus que la vérité, elle aspirait plus à charmer les hommes qu'à les instruire, elle s'attachait à imiter la poésie ou l'éloquence. Hérodote, en décrivant la lutte de l'Asie et de la Grèce, se souvenait d'Homère ; et l'on a donné à ses livres les noms des neuf Muses ; il les lisait aux jeux olympiques au milieu des acclamations de toute la Grèce. Thucydide assiste à ce spectacle, comprend l'impossibilité de lutter contre un tel rival s'il ne s'ouvre une autre voie, et quand il écrit ses livres de l'histoire du Péloponèse, il y insère trente-neuf harangues, toutes de sa composition, qui resteront l'admiration des contemporains et l'objet principal de l'étude et de l'imitation de Démosthènes. Chez les Latins, c'est le même entraînement : Tite-Live, dans les premiers livres de son histoire, fait l'épopée de Rome, et, dans les suivants, nous donne tous les grands spectacles de l'éloquence politique ; Salluste et Tacite prennent les mêmes libertés ; tous manient les événements et le passé avec cette indépendance de Phidias et de Praxitèle mettant le ciseau dans le marbre. Ainsi l'histoire, chez les anciens, est surtout poétique, oratoire ; plus tard, elle cherche à devenir savante, et vous rencontrez des hommes obscurs en comparaison, des hommes comme Denys d'Halicarnasse, Diodore de Sicile, qui s'efforceront de pénétrer dans les antiquités et de remonter aux causes cachées des événements négligées par leurs devanciers; mais toujours un obstacle insurmontable arrêtera ces efforts. C'est que, pour les historiens anciens, emprisonnés dans l'esprit de nationalité, lors même qu'ils écrivent une histoire générale, comme Diodore de Sicile ou Trogue Pompée, tout aboutit à l'apothéose d'un seul peuple. Ils ne s'arrêtent jamais qu'aux causes secondes, politiques et militaires. Voilà pourquoi le plus pénétrant d'entre eux, Polybe, fera admirablement comprendre la supériorité des Romains dans la guerre; mais sans aller au delà, mais sans soulever seulement un coin du voile qui laisserait apercevoir la marche générale de l'humanité. Ainsi chez les anciens l'histoire a deux défauts : elle n'aime pas assez le vrai, et, égarée par l'égoïsme national, elle n'arrive pas à l'intelligence des destinées universelles.

D'ailleurs, à l'époque où nous sommes, au cinquième siècle, l'histoire, à vrai dire, n'est plus : au biographe Suétone ont succédé, au milieu d'une décadence complète, *sciptores rei Augustæ*, et les dernières pages historiques en langue latine se lisent à peine. L'histoire ne se montre vivante que sous la plume d'un soldat, Ammien Marcellin, qui sait peu, qui est païen et, par conséquent, qui ne peut plus suivre que d'un œil troublé le cours des événements, mais qui écrit en homme de cœur, et qui, appelé à lire son livre devant la noblesse romaine, la força d'applaudir à la flétrissante peinture de ses vices. C'est là le dernier écho des applaudissements d'Olympie, la dernière imitation de ce triomphe des historiens anciens : à Hérodote, à Thucydide a succédé un soldat sans nom, sans génie, et qui n'a pour lui, dans ces temps mauvais, que l'honneur d'un peu de probité.

Mais l'histoire devait renaître par le christianisme, renaître nécessairement, parce que le christianisme était une religion historique opposée à des religions fabuleuses, et il lui importait de rétablir, de reconstituer l'histoire pour trois motifs : pour dissiper les fables dont les peuples entouraient leur berceau, et dont il était encore tout épris ; pour répondre au reproche de nouveauté qu'on adressait tous les jours aux chrétiens; car, rattachant le Nouveau Testament à l'Ancien, il remontait ainsi par Moïse jusqu'aux origines du monde; et enfin pour renouer les liens rompus de la société humaine et mettre en lumière les desseins providentiels de Dieu, qui aboutissaient, non plus à la supériorité nécessaire, impérissable, d'une seule nation, mais au salut et à la rédemption commune du genre humain. Ainsi, par opposition à l'histoire chez les anciens, qui péchait en s'attachant à la beauté de préférence, et en se fixant dans les étroites limites de la nationalité, l'histoire que le christianisme a voulue dut être d'abord vraie, et ensuite, autant que possible, universelle. Ce sont ces deux caractères que nous allons retrouver et poursuivre dans les différentes formes que va prendre l'histoire chez les écrivains chrétiens du cinquième siècle.

On s'est plu à jeter du doute sur l'antiquité chrétienne ; on l'a représentée sans livres, sans monuments, n'ayant que des traditions incertaines. Le christianisme est une religion de tradition, mais aussi une religion d'écriture. Les apôtres et leurs disciples écrivent. Il en est de même des évêques des trois premiers siècles : chaque église a ses archives qu'elle ne soustrait pas toujours aux persécuteurs. Actes des martyrs, canons des conciles, voilà les sources d'où sort l'histoire ecclésiastique à l'époque où nous nous plaçons.

A ce moment nous trouvons l'histoire, pour ainsi dire, décomposée, réduite à ses éléments ; mais, du sein de cette décadence, sortira une recomposition ; les éléments sont séparés, mais ils attendent l'esprit qui doit les réchauffer et les réunir. Nous allons rencontrer, chez les écrivains distincts et très-différents, ces trois formes des études et des travaux historiques : d'une part, les chroniques, qui rétablissent l'ordre des temps ; en second lieu, les Actes des saints, qui font vivre les plus belles figures des âges nouveaux ; en troisième lieu, les premiers essais d'une philosophie de l'histoire, qui déroule toute la suite du plan divin pour pénétrer plus profondément que la vie même, et arriver à l'idée qui préside à la succession des temps et des hommes, embrasse et soutient tout cet ensemble de choses passagères qui ne seraient pas dignes un instant ni de l'attention pour les suivre, ni des efforts de la mémoire pour les retenir, si, au delà de cette foule de siècles qui se pressent derrière nous, devant nous, ne se plaçait l'idée d'une puissance invisible, qui les pousse, les soutient, marche et fait tout marcher.

Je dis que d'abord nous rencontrons les chroniques. C'est là un fait nouveau. Sans doute les anciens avaient eu quelques chroniques, telles que celles d'Ératosthène et d'Apollodore ; mais chez eux cette tentative fut tardive et insuffisante : le calcul des temps, l'art de vérifier les dates, ne fut jamais poussé bien loin ; la critique historique n'était pas le caractère dominant du génie de l'antiquité. Je ne nie pas cependant des efforts pour préciser le temps et le lieu de certains événements ; ceux de Polybe, par exemple, pour arriver à l'étude particulière de certaines causes ; mais jamais ces efforts n'ont été étendus à l'universalité des destinées humaines.

Les premiers apologistes du christianisme, Justin, Clément, Tatius, avaient insisté d'abord, et non sans motifs, sur l'antiquité de Moïse et la supériorité de sa sagesse, si supérieure à la sagesse des héros et des sages de la Grèce. Jules Africain écrit une Chronographie du commencement du monde à l'empereur Héliogabale ; saint Hippolyte, dans un livre sur la Pâque, donne une chronologie jusqu'à la première année d'Alexandre Sévère et un cycle pascal pour la célébration de la fête de Pâques, calculé pour seize ans. La même pensée occupe Eusèbe, qui entreprend une histoire universelle (1), traduite et augmentée par saint Jérôme ; il s'applique à concilier les deux chronologies profane et sacrée, les plaçant, pour ainsi dire, côte à côte, et les faisant marcher de front.

D'abord, pour y parvenir, il fallait trouver un point de départ immobile et commun : avec beaucoup d'habileté, Eusèbe choisit la quinzième année de l'empire de Tibère, qui est celle de l'origine du christianisme, et de là, remontant à l'ère des olympiades et à l'ère assyrienne, il compte deux mille quarante-quatre ans jusqu'à Ninus. Puis, à l'aide des livres saints, il compte également deux mille quarante-quatre ans depuis la quinzième année du règne de Tibère jusqu'à Abraham. Voilà donc un point de départ et un point d'arrivée communs entre ces deux antiquités, une possibilité de rétablir l'accord entre ces deux passés qui semblaient éternellement ennemis. En effet, Eusèbe, ou plutôt saint Jérôme, qui traduit, corrige et complète son livre, s'attache à recueillir scrupuleusement toutes les listes des rois d'Assyrie, d'Égypte, de Lydie et des différentes villes de la Grèce ; celles

(1) Παντιδαπὴ ἱστορία.

des rois, des dictateurs et empereurs romains ; celles des patriarches, des juges, et des rois juifs, en relevant exactement le nombre de leurs années. Cette première partie de son livre, qui n'en est qu'une préparation, ne présente absolument que des noms et des nombres. Mais, ces éléments pour ainsi dire mathématiques de l'histoire étant donnés, il entre en possession de son vaste domaine, et alors s'ouvrent, à proprement parler, ces tables synchroniques, rangées par décades d'années, où, de dix en dix ans, il marque les rois et les chefs de différentes nations, depuis Ninus et Abraham jusqu'à Constantin. C'est un admirable essai, une grande hardiesse, en présence des informes tentatives de l'antiquité. On voit d'abord se présenter de front les Assyriens et les Hébreux, les rois de Sicyone et ceux d'Égypte. Peu à peu le tableau s'élargit ; d'autres nations arrivent à la lumière et à la vie ; ce sont les Argiens, les Macédoniens, les Athéniens, les Lydiens, les Perses, les Mèdes, et enfin les Romains. Mais bientôt l'avénement de ce peuple est le signal de la retraite des autres ; aux temps anciens, les Tables indiquent, à côté des Romains, les Hébreux et les Grecs, puis les Grecs disparaissent avec la liberté de Corinthe, puis les Hébreux avec la ruine de Jérusalem par Titus ; enfin les Romains seuls remplissent la page, envahissent et dévorent l'espace occupé d'abord par d'autres peuples.

Les commencements du christianisme se confondent ici avec l'histoire romaine, et c'est sous ces indications que se trouveront les persécutions, les martyrs, le principe et la succession des hérésies ; car le plan d'Eusèbe et de saint Jérôme ne néglige pas l'histoire de la pensée humaine, et, à côté des noms des rois et des événements qui ont signalé la destinée des peuples, sont relevés soigneusement les poëtes, les philosophes et tous ceux qui sont venus apporter à l'humanité leurs lumières ou lui donner leur sang.

Ainsi ces deux grands buts de l'histoire, l'universalité tout d'abord, ensuite la vérité, sont atteints autant que possible dans ce premier effort pour fonder une science que toute l'érudition bénédictine du dix-septième et du dix-huitième siècle n'a pas encore achevée.

Un si grand exemple devait susciter des imitateurs. Saint Jérôme avait continué la chronique d'Eusèbe, de 325 à 328 ; Prosper d'Aquitaine, théologien et poëte, la continua jusqu'en 444 ; l'évêque espagnol Idace, de son côté, au fond de la Galice, où il était relégué, aux extrémités du monde et au milieu des barbares, continue la chronique jusqu'en 469. Il y mêlait dans des termes bien courts, mais tout remplis des larmes de son temps, la tristesse de cette ruine universelle, et il marque avec terreur les derniers coups qui achèvent d'ébranler l'empire et qui semblent aussi, un moment, devoir emporter l'Église.

Il raconte avec sa brièveté pour ainsi dire funéraire comment, après les dévastations des provinces espagnoles par les barbares, après que la famine et la peste furent venues compléter l'ouvrage de l'épée, comment les bêtes féroces, sorties de leurs solitudes, pénétraient dans les villes, et, enhardies par les morts qu'elles avaient dévorés, s'attachaient aux hommes vivants et venaient leur livrer les derniers et les plus terribles combats.

Ces chroniques ne manquent donc pas d'intérêt dans leur précision même; cependant ce qui domine en elles, c'est la brièveté et la sécheresse. Elles enregistrent les événements pour eux-mêmes, sans préoccupation des larmes qu'ils peuvent tirer des yeux des hommes; elles conservent pour ainsi dire un caractère monumental : on écrit sur le papyrus, qui va devenir si rare, comme on écrivait sur le marbre et sur l'airain.

On était arrivé à une époque où l'histoire telle que les anciens l'avaient conçue était impossible. Il n'y avait pas de main assez courageuse pour reprendre la plume de Tacite ou de Tite-Live; la plume de Prosper d'Aquitaine ou d'Idace devait paraître plus légère, et il n'y aura pas de monastère si dénué d'hommes intelligents qui ne trouve au moins un moine pour écrire, année par année, la mort des hommes illustres contemporains, les événements qui ont porté la joie ou le deuil dans la contrée. Ce sera en peu de mots, en entremêlant avec une singulière confusion les chagrins particuliers du moine rédacteur et les douleurs de l'humanité : ainsi on trouvera, dans je ne sais quelles annales franques, à l'année 710 : « Frère Martin est mort; » le frère Martin était probablement le frère de cœur de ce pauvre moine.

Quelques années après, Charles Martel bat les Sarrasins dans les champs de Poitiers, et cet événement est consigné dans ces annales avec la même brièveté. C'est en se resserrant de la sorte, en se faisant petite, que l'histoire arrivera à passer à travers les difficultés des temps, comme le grain qui trouve toujours un vent assez fort pour le porter où Dieu l'envoie.

Voilà la première forme de l'histoire et le premier bienfait qui en résulte. Cependant il faut convenir que si la chronique devait rester seule, toute beauté, tout sentiment d'art périrait dans l'histoire, et que toute vie semblerait s'y éteindre. Mais ce n'est pas là l'intérêt du christianisme, qui, au contraire, a toutes les raisons du monde de montrer ce qu'il y a de plus vivant dans l'homme, le combat de l'esprit et de la chair, les luttes des passions, et enfin l'idéal même de la vie dans la personne des saints. C'est pourquoi les chrétiens s'attachent à écrire longuement, avec respect et amour, la vie de ceux d'entre eux qui auront laissé de grands exemples et qui auront semé dans le monde une parole régénératrice ou un sang fécond. Voilà pourquoi, dès les premiers siècles, les actes des martyrs deviennent une partie du culte qu'on leur rend et sont lus publiquement à leurs fêtes. Voilà pourquoi aussi, dès les premiers temps, on voit dans l'Église romaine, sous les papes saint Clément, saint Anthère, saint Fabien, des *notarii*, c'est-à-dire des sténographes chargés de recueillir les actes des martyrs, qui étaient parfois des procès-verbaux achetés aux greffiers. Ce sont là les premiers fondements de l'hagiographie chrétienne, fondements solides : car ces procès-verbaux, lorsqu'on s'arrête à ceux dont l'authenticité est bien établie, ne laissent aucune place à l'interpolation. La brièveté, la simplicité, la sobriété des détails, attestent la fidélité de celui qui les a recueillis. A cette classe de monuments appartiennent les actes du martyre de sainte Perpétue, la lettre de l'Église de Lyon sur ses martyrs, et cette autre admirable lettre de l'Église d'Asie qui contient le récit de la mort de saint Polycarpe; tels sont aussi les actes de saint Cyprien. C'est un procès-verbal qui, ce semble, aurait pu être celui du greffier païen attaché au tribunal du proconsul, tellement toute réflexion et toute parole de commisération semblent être bannies ! Cependant, à la vérité, à la fidélité avec laquelle sont exprimées la grandeur du martyre, toute l'émotion et toute la pitié de ceux qui l'environnent, on reconnaît bien une main chrétienne, fidèle, incorruptible, qui n'a rien négligé pour faire vivre l'histoire et lui donner cette couleur, cette beauté que nous avions crues tout à l'heure pour toujours absentes. Voici, par exemple, comment le rédacteur des actes retrace l'interrogatoire de saint Cyprien :

Galère Maxime, proconsul, dit à l'évêque Cyprien : « Tu es Thascius Cyprianus? » — Cyprien « répondit : « Je le suis. » — Galère Maxime dit : « C'est toi qui t'es donné pour évêque à des « hommes d'un esprit sacrilége? — C'est moi. » « — Le proconsul dit : « Les très-sacrés empereurs « ont ordonné que tu sacrifierais. « — L'évêque « Cyprien répondit : « Je ne le ferai point. » — « Galère Maxime dit : « Songe à te sauver. » — « L'évêque Cyprien répondit : « Fais ce qui t'est « commandé ; dans une cause si juste, il n'y a pas « à délibérer. »

Tout le monde peut jurer que ces paroles sont écrites sous la dictée même de ceux qui les prononcèrent ; rien n'a été ajouté pour donner carrière au sentiment du rédacteur : aucune de ces injures contre le proconsul ou l'empereur, que l'on aurait pu attendre de la part d'un hagiographe des temps barbares ; c'est bien là l'austérité et la dignité du christianisme primitif.

Le juge ému prononce la sentence, et la foule des frères qui entourait l'évêque disait : « Et nous « aussi, qu'on nous décapite avec lui. » On le conduit au lieu du supplice, entouré de diacres et de fidèles, et déjà ils étaient si nombreux, que les persécuteurs commençaient à trembler. Il fallait cependant qu'il subît sa peine ; mais on le laisse entouré de tous ceux qui le regardaient comme un père, et tout à l'heure comme un saint. Il quitte son manteau et sa dalmatique, il ordonne qu'on remette vingt-cinq pièces d'or à son bourreau. Les frères lui offrent des linges, et, comme il ne pouvait se bander les yeux, un prêtre et un sous-diacre les lui bandèrent, et il mourut avec toute la dignité et toute la majesté d'un prince entouré de son peuple. Quand la nuit est venue, c'est avec des torches, avec des chants, avec toute la pompe d'un triomphe qu'il est porté au lieu de son repos. Dans tout ceci respire la vie de cette vieille et puissante Église de Carthage, qui déjà, dès le troisième siècle, s'était rendue redoutable aux païens.

Jusqu'ici la certitude est absolue ; viennent ensuite d'autres récits qui présentent les mêmes garanties : ce sont les vies de quelques hommes illustres à tout jamais, comme celles de saint Ambroise, de saint Augustin, de saint Martin de Tours, écrites par leurs disciples, leurs amis, par les compagnons de tous leurs travaux : saint Paulin, Possidius, Sulpice Sévère.

Mais à l'époque des martyrs et des Pères succède celle des anachorètes. L'éloignement du désert, la distance des temps, les récits transmis de bouche en bouche, permettent dès lors à l'imagination de s'introduire dans l'histoire et d'y mêler la poésie. Ces récits de la solitude charmèrent l'âme de saint Jérôme, et il entreprit un jour de les recueillir, d'en former un ensemble et comme toute une suite de tableaux chrétiens. On ignore s'il put remplir son dessein, mais trois de ces vies nous sont restées : celles de saint Paul, de saint Hilarion et de Malchus. Je m'arrête seulement à la première pour vous donner une idée de ces récits qui devaient peupler la Thébaïde, et qui, se répétant dans tout l'Orient et l'Occident, allaient agiter les âmes désireuses de paix, de repos et de sacrifices.

Saint Jérôme raconte cette histoire merveilleuse, que, sous le règne et la persécution de l'empereur Valérien, un jeune chrétien, vivant dans une ville de la basse Thébaïde, âgé de seize ans, et recueilli chez sa sœur, craignant le fanatisme de son beau-frère païen, menacé chaque jour, avait fini par abandonner la maison hospitalière pour aller chercher un asile dans les montagnes. Après avoir longtemps erré, il avait enfin pénétré dans un lieu où un rocher presque inabordable offrait une ouverture par où on entrait dans une chambre intérieure assez spacieuse, taillée dans le roc, à ciel découvert ; d'ailleurs un vaste palmier avait étendu ses rameaux au-dessus de la caverne et formait comme un toit ; au pied de l'arbre coulait une onde claire et rafraîchissante. Paul s'arrêta là, fit de ce lieu son séjour et y vécut jusqu'à l'âge

de cent treize ans, ce qui n'est point sans exemple,
avec cette sobriété de vie et ces mœurs de l'Orient.
Il touchait à sa dernière heure, lorsque, à quelques journées de là, dans ces mêmes solitudes de
la Thébaïde, l'anachorète Antoine, qui avait quatre-
vingt-dix ans, et servait Dieu dans le désert depuis
longues années, eut un jour une tentation et se
prit à penser qu'il était peut-être bien le moine
le plus ancien et le plus parfait qui fût dans le
monde. Mais, la nuit suivante, un avertissement
d'en haut lui vint d'aller chercher un moine plus
ancien et plus parfait que lui, et la direction qu'il
devait prendre pour le trouver lui fut marquée.
Le lendemain, Antoine se mit en route, et ce
vieillard, déjà tout courbé sous les années, s'avan-
çant péniblement plié sur son bâton, sous le poids
d'une chaleur accablante pendant quatre jours et
quatre nuits, finit par tomber exténué à la porte
d'une caverne creusée dans le roc; il heurta assez
fort pour que Paul, qui était dedans, l'entendît et
se présentât sur le seuil. Après quelques difficultés
pour ouvrir cette porte infranchissable qui défendait sa solitude, Paul se décida cependant; il intro-
duisit auprès de lui l'anachorète Antoine, et,
voyant pour la première fois depuis si longtemps
un autre homme, lui demanda si, dans les villes,
on continuait toujours à élever des toits à côté
d'autres toits, si les anciens empires étaient toujours debout et si les autels des faux dieux fumaient

encore. Et, lorsque Antoine l'eut satisfait sur tous ces points, il eut faim, et alors un corbeau s'abattit sur le palmier, apportant un pain cuit sous la cendre, et Paul dit à Antoine. « Reconnaissez la « Providence de Dieu : jusqu'ici, chaque jour, je « recevais la moitié d'un pain, aujourd'hui la « Providence a prévu que nous serions deux pour « rompre ce pain, et elle m'envoie un pain entier. » Ensuite Paul découvrit à Antoine qu'il avait connu et attendu sa venue, « car l'heure de mon départ « de ce monde est arrivée, et tu n'es venu ici que « pour prendre soin de ma sépulture. » Et il lui demanda de l'ensevelir dans le manteau que saint Athanase lui avait donné. Antoine se remit en route pour aller le chercher dans sa cellule, et il se mit à dire : « Malheureux que j'étais! j'ai vu « Élie, j'ai vu Jean dans le désert, j'ai vu Paul « dans le paradis. » Et, ayant pris le manteau d'Athanase, il retourna vers la demeure du solitaire, mais, lorsqu'il arriva, Paul venait d'expirer : il était prosterné en prières, tel que la mort l'avait surpris, mais l'âme n'y était plus. Et alors Antoine songeait à l'ensevelir, mais comment pouvait-il ouvrir la terre? Il attendait donc avec désespoir, résigné à mourir plutôt que de l'abandonner en proie aux bêtes féroces, lorsque deux lions parurent, et Antoine ne se troubla pas plus que si c'eussent été deux colombes. Ils creusèrent une fosse, puis après vinrent lécher les pieds d'Antoine, et Antoine,

les prenant en pitié, s'écria : « Seigneur, sans la
« volonté duquel la feuille ne se détache point de
« l'arbre, et le passereau ne tombe pas à terre,
« donne à ceux-ci ce que tu sais leur convenir. »

Après avoir ainsi béni les lions, il les congédia,
emportant, pour toute dépouille, la tunique de fil
de palmier que Paul avait faite pour lui, et qu'il
revêtit désormais par honneur aux jours de grande
fête, à Pâques et à la Pentecôte.

Ne nous étonnons pas de la naïveté de ce récit :
un grand esprit comme Jérôme pouvait croire à la
supériorité reconquise de l'homme sur la création;
il pouvait croire au rétablissement de cet empire
qui avait été donné au premier père sur toutes les
créatures, à cet ordre primitif dans lequel tout ce
qui vivait dans le monde n'était fait que pour servir
les volontés du maître du monde, à cette réconciliation de toutes choses dans le christianisme; et
nous voilà, dès à présent, en plein moyen âge ;
nous voilà dans ces pensées, dans ces inspirations
fortes et grandes qui feront le courage, l'ardeur
et la toute-puissance des hommes des temps barbares. En effet, ce que Paul faisait dans le désert,
c'est ce que la légende racontera de saint Gall,
apaisant les ours des Alpes, ou de saint Colomban,
attirant autour de lui les bêtes des forêts des Vosges,
ou de saint François d'Assise, lorsqu'il traversait
les plaines de l'Ombrie et que les agneaux et les
hirondelles le poursuivaient comme pour recueillir

sa parole, tandis que les loups reculaient devant lui. Il fallait bien cette conviction à des hommes qui avaient à vaincre des peuples plus terribles que les loups, et je m'étonne moins de voir des lions soumis, qui viennent creuser la fosse de l'anachorète Paul, que de voir, un peu plus tard, à la voix de ces missionnaires et de ces moines, les plus indépendants, les plus vindicatifs et les plus implacables de tous les hommes, habitués à ne servir aucun maître, à ne prendre conseil que de leur épée, à ne jamais pardonner une injure, ces hommes, moins maniables mille fois que les lions et les bêtes féroces, réduits à obéir, et, ce qui est plus encore, à pardonner.

Voilà donc les premiers commencements de ce qui remplira le moyen âge, de ce qui fera, en quelque sorte, comme les deux moitiés de tout le travail historique : d'une part, la chronologie ou la vérité tout entière, mais aride, sèche, dépouillée, et, d'autre part, la légende où la vie, la couleur, l'âme, le mouvement de l'histoire se trouvent, mais où souvent aussi la poésie a pris ses libertés.

Reste maintenant à pénétrer plus loin : car, si les anciens se contentaient d'obtenir dans l'histoire une certaine vérité approximative des faits et une certaine beauté de couleur et de mouvement, les temps chrétiens ont plus d'ambition, et ils sont dévorés de ce besoin de connaître les causes qui poursuit les grandes âmes, les âmes fermes et spiritualistes. Car les causes premières sont immatérielles, et les temps matérialistes se contentent de connaître les faits, toujours les faits, rien que l'observation des faits. Les temps spiritualistes veulent aller aux causes, parce qu'elles planent au-dessus des faits; en un mot, parce qu'elles sont esprit.

Les anciens n'avaient rien connu de pareil. Contents de recueillir les faits et les causes visibles, ils ne s'élevaient pas à ces causes supérieures et invisibles qui gouvernent toutes choses. Ils avaient fait peu d'efforts pour constituer la philosophie de l'histoire. Sans doute, ce besoin de rattacher toute chose à un principe supérieur ne les avait jamais entièrement abandonnés, et Hérodote lui-même, quand il montre la chute des empires, laisse apercevoir je ne sais quelle puissance mystérieuse, qu'il appelle τὸ θεῖον, qui a une secrète jalousie contre ce qui s'élève, et, tôt ou tard, rabaisse les grandeurs d'ici-bas quand elles sont devenues trop hautes. Voilà toute la philosophie de l'histoire d'Hérodote.

Ceux qui viennent après lui expliquent bien moins encore la succession des événements. Le christianisme avait donc sur ce point un effort à faire, et alors comme toujours il fallait de grands faits pour produire une grande inspiration. Je ne crois pas qu'il puisse dans le monde se passer un événement éclatant qui ne produise un livre impérissable, mais ce n'est pas toujours celui qu'on attend. Ainsi la bataille d'Actium, selon moi, c'est l'*Énéide;* l'*Énéide*, qu'elle a inspirée, est sortie comme Vénus des flots de la mer toute resplendissante de beauté.

Un autre événement, le plus grand depuis la bataille d'Actium, venait de se passer dans le monde : Alaric était entré dans Rome ; les barbares avaient campé trois jours dans ses murs. C'était dans les annales du monde la plus formidable chose que l'histoire eût à raconter : il n'y eut cependant pas une élégie faite pour pleurer sur les feux de ces barbares allumés au pied du Capitole; il n'y eut pas un orateur, il n'y eut pas une âme romaine pour protester dignement, au moins le troisième jour, quand Alaric était parti, et qu'il n'y avait plus de péril; non, il n'y eut pas un disciple de Symmaque ou de Macrobe, il n'y eut pas un seul de ces rhéteurs païens, qui excellaient dans l'art de la parole, pour faire entendre au monde une éloquente protestation. Le cri que doit arracher à l'humanité ce grand et terrible spectacle allait être poussé en Afrique ; et le livre qui devait sortir de la prise de Rome par Alaric, c'était la *Cité de Dieu;* la *Cité de Dieu*, c'est-à-dire la philosophie de l'histoire, ou le premier effort pour la produire. Il ne fallut rien moins que cette grande secousse pour que le monde prît garde à la main souveraine et toute-puissante qui le remuait ainsi.

Les Goths, en pénétrant dans Rome, avaient mis le feu aux jardins de Salluste, avaient brûlé une partie de la ville et s'étaient arrêtés, remplis de respect et de terreur (car ils étaient chrétiens quoique ariens) devant la basilique des saints apôtres ; ils avaient respecté les fidèles qui y gardaient les vases sacrés, respecté le cortége de fidèles et d'infidèles réunis sous l'égide de ces reliques des saints pour chercher la vie et la liberté dans le temple. Cependant ces humiliations imposées à la ville éternelle avaient déchaîné les colères des païens, et plusieurs même de ceux qui avaient trouvé leur salut au tombeau de Pierre et de Paul reprochaient au christianisme la ruine de Rome, et demandaient aux chrétiens où donc était leur Dieu, et pourquoi il ne les avait pas protégés ; pourquoi il avait laissé confondre les bons avec les méchants dans la même ruine ; comment il n'avait pas sauvé les justes de la spoliation, de la mort, de la captivité, et comment il avait abandonné leurs vierges mêmes au déshonneur entre les mains des barbares.

Voilà les plaintes et les cris qui vinrent, avec une multitude de fugitifs, troubler Augustin jusque dans le repos d'Hippone ; voilà les clameurs auxquelles, dans un jour de génie, il prit la résolution de répondre.

Il répondit en montrant aux païens, dans les

malheurs de Rome, les conséquences accoutumées de la guerre, mais en leur faisant voir aussi l'intervention du christianisme dans cette puissance qui avait effrayé et dompté les barbares au jour même de leur victoire, et triomphé de leur souveraine liberté. A cette question : Pourquoi les mêmes malheurs ont-ils atteint les justes et les pécheurs, il répondit que ces malheurs pour les uns étaient une épreuve et pour les autres un châtiment. « C'est, leur dit-il, comme la boue et le baume
« qu'une même main agite, et dont l'une exhale
« une odeur fétide, l'autre un parfum excellent. »
D'ailleurs il importe peu de savoir quel est celui qui souffre, mais quelle âme il porte à la souffrance; *non quis, sed qualis*. Car le chrétien ne connaît d'autre mal que le péché, et la captivité qui ne déshonora pas Régulus pourrait-elle déshonorer un front marqué au caractère du Christ? Beaucoup sont morts sans doute : mais quel était celui qui ne devait pas mourir? Et quant à ceux dont les corps sont restés sans sépulture, l'œil de Dieu saura les retrouver quand viendra le jour de la résurrection. Augustin console aussi les vierges déshonorées, et se retournant vers les païens : « Ce
« que vous regrettez, leur dit-il, ce n'est pas cette
« paix où vous useriez des biens temporels avec
« sobriété, piété, tempérance ; c'est celle où vous
« poursuivriez à force de profusions des voluptés
« inouïes et qui ferait sortir de la corruption de

« vos mœurs des maux pires que toutes les fureurs
« des ennemis. »

Après cette introduction, après cette triomphante invective contre les amis et les défenseurs de ces faux dieux que les païens de tous les temps ont toujours regrettés ou demandés, Augustin entre dans la discussion, et d'abord il confond ces doctrines du monde païen et de Rome en particulier qui expliquait sa destinée par la puissance de ses dieux ; il entreprend de prouver que ces dieux ne pouvaient rien, ni pour la vie présente, ni pour la vie éternelle.

Les dieux de Rome ne lui ont épargné ni les crimes, ni les malheurs. Les crimes, ils lui en ont donné l'exemple, toute la mythologie n'est pleine que des récits de leurs honteuses actions, et l'infamie des dieux a souvent passé dans les cérémonies de leur culte. Ces exemples, Rome ne les a-t-elle pas suivis par l'enlèvement des Sabines, la ruine d'Albe, les luttes fratricides des deux ordres, les guerres civiles, les proscriptions, l'affreuse corruption de ses mœurs ? Les dieux qui ont laissé périr Troie ne pouvaient pas sauver Rome. Rome ne les honorait-elle pas lorsqu'elle fut prise par les Gaulois, humiliée aux Fourches Caudines, vaincue à Cannes ; Sylla fit mourir plus de sénateurs que les Goths n'en ont dépouillé, et cependant les autels étaient chauds, l'encens d'Arabie y fumait, les temples avaient leurs sacrifices ; les jeux, leur foule en délire, et le sang des citoyens coulait jusqu'aux pieds de ces dieux impuissants à les sauver.

Puis, s'appuyant sur l'autorité de Cicéron, il arrive à cette conclusion, que Rome n'avait jamais connu la république ; car la république (c'est la définition de Cicéron) n'est autre chose que l'association d'un peuple pour l'accomplissement de la justice et pour la satisfaction de ses légitimes besoins. Or Rome ne connut jamais cette justice sans tache et cette satisfaction des besoins légitimes, c'est-à-dire des besoins spirituels ; elle a frustré son peuple de la nourriture des âmes.

On ne peut trop admirer la hardiesse de cet Africain qui refait à sa manière l'histoire romaine, et n'y trouve que forfaits et châtiments. Cependant il est trop éclairé pour n'y pas voir aussi la vertu et la gloire. Expliquant les causes de la grandeur de Rome, il la rattache au plan divin ; car le Dieu vrai et souverain qui a mis l'ordre non-seulement au ciel et sur la terre, mais dans les organes du plus imperceptible insecte, dans la plume de l'oiseau et la fleur de l'herbe, ne pouvait pas laisser échapper aux lois de sa providence la conduite des peuples et le sort des empires. Sa justice éclate dans le gouvernement du monde, en particulier dans la destinée de Rome. Les vieux Romains ne respiraient que pour la gloire, ils l'aimèrent avec une ardeur infinie : « Pour elle ils voulurent vi-

« vre, pour elle ils n'hésitèrent pas à mourir ; par
« cette passion toute-puissante ils étouffèrent les
« autres passions. Et trouvant honteux de servir,
« glorieux de dominer, ils firent tout pour rendre
« leur patrie d'abord libre, ensuite maîtresse du
« monde... » Dieu donc voulant fonder en Occident un grand empire, afin que toutes les nations soumises à une même loi finissent par ne former qu'une seule cité, Dieu ayant besoin d'une race forte pour dompter les belliqueuses nations de l'Occident, fit choix des Romains, récompensant ainsi d'un prix terrestre d'imparfaites vertus. « Ils
« avaient dédaigné leur intérêt pour l'intérêt pu-
« blic, pourvu au salut de la patrie avec une âme
« libre, exempte des crimes que leurs lois flétris-
« saient ; par tous les moyens ils cherchaient
« l'honneur, la puissance, la gloire. Dieu qui ne
« pouvait leur donner la vie éternelle, voulut
« qu'ils fussent honorés par toutes les nations ; ils
« ont soumis à leur empire un grand nombre de
« peuples ; leur gloire, éternisée par l'histoire et
« les lettres, remplit presque toute la terre : ils
« n'ont pas à se plaindre de la justice divine, ils
« ont reçu leur récompense. »

Les dieux du paganisme ne peuvent rien pour l'éternité. Toute doctrine qui explique les temps doit se rattacher à l'éternité. L'histoire ne doit pas recueillir seulement les événements politiques et militaires, mais les événements de la pensée, les révolutions de l'esprit humain. C'est ce que fait Augustin en examinant les principes et les transformations du paganisme. Suivant alors Varron dans ses trois théologies poétique, civile et physique, il confond toute tentative pour sauver les faux dieux par l'allégorie; car tout l'effort de l'allégorie ne justifie pas un symbolisme obscène et sanguinaire. Parmi les philosophes, Socrate, Platon, les néo-platoniciens, ont entrevu la vérité, mais ils ne l'ont pas glorifiée. Ils ont réhabilité la pluralité des dieux, la théurgie, la magie : toutes les erreurs ont trouvé des sectateurs dans les disciples de l'école d'Alexandrie qui, vaincus enfin par le sentiment de leur impuissance, ont avoué avec Porphyre « qu'aucune secte n'avait encore trouvé « la voie universelle de la délivrance des âmes. »

Après avoir établi l'impuissance du paganisme, il est temps d'exposer la philosophie nouvelle que le christianisme porte dans l'histoire.

Dieu veut des êtres intelligents, il les veut en société; il les veut bons, mais il en prévoit de mauvais. Il ne les fait pas mauvais, mais il les souffre. Il ne les souffrirait pas s'ils ne servaient à l'utilité des bons et à faire de l'ordre du monde comme un poëme où le contraste produit la beauté. De là deux cités. « Deux cités ont été bâties
« par deux amours : la cité de la terre par l'amour
« de soi poussé jusqu'au mépris de Dieu, la cité
« du ciel par l'amour de Dieu poussé jusqu'au

« mépris de soi. » Les deux cités sont entrelacées pour ainsi dire et confondues dans la vie, et les pèlerins de la cité de Dieu voyagent à travers la cité des hommes.

Les patriarches, le peuple juif, les justes, représentent la cité de Dieu. Celle de la terre est pressée de s'attacher ici-bas. Caïn bâtit la première ville, Babylone. Romulus, fratricide comme Caïn, bâtit Rome. Babylone est la première Rome, Rome est la seconde Babylone ; deux grands empires, dont l'un commence quand l'autre finit. Même durée, même puissance, même oubli de Dieu. Saint Augustin résume toute l'histoire dans un tableau synchronique où il mène de front les Assyriens, les Juifs, les rois de Sicyone et d'Argos, et il continue jusqu'à l'avénement du Christ et aux progrès de l'Évangile. La cité de Dieu va grandissant encore, elle n'a pas péri à ce délai fatal de trois cent soixante-cinq ans que lui avaient fixé les païens, et qui finissaient en 399, année où les temples des dieux furent fermés à Carthage.

Le problème de la fin de l'homme avait partagé les philosophes en deux cent quatre-vingt-huit sectes. Mais toutes cherchent cette fin dans la vie présente. Le christianisme la met dans la vie future. Il prouve contre les épicuriens le vide des plaisirs terrestres, contre les stoïciens l'insuffisance des vertus humaines. L'homme est né pour la société, mais la justice sociale n'est jamais complétement réalisée ici-bas. Il faut donc un jugement qui sépare les deux cités, l'une pour la perte, l'autre pour le salut. Dieu s'est réservé le secret des temps; mais on peut comparer la durée du monde à une semaine, le sixième jour où nous sommes aboutit au sabbat éternel, qui n'est pas le repos inactif, mais le repos dans l'intelligence et dans l'amour.

Voilà l'analyse bien rapide et bien incomplète de ce livre étonnant, désordonné, qui, au premier abord, effraye par ses répétitions, par ses lacunes, par tout ce qui y manque et par tout ce qui s'y trouve de trop, auquel saint Augustin travailla dix-huit ans au milieu de tous les labeurs de son épiscopat, avec des interruptions incroyables, n'ayant plus sous la main les dix premiers livres pendant qu'il faisait les douze autres, condamné, par conséquent, à d'inévitables redites. Et cependant, quand on pénètre dans ce désordre apparent, quel ordre merveilleux n'y trouve-t-on pas! quelle prévision! quelle force d'intelligence! quelles lumières! Il ruine toute l'explication des destinées du monde par la doctrine païenne, et il fonde une doctrine nouvelle qui introduit la philosophie dans l'histoire. C'est dans la métaphysique, dans les questions ardues de la Providence, de la liberté, de la prescience, de la fin naturelle des choses, c'est là, dans ces mystères, qu'il cherche le secret des affaires humaines, le secret de ce que nous croyons n'être conduit que par nos passions. Là où nous ne voyons que nous-mêmes et où nous pensons remplir le monde, il nous fait voir petits et presque effacés, absorbés par Dieu, qui nous maîtrise, nous domine, nous enveloppe : l'homme a beau s'agiter, on sent bien que Dieu le mène.

Quoi que saint Augustin ait fait, il se reproche de n'avoir pas fait assez; il n'est pas satisfait de son œuvre; il aurait voulu entreprendre un traité complet d'histoire universelle. Ce dessein, qu'il n'a pu réaliser, il le lègue au prêtre espagnol Paul Orose. Je ne vous présenterai pas l'analyse de l'histoire de Paul Orose, qui a eu sa célébrité, et où l'on trouve un véritable talent, quelquefois ce souffle inspiré du génie espagnol. Mais que Paul Orose est loin de la prudence, de la modération, de la fermeté contenue de saint Augustin ! A quelles illusions souvent il donne accès ! Lorsqu'il voit, par exemple, l'empire de la mort diminuer dans le monde à mesure que le christianisme s'étend, l'ère de sang cesser avec l'Évangile, il annonce que, lorsque le christianisme sera maître dans l'Europe, le sang ne coulera plus jamais. Il se plaît à constater la paix momentanée dont jouit l'empire; il la voit éternelle; il croit que les Goths et que les Vandales vont consentir à se faire les premiers soldats de César. Cependant il a quelquefois des vues admirables, des aperçus qui étonnent par leur témérité et leur justesse. C'est ainsi qu'il parle de la vocation des barbares au christianisme :

cet homme, qui est très-Romain, qui l'est au moins autant, plus même que saint Augustin, déclare que si, au prix des invasions, au prix de toutes les horreurs qu'il a fallu subir, au prix de la captivité, de la mort et des infamies sans nombre ; si, à ce prix, il voit les Burgondes, les Huns, les Alains, les Vandales, sauvés pour l'éternité, il rend grâces à Dieu et se félicite d'être né dans ces jours. Voyez comme le sentiment chrétien triomphe du sentiment romain dans ce désir de faire de ces barbares des néophytes, de les initier aux mystères sacrés au milieu de cette ruine de l'empire, ruine même dont Orose se félicite, si elle a fait une brèche par où son frère peut entrer !

Quelques années s'écoulent encore, et l'on arrive à l'année 455 : c'est alors que Salvien écrit son livre *de Gubernatione Dei*, mais dans des circonstances bien différentes : il n'y a plus d'illusions à se faire ; Rome ne se soutient plus ; les barbares, partout victorieux, ont saccagé la capitale du monde pendant dix-sept jours. Comment parler de la durée de l'empire ? Les païens, poussant des cris d'épouvante et de désespoir, demandaient aux chrétiens où était leur Dieu. Salvien se chargea de répondre en montrant les causes naturelles et surnaturelles de la décadence et de la ruine de Rome. Il les montre dans la corruption d'une société mourant en raison du désordre de ses institutions, qui devaient amener la ruine de son pouvoir. Il les montre dans l'avilissement des mœurs favorisé par les lois romaines, et déclare, sous ce rapport, la supériorité des barbares. Vous connaissez ces célèbres paroles : « Les Francs sont perfides, mais hospitaliers ; les Alains sont impudiques, mais sincères ; les Saxons sont cruels, mais justes ; mais nous, nous réunissons tous les vices. » Il représente les Vandales envoyés en Afrique pour balayer les immondices dont les Romains avaient souillé cette contrée. Il déclare la loi vandale supérieure à la loi romaine, parce qu'elle ne reconnaît ni la prostitution, ni le divorce. Il loue ceux des Romains qui, conquis par les barbares, aiment mieux demeurer sujets germains que sujets de l'empire. Salvien a franchi le dernier pas : il a passé du côté des barbares. Ainsi vous voyez les progrès de la philosophie de l'histoire. Dans les derniers temps du cinquième siècle, cette science nouvelle ne perdra rien de sa grandeur. Dans les jours difficiles qu'elle va traverser, vous savez quelle popularité infinie s'attache au nom de saint Augustin : Charlemagne lui-même, dans ses moments de repos, venait chercher des leçons dans le livre de la *Cité de Dieu ;* Alfred le Grand traduisait en langue saxonne le livre de Paul Orose ; Dante était tout nourri de la *Cité de Dieu,* et il y a un chant du *Purgatoire,* qui n'est autre chose qu'une paraphrase d'un chapitre de ce livre admirable. De plus, Paul Orose est au nombre des cinq ou six auteurs qu'il nomme parmi ceux qui font l'agrément de sa solitude.

Ainsi tout le moyen âge est nourri des doctrines de ces grands hommes ; et, parmi les historiens de cette époque qui les imitèrent, il nous faut citer un très-célèbre historien allemand du douzième siècle, Otton de Freysingen, oncle du grand empereur Frédéric Barberousse. Ce vieil évêque, accablé du poids des années, fit une histoire de son temps ; mais son temps ne lui suffit pas ; il étend plus loin ses vues et écrit une histoire universelle. Le plan qu'il suit est celui d'Augustin : l'histoire de la *Cité de Dieu* opposée à l'histoire de la *Cité des hommes*. Et il écrit avec une forte et austère liberté ; il s'arrête de temps à autre pour profiter de son titre d'oncle de l'empereur et adresser à son neveu des avertissements sévères ; il lui dit : *Et nunc, reges, intelligite ; erudimini qui judicatis terram.* Ainsi, maintenant, vous le voyez, les précurseurs de Bossuet sont trouvés ; la chaîne est rétablie, et d'Augustin à lui les anneaux sont assez nombreux pour qu'ils n'échappent pas un seul instant ni à la main ni à la vue.

Voilà donc les trois éléments de l'histoire : la chronique, qui donne la vérité ; la légende, qui donne la vie et la couleur ; et la philosophie qui est l'âme et l'intelligence de l'histoire, qui trouve une explication, qui rattache tout à Dieu comme à la cause première. Maintenant, pour que l'histoire prenne véritablement naissance, il faut que ces trois éléments se réunissent, et que, sous les ailes du génie moderne, ils n'en forment plus qu'un seul capable de tout éclairer et de tout remplir.

Mais ce n'est pas le seul mérite des hommes dont je parle d'avoir préparé les esprits qui devaient venir après eux : ils ont fait quelque chose de plus grand ; ils ont préparé plus que les esprits, ils ont préparé les événements. Et je tiens à cette idée, car je crois que c'est une leçon de morale pour les écrivains, pour tous ceux qui pensent, que de leur montrer jusqu'à quel point, par leur pensée, ils peuvent agir, non pas seulement sur les sentiments, mais sur les événements qui les suivront. En effet, si les écrivains chrétiens eussent pensé et écrit autrement, que fût-il arrivé ? De deux choses l'une : Augustin, Paul Orose, Salvien, pouvaient prendre parti pour Rome absolument contre les barbares, ou bien se déclarer pour les barbares sans pitié et sans ménagements pour Rome. S'ils avaient fait ce qui semblait le plus naturel, s'ils s'étaient abandonnés à ce désespoir, trop commun aujourd'hui, et dans lequel certains hommes croient trouver je ne sais quelle grandeur ; s'ils s'étaient livrés à ce découragement et à cette tristesse ; s'ils s'étaient réfugiés dans une inconsolable mélancolie, qu'eussent-ils fait ? Ils auraient, à leur exemple, découragé toute l'Église d'Occident ; désormais les populations chrétiennes de ces contrées se déclaraient

sans réserve contre les barbares. Ces prétendus
ennemis de Dieu et du genre humain, ils les faisaient réellement ennemis de Dieu et du genre humain. Ils attiraient sur Rome, sur la civilisation
chrétienne, sur l'humanité des calamités inexpri-
mables. Voilà ce qu'ils faisaient s'ils prenaient le
premier parti.

Si, au contraire, ils prenaient le second, s'ils se
rangeaient d'un seul coup, précipitamment, du
côté des barbares ; si, se constituant juges à la place
de Dieu, ils eussent condamné Rome, cette autre
Babylone, à une ruine éternelle, implacable, ils
eussent attiré, en effet, sur Rome, un châtiment
qui n'aurait pas laissé subsister pierre sur pierre ;
ils auraient contribué à faire disparaître pour
toujours ce centre du monde, et, avec ce centre du
monde, qui doit rester le centre de la vie chrétienne au moyen âge, toute l'économie des siècles qui allaient suivre : ils auraient contribué
à éteindre pour toujours la lumière dont Rome
demeurera le refuge jusqu'aux temps de Charlemagne ; par conséquent ils frustraient l'humanité de ces ressources civilisatrices qui lui restèrent pendant si longtemps. Plus heureux, mieux
inspirés, ils eurent ce courage que l'on flétrit volontiers du nom d'optimisme, quand on ne le partage pas, d'envisager d'un œil ferme et serein des
temps difficiles et menaçants ; ils eurent la sagesse
de distinguer ce qui appartenait encore au passé au

milieu de toutes les destinées si tremblantes de l'avenir. Sans aller se mettre à côté des barbares, ils firent au-devant d'eux la moitié du chemin, louèrent la clémence des Goths qui avaient épargné la basilique de saint Pierre et de saint Paul. Et si vous ouvrez les écrivains chrétiens de cette époque, vous verrez qu'il n'en est pas un qui n'ait célébré cet acte de générosité d'un peuple vainqueur et ivre de son triomphe. En agissant ainsi, ils se conciliaient les barbares, désormais à moitié gagnés, et faisaient rentrer à demi leur épée dans le fourreau. Il n'était pas un chef barbare qui n'enviât la gloire d'Alaric, et ne respectât les autels pour être béni par un vieil évêque ou par un prêtre. Et en même temps que la défaite était rendue moins difficile à supporter aux vaincus, le courage et l'ardeur revenaient aux chrétiens, qui voyaient qu'après tout ces barbares n'étaient pas des mangeurs d'hommes, qu'ils pouvaient entreprendre et obtenir leur conversion, leur régénération, et qu'il ne fallait pas en désespérer à tout jamais. Il était possible de rattacher un jour ces pèlerins à la cité de Dieu, et partout, sous quelque peau de bête que se cache un barbare, il pouvait y avoir un citoyen futur de la cité éternelle.

En prenant parti pour Rome dans une certaine mesure, en rappelant ses vertus et sa gloire, que faisaient-ils? Ils montraient que cette cité était, après tout, digne de respect ; que, si elle méritait un châtiment pour ses crimes, elle n'en était pas moins aussi digne de ménagements et de réserve ; ils montraient que Dieu ne l'avait frappée que pour l'avertir, et qu'il fallait maintenant la consoler. Et par le tableau de l'antique grandeur de Rome, ils saisirent et frappèrent tellement l'esprit des barbares, que l'on obtint ce résultat, exprimé d'une manière si admirable par Jornandès, quand il dit que Rome ne tenait plus le monde par les armes, mais par les imaginations. Cet empire des imaginations est souvent mille fois plus fort que l'empire des armes : Rome l'a montré. Elle commençait alors une nouvelle destinée ; elle fondait cette souveraineté spirituelle dont elle resta pour toujours le centre. Ceux qui avaient pris sa défense contre les invectives et le fer des barbares formèrent cercle, en quelque sorte, autour du tombeau de saint Pierre, et, célébrant ce lieu comme choisi par Dieu pour être le centre des lumières, forcèrent les barbares, campés autour du Capitole, au respect et bientôt à la soumission. Ainsi se forma cette économie du moyen âge, où l'antiquité, régénérée dans Rome, éclaire et discipline la barbarie des temps nouveaux.

Voilà un des plus grands exemples de la puissance des écrits, non pas seulement sur les esprits, mais sur les événements ; voilà une des plus glorieuses délégations que la Providence fait quelquefois de son pouvoir au génie des hommes.

LA POÉSIE

(DIX-HUITIÈME LEÇON)

MESSIEURS,

En commençant l'étude des lettres chrétiennes par la prose, en mettant l'éloquence et l'histoire avant l'épopée, nous avons renversé, pour ainsi dire, l'ordre communément établi. S'il s'agissait, en effet, d'étudier une littérature antique, celle des Grecs, par exemple, nous verrions, pendant de longs siècles, la poésie se produire seule ; et, peu à peu, de ces nuages dorés se dégagerait la prose. C'est qu'en effet les civilisations païennes ont leur berceau dans les fables ; ces peuples enfants n'entendaient pas d'autre langage que celui de l'imagination, et il avait fallu les sept cents ans écoulés depuis Homère jusqu'à Hérodote, pour que la raison se hasardât à parler aux hommes dans sa langue naturelle.

Le christianisme, au contraire, ne pouvait souffrir que ses origines fussent enveloppées de fictions. Il proposait des faits et des dogmes, c'est-à-dire des vérités définies, non pas à l'imagination, mais à la raison des peuples; c'est pourquoi il leur parla en prose, et en prose seulement, pendant trois siècles. C'est au bout de ce temps que commence la poésie chrétienne, et ses commencements sont très-faibles. Cependant il semble que rien n'a manqué pour l'inspirer, ni la grandeur des spectacles, en présence de ce changement qui remue la surface du monde, ni l'émotion des âmes, et ce travail intérieur qui a ébranlé, retourné jusqu'aux derniers fondements de la conscience. Mais le spectacle même était trop près, et, comme l'a dit excellemment M. Saint-Marc Girardin, dans un morceau de critique, la vérité était trop forte pour faire des poëtes à cette époque; elle ne pouvait faire encore que des martyrs. Entre l'émotion et l'inspiration poétique, il faut un intervalle, et vous verrez que ce n'est pas trop de ces siècles silencieux pour mûrir la fécondité de l'art chrétien.

J'écarte le petit nombre de poëtes inconnus qui écrivirent dans le temps des persécutions; j'écarte plusieurs compositions attribuées tantôt à Tertullien, tantôt à saint Cyprien, mais assurément contemporaines de ces grands hommes. La paix de l'Église est comme une aurore qui, de toutes parts, réveille les chants. Au moment où le christianisme prend, avec Constantin, la couronne des Césars, il semble qu'il va prendre aussi le laurier de Virgile, si nombreux sont les auteurs chrétiens qui écrivent en vers. Ce nombre est tel, que déjà il les faut diviser, et, adoptant la grande classification des anciens, nous distinguerons deux genres : l'épique et le lyrique. Le christianisme, vous le comprenez, n'avait pas encore ouvert le théâtre.

Ainsi deux genres existent déjà : et d'abord le genre épique, dans lequel je comprends, comme faisaient les anciens, la poésie didactique, par exemple les instructions contre le paganisme, données par le poëte Commodianus, ou encore le poëme contre les semi-Pélagiens de Prosper d'Aquitaine, devenu célèbre depuis par l'imitation qu'en a faite Louis Racine. Mais la direction principale, la tendance, l'effort général de la poésie chrétienne dès cette époque, c'est de réduire sous ses lois les récits du christianisme, de s'attacher à ces traditions bibliques qui sont le fondement même de la foi, de leur prêter l'éclat de la versification latine et les ornements dérobés aux auteurs païens : c'est là la pensée qui domine. En effet, nous voyons des poëtes, comme Dracontius, saint Hilaire d'Arles, Marius Victor, s'attacher aux premiers souvenirs bibliques, aux scènes de la Genèse et à cette *aimable simplicité du monde naissant*. D'autres, comme Juvencus et Sédulius, se renferment dans l'histoire évangélique, et toute leur tentative est de reproduire, avec harmonie et fidélité, avec un certain ornement poétique, le texte même des Évangiles. Le caractère commun de tous ces poëtes, de tous ces traducteurs en vers de l'Écriture sainte, c'est une scrupuleuse et exacte fidélité. Il s'ensuit, d'une part, une gravité et une sobriété remarquables, c'est-à-dire qu'ils s'interdisent tout ce luxe d'épithètes et d'hyperboles auxquelles on s'attendrait d'abord, et les souffrances du Sauveur, l'ingratitude des Juifs, la froideur des disciples, ne leur arracheront pas plus une épithète amère, qu'elles ne l'arrachent à l'évangéliste lui-même, à l'écrivain sacré. De là résulte, dans tout l'ensemble de ces poëmes, une certaine solennité, une certaine grandeur. Mais, d'autre part, il faut bien reconnaître aussi que la sobriété est poussée jusqu'à la sécheresse : pas d'épisodes, pas de descriptions, presque pas de paraphrases et de commentaires ; le texte seul plié à la mesure de l'hexamètre imité, autant que possible, de la forme ancienne.

Nous comprenons les motifs de ce travail par l'explication même qu'en donnent les auteurs : car Sédulius, le plus populaire d'entre eux, dans son épître dédicatoire à l'évêque Macédonius, explique ainsi le motif qui a conduit sa plume : il déclare qu'il a voulu mettre au service de la foi des études commencées dans un autre dessein, et consacrer à la vérité les instruments prédestinés de la vanité : car, dit-il, je sais que plusieurs esprits n'acceptent la vérité, ne la recueillent, ne la retiennent volontiers qu'autant qu'elle leur est présentée sous les fleurs poétiques, et j'ai cru « qu'il « ne fallait pas repousser les gens de cette humeur, « mais les traiter d'après leur naturel et leur be-« soin, afin que chacun selon son génie devienne « le captif volontaire de Dieu (1). »

Ceci s'éclaire par ce que nous savons déjà des écoles romaines : tout l'enseignement était fondé chez les anciens, comme il l'est resté au moyen âge, et avec une grande sagesse, sur l'exercice de la mémoire et l'étude des poëtes. En Grèce on commençait par Homère, et, en Occident, par Virgile. Mais, avec Virgile, les chrétiens et les païens du cinquième siècle apprenaient par cœur, gravaient dans leur mémoire toutes les pensées, toutes les doctrines, toutes les images du paganisme. C'est contre ce paganisme que les premiers poëtes chrétiens s'efforcent de lutter; c'est dans une pensée de polémique, de controverse, qu'ils écrivent; il s'agit pour eux de détrôner les faux dieux de ce siége envié qu'on leur a fait dans la mémoire et dans le cœur de jeunes enfants, et d'y faire asseoir un Dieu plus digne de l'enfance. Voilà

---

(1) Sedulius, *Epist. dedical. ad Macedonium.*

pourquoi ils s'efforcent de retenir les formes virgiliennes, classiques, pures, tout en jetant dans ce moule antique des idées nouvelles, au risque de voir ces idées, pénétrant, en quelque sorte, la forme dans laquelle elles ont été reçues, finir par la faire éclater et par briser le moule.

Quelques-uns pousseront l'œuvre jusqu'à réduire l'Évangile en centons et à faire, comme Faltonia Proba, une histoire du Sauveur en trois cents hexamètres, composés chacun de deux ou plusieurs fragments de Virgile. Mais, sans s'abandonner à ces excès, Sédulius et Juvencus s'attachent à retenir la langue de l'antiquité et à beaucoup d'égards ils y réussissent ; ils ne sont inférieurs, sous ce rapport, à aucun des poëtes païens de leur temps. On reconnaît chez eux, à toute heure, l'imitation de Virgile, d'Ovide ou de Lucrèce. Sans doute l'imitation est souvent inintelligente; par exemple, le vers où Virgile représente Cassandre élevant ses yeux suppliants au ciel parce que ses mains étaient enchaînées, servira pour exprimer le bon larron sur la croix tournant vers le Christ ses yeux parce que ses deux mains sont clouées au bois du supplice. Plus d'une fois, ce calque de l'antiquité manquera de goût et de justesse, mais enfin les poëtes qui s'y sont appliqués ont atteint leur but ; ils ont obtenu deux résultats, l'un qu'ils cherchaient et l'autre auquel ils n'avaient jamais songé.

Ils sont arrivés à faire pénétrer plus profondément et plus facilement les vérités chrétiennes, sous ces formes poétiques, dans les classes lettrées du monde romain. Voilà ce qu'ils avaient voulu et ce qu'ils obtinrent. Mais ce qu'ils ne voulaient pas, ce à quoi ils n'avaient jamais songé et à quoi ils réussirent néanmoins d'une façon incomparable, ce fut de s'emparer, plus tard, d'une société qui n'était plus romaine, qui était chrétienne, mais barbare, et, à l'aide des poëmes chrétiens, d'y faire pénétrer le goût, et jusqu'à un certain point, le génie et les traditions des lettres de l'antiquité. En effet ces deux chrétiens virgiliens pour ainsi dire, Sédulius et Juvencus, deviendront les instituteurs préférés de la jeunesse pendant tous les siècles barbares : ce seront leurs poëmes évangéliques qu'on mettra dans toutes les mains, qui commenceront l'éducation de l'enfance. Après avoir trouvé des disciples, ils auront des imitateurs non-seulement en langue latine, mais aussi dans toutes ces langues nouvelles qui commencent à se former sur les modèles latins. C'est ainsi que l'Anglo-Saxon Cœdmon, ce prêtre qui, un jour, par la grâce de Dieu, se trouva inspiré et devint poëte, entreprendra aussi de chanter les origines du monde et la chute du premier homme. Plus tard, le moine franc Ottfried, vers le temps de Charlemagne, n'hésitera pas à écrire le grand poëme de l'*Harmonie des Évangiles*, s'efforçant le premier de faire retentir, dans la glorieuse langue des Francs, les louanges du christianisme.

Cependant tant d'efforts soutenus si longtemps n'arriveront pas à faire l'épopée chrétienne telle qu'on aurait cru qu'elle allait se dessiner. Ainsi en voyant, dès le cinquième siècle, Juvencus et Sédulius s'attacher à chanter la naissance, la vie et les souffrances du Christ; en voyant tout l'univers chrétien rempli de cette même pensée; tous les arts, depuis la peinture jusqu'à l'architecture, occupés à la reproduire sous mille formes; en voyant enfin l'humanité chrétienne tout entière s'ébranler, au cri des croisades, pour délivrer le tombeau du Christ, ne semble-t-il pas que tout l'effort de la poésie doit tendre à réaliser ce type rêvé, et à faire le récit glorieux et immortel de l'avénement du Christ et de sa mission? C'est cependant à quoi la poésie chrétienne ne réussira jamais. C'est qu'en effet la poésie sollicite sans doute l'intervention de la Divinité, mais elle ne veut pas de la Divinité seule, il faut pour elle que l'humanité surtout remplisse le théâtre. Elle s'attache de préférence à ce qui est humain, parce qu'elle y trouve ce qui est passionné, ce qui est mobile, ce qui est pathétique, ce qui est plein de changements, et par conséquent plein d'émotions diverses et contraires. C'est pourquoi la poésie chrétienne trouvera précisément ses principales ressources dans les événements, dans le développement temporel, guerrier, politique et militaire du christianisme. Les conquêtes de Charlemagne et de la chevalerie symbolisées, sous le mythe de la Table-Ronde, et la conquête des lieux saints, inspireront les romans de la chevalerie et aboutiront à l'épopée du Tasse. La découverte d'un monde infidèle par des chrétiens inspirera l'admirable auteur des *Lusiades*. Ainsi c'est toujours dans l'humanité que la poésie, même chrétienne, trouvera son inspiration principale; non pas qu'elle ne cherche à s'enfoncer dans les profondeurs de la foi, à retourner, s'il est possible, jusqu'à l'épopée divine, qui se compose de ces trois points : la chute, la rédemption et le jugement. Mais lors même qu'elle retourne à cet éternel sujet qui n'a cessé de tourmenter les hommes, elle ne réussit à le traiter que par ses deux extrémités qui sont humaines, le milieu qui est divin lui échappe. Je vois bien Milton, après tant de siècles, après que la Bible a commencé à subir quelques échecs par les controverses du protestantisme, arriver, avec l'interprétation la plus hardie, à s'emparer des premières pages de la Genèse pour en faire un poëme : oui, mais il prend pour héros de ce poëme l'homme, l'homme mortel, capable de devenir souverainement misérable, l'homme qui, depuis le commencement jusqu'à la fin, nous inquiète par sa faiblesse et nous rassure, en même temps, par l'élan qui le ramène à Dieu. De même aussi

Dante nous fait parcourir les trois royaumes de l'enfer, du purgatoire et du paradis; mais il les a peuplés d'hommes semblables à lui, et c'est dans leur entretien qu'il fera jaillir ces flots de poésie dont son siècle fut inondé. Au contraire, lorsque la poésie chrétienne a voulu toucher au mystère de la rédemption, lorsqu'elle a voulu toucher au nœud de l'épopée divine, elle a hésité, et quel que fût le génie de ceux qui s'y appliquaient, ce génie s'est trouvé arrêté, flottant dans ses conceptions; qu'il y portât la piété qui respire dans les œuvres de Hroswitha, célébrant la sainte enfance du Sauveur, ou de Gerson, dans le charmant poëme intitulé *Josephina*, consacré au même sujet; qu'il y mît toute la forme savante et élégante de la Renaissance, comme Sannazar dans son livre *de Partu Virginis*, ou Vida dans sa *Christiade*; qu'il y portât enfin la témérité de l'esprit moderne, et aussi les charmes d'une imagination rêveuse, d'un esprit admirablement doué, et trop dédaigné depuis, comme Klopstock : néanmoins il échoue toujours. C'est qu'il y a encore trop de foi dans le monde chrétien, c'est que la figure auguste du Christ inspire trop de respect pour que les mains puissent s'en approcher sans trembler. Les peintres ont pu la tracer, parce qu'il n'y avait pas d'image authentique, mais les poëtes ne peuvent lui prêter la parole et l'action, parce que la réalité de l'Évangile les écrase. La Providence n'a pas voulu que rien de ce qui ressemblât à la poésie, à la fiction, pût envelopper ce dogme fondamental du christianisme sur lequel repose toute l'économie de la civilisation et de l'univers.

Mais à côté de cette épopée chrétienne qui se dégage avec tant d'efforts des difficultés de son origine, il y a la poésie lyrique, libre épanchement de l'âme qui ne s'enchaîne par des vers que pour pouvoir se fixer et se transmettre. Dès les commencements du christianisme, des poëmes lyriques durent s'y produire. En effet, saint Paul lui-même exhorte les fidèles à chanter des cantiques, et on retrouve la trace de ces chants en lisant la lettre de Pline à Trajan, ou bien celle où saint Justin décrit la liturgie des chrétiens de son temps. Ainsi encore, une antique tradition qui avait cours en Orient rapportait que saint Ignace, évêque d'Antioche, dans une vision, avait contemplé le ciel ouvert, et avait entendu les anges chantant à deux chœurs les louanges de la sainte Trinité. De là, il avait introduit le chant à deux chœurs dans les églises d'Orient. Il y a quelque grâce et quelque majesté à faire descendre du ciel même l'origine du chant ecclésiastique.

Mais si l'Orient, dès le commencement du cinquième siècle, avait adopté le lyrisme chrétien, il n'en était pas de même en Occident. Ce fut au temps de saint Ambroise, et dans une circonstance mémorable de la vie de ce grand homme, que le chant ecclésiastique s'établit définitivement en Italie. Saint Augustin a raconté ce fait de la manière suivante : l'impératrice Justine persécutait saint Ambroise (386) : le peuple de Milan veillait, jour et nuit, autour de son évêque pour le dérober aux fureurs de l'impératrice, et lui, touché de leur fidélité, de ces longues nuits passées pour sa garde, et afin de sauver aux fidèles l'ennui de ces veilles interminables, imagina, à cette époque, d'introduire dans son église le chant des hymnes et des psaumes tel qu'il était en usage dans l'Orient. C'est de là qu'il s'est répandu peu à peu dans tout le reste de l'Église. Saint Augustin lui-même ne néglige pas de nous faire connaître l'impression profonde qu'exerçaient sur lui ces chants sacrés, et, parlant du jour de son baptême, il dit : « Vos hymnes et vos cantiques, ô mon Dieu ! et le « chant si doux de votre Église me remuaient et « me pénétraient, et ces voix ruisselaient à tra- « vers mes oreilles et elles faisaient couler la vé- « rité dans mon cœur; l'émotion pieuse y bouil- « lonnait, les larmes débordaient enfin, et je me « trouvais bien avec elles (1). »

Cependant cet homme, qui sentait si profondément la musique, et peut-être parce qu'il la sentait trop profondément, éprouva des doutes, et se demanda si le plaisir du chant ne nuisait pas au

---

(1) S. Augustin, *Confess.*, l. IX, c. v.

recueillement de l'âme, et s'il ne lui arrivait pas d'être trop attentive à la modulation harmonieuse qui venait charmer l'oreille. Par bonheur le scrupule d'Augustin ne subsistera ni dans son esprit, ni dans l'Église, et la cause de la musique religieuse sera gagnée.

Saint Ambroise ne s'était pas borné à introduire le chant ; lui-même avait composé les hymnes qui devaient être chantées dans son église. On en a rassemblé un grand nombre sous son nom, qui sont plutôt l'œuvre de ses disciples ou des temps postérieurs, mais qui ont été composées conformément à son esprit et aux règles qu'il avait données. On ne peut lui en attribuer avec fondement que douze, mais pleines d'élégance et de beauté, d'un caractère encore tout romain par leur gravité, avec je ne sais quoi de mâle au milieu des tendres effusions de la piété chrétienne ; l'esprit des temps primitifs y existe encore. Je citerai surtout celle qui commence ainsi :

> Deus creator omnium
> Polique rector, vestiens
> Diem decoro lumine,
> Noctem soporis gratia.

Saint Ambroise lui-même nous apprend qu'il en était l'auteur. La langue est encore antique, cependant la versification a déjà quelque chose de moderne : c'est la petite strophe de quatre vers ïambiques de huit syllabes chacun, qui se prête facilement au remplacement de la quantité par l'accent, et ménage ainsi une place à la rime que nous avons vue introduite, de bonne heure, dans la versification chrétienne, que saint Augustin avait lui-même pratiquée dans son psaume contre les donatistes, qui revient pendant vingt-quatre vers, rimés deux à deux, dans l'hymne consacrée par le pape Damase à sainte Agathe. Ainsi, la séquence du moyen âge est déjà trouvée : presque toutes sont ainsi coupées en strophes de quatre vers de huit syllabes chacun ; seulement le moyen âge remplacera la quantité par la rime, qui donnera à l'oreille cette satisfaction que la prosodie ancienne serait désormais impuissante à lui offrir. Chose étrange ! ce sera à la condition de rompre un jour et définitivement avec les formes anciennes que la poésie chrétienne arrivera enfin à la liberté sans laquelle il n'y a point d'inspiration et qui lui donnera cette prodigieuse richesse, cette verve, cette abondance du treizième siècle, et enfin cette majesté du *Dies iræ*, et cette grâce inexprimable du *Stabat mater*.

Voilà les généralités de la poésie chrétienne à ses commencements. Cependant il faudrait nous demander si ce siècle où nous avons trouvé tant d'hommes éloquents n'en a pas produit quelques-uns qui fussent véritablement touchés du rayon de la poésie ; s'il ne faut observer en eux que les obscurs commencements d'une chose destinée à devenir illustre, ou si déjà quelque inspiration s'y manifeste. Je réponds en dégageant de cette foule deux hommes qui méritent d'être rapprochés et connus : je veux dire saint Paulin et Prudence.

Si la poésie devait se trouver quelque part, c'était assurément dans ces âmes disputées, qui, après une longue résistance de la chair et des passions, venaient, toutes meurtries, se réfugier dans la vie chrétienne. Cet âge est celui des consciences tourmentées ; les esprits faibles hésitent, les forts se décident, et, dans ce grand ébranlement, ils trouvent l'inspiration, l'éloquence, la poésie. Ainsi Ambroise, Augustin et tant d'autres que nous avons vus avec eux. Ces grandes âmes avaient eu le courage de rompre, et, dans cette rupture, dans l'effort, elles avaient rencontré ce qui récompense toujours l'effort, c'est-à-dire la force qui vient d'en haut au secours de la volonté. Cette force est pour les uns le courage de l'action, pour les autres le courage de la parole, pour quelques-uns l'éloquence, pour plusieurs la philosophie, pour d'autres enfin, elle devait être la poésie.

Paulin, qui portait pour surnoms ceux de Pontius Meropius, était d'une grande famille romaine, sénatoriale même. Il était né aux environs de Bordeaux : c'était aux écoles de la Gaule qu'il avait trouvé la première éducation, et la Gaule avait alors les plus illustres maîtres de l'Occident. Le poëte Ausone avait été le premier instituteur de la

jeunesse de Paulin et lui avait communiqué cet art des vers qu'il avait poussé jusqu'à une merveilleuse subtilité. Riche de son patrimoine et des domaines de sa femme, Paulin avait été revêtu de tous les honneurs ; il était arrivé au consulat ; enfin, il n'était rien où, à l'âge de trente-six ans, il ne pût aspirer. Au milieu de ces changements continuels qui ébranlaient le trône des Césars, qui pouvait prouver que le descendant de tant d'hommes illustres ne serait pas appelé un jour à s'y asseoir? Cependant, à cette époque, en 398, on apprit à Bordeaux que, clandestinement, à l'insu de toute cette aristocratie romaine, dont il était le parent ou l'allié, Paulin s'était fait initier au christianisme et avait reçu le baptême. Devenu chrétien, il s'était retiré dans ses domaines d'Espagne, où il vivait avec son épouse dans la retraite, mais non dans la pénitence ; déjà détaché des grandeurs de la vie, mais non de ses douceurs et de son prestige, comme on peut s'en apercevoir à cette prière en vers qu'il adressait dès lors à Dieu : « Maître sou-
« verain des choses, exauce mes vœux, s'ils sont
« justes. Que nul de mes jours ne soit triste, que
« nulle sollicitude ne trouble le repos de mes
« nuits! Que le bien d'autrui ne me séduise pas,
« que le mien serve à ceux qui m'implorent!
« Que la joie habite ma maison! Que l'esclave né
« au foyer jouisse de l'abondance de mes récoltes!
« Que je vive entouré de serviteurs fidèles, d'une

« épouse chérie, et des enfants qu'elle me don-
« nera (1). »

Ce sont les vœux d'un chrétien, mais non d'un anachorète. Paulin eut bientôt après un enfant qu'il perdit au bout de huit jours. Ce lien rompu brisa tous ceux qui retenaient Therasia et lui aux choses de la terre ; tous deux résolurent ensemble de vendre leurs biens pour en distribuer le prix aux pauvres et vivre ensuite de la vie monastique et, cependant, dans cette fraternité simple que les vieilles et respectable mœurs du christianisme ont autorisée, et qui faisait que tant d'hommes saints, après leur conversion, gardaient auprès d'eux une épouse, qui devenait leur sœur dans une même communauté de prières et d'aumônes. Aussi Therasia sera la compagne de la retraite de Paulin, et, lorsqu'ils écriront aux grands de l'Église, ils signeront ensemble, *Paulinus et Therasia, peccatores*. Ils se retirent donc, non pas en Espagne, mais au fond de l'Italie, à Nôle, en Campanie, auprès du tombeau de saint Félix, martyr, pour lequel Paulin avait conçu une dévotion singulière. C'est là qu'ils vécurent dans la pauvreté et la pénitence.

Ce changement avait fait l'étonnement d'abord, puis la colère de l'aristocratie romaine. Par quel égarement un homme de ce nom, de cette nais-

---

(1) S. Paulin, Poem. IV, *Precatio*.

sance, revêtu de tant d'honneurs, doué de tant de génie, avait-il pu tout à coup abandonner ses espérances et interrompre la succession d'une maison patricienne? Ses parents ne lui pardonnaient pas, ses frères le reniaient, et ceux de sa famille qui passaient devant lui passaient comme le torrent, sans s'arrêter.

Mais, tandis que la société temporelle le repoussait, la société spirituelle lui ouvrait les bras, et Jérôme, Augustin, Ambroise, se félicitèrent de compter dans leurs rangs un grand docteur de plus. En effet, Paulin devint un théologien considérable; mais il y avait en lui quelque chose de plus : l'âme d'un poëte s'était formée et s'était révélée dans ces déchirements intérieurs que lui avait coûtés sa conversion. Ausone, en apprenant le changement de son disciple, avait été d'abord atteint de désespoir, et lui avait écrit une lettre désolée dans laquelle il le suppliait de ne plus l'affliger ainsi : « Ne dédaigne pas le père de ton esprit. C'est moi « qui fus ton premier maître, et le premier guidai « tes pas dans la route des honneurs. C'est moi qui « t'introduisis dans la société des Muses. O Muses, « divinités de la Grèce! entendez ma prière, et ren- « dez un poëte au Latium (1). »

Saint Paulin répond en vers du fond de sa retraite, et voici en quels termes : « Pourquoi, dit-il,

---

(1) Ausone, Ep. xxiv, ad Paulinum.

« ô mon père ! rappelles-tu en ma faveur les Muses
« que j'ai répudiées? Ce cœur, consacré maintenant
« à Dieu, n'a plus de place pour Apollon ni pour les
« Muses. Je fus d'accord avec toi jadis pour appe-
« ler, non pas avec le même génie, mais avec la
« même ardeur, un Apollon sourd dans sa grotte
« de Delphes, et pour nommer les Muses des divi-
« nités, en demandant aux bois et aux montagnes
« ce don de la parole qui n'est accordé que par
« Dieu. Maintenant un plus grand Dieu subjugue
« mon âme..... Rien ne l'arrachera de mon souve-
« nir, écrit encore Paulin à son ami : pendant toute
« la durée de cet âge accordé aux mortels, tant que
« je serai retenu dans ce corps, quelle que soit la
« distance qui nous sépare, je te porterai dans le
« fond de mon cœur. Partout présent pour moi, je
« te verrai par la pensée, je t'embrasserai par
« l'âme ; et, lorsque, délivré de cette prison du
« corps, je m'envolerai de la terre, dans quel-
« que astre du ciel que me place le Père com-
« mun, là je te porterai en esprit, et le der-
« nier moment qui m'affranchira de la terre ne
« m'ôtera pas la tendresse que j'ai pour toi ; car
« cette âme, qui, survivant à nos organes détruits,
« se soutient par sa céleste origine, il faut bien
« qu'elle conserve ses affections, comme elle garde
« son existence. Pleine de vie et de mémoire, elle
« ne peut oublier, non plus que mourir (1) ! »

(1) S. Paulin, Carm. X, v. 18 et seq.

Voilà des accents qu'Ausone, avec tout son esprit et toute son érudition, ne trouva jamais ! Son esprit lui avait enseigné les artifices d'une poésie de décadence, d'une poésie qui excellait dans les acrostiches, dans les jeux d'esprit, dans les subtilités de toute espèce, mais jamais il ne lui avait enseigné les secrets de cette poésie du cœur dont Paulin fait jaillir la source; dépassant son maître de si loin. En effet, il répudie l'inspiration des Muses païennes, mais il en connaît une plus puissante. Il n'abjure pas la poésie au fond de sa solitude de Nôle, il se mêle encore à toutes les joies de ses amis, à toutes leurs douleurs, et partout où il y a une larme à essuyer, ou bien un bonheur à partager, les vers de Paulin arriveront. C'est ainsi, par exemple, que nous trouvons dans ses écrits un épithalame pour les noces de Julien et d'Ya, couple chrétien; et on ne saurait dire avec quel charme il salue ces deux époux vierges, que le Christ va unir, comme deux colombes pareilles, au joug léger de son char. Il écarte bien loin ces divinités profanatrices des noces, Junon et Vénus, mais il rappelle les justes, les vraies et touchantes maximes du mariage chrétien, l'égalité nécessaire et féconde des époux devant Dieu, l'affranchissement de la femme, jadis esclave, et c'est à ces conditions qu'il promet à leurs noces la présence du Sauveur.

> Tali conjugio cessavit servitus Evæ,
> Æquavitque suum libera Sara virum ;

Tali lege suis nubentibus adstat Iesus
Pronubus, et vini nectare mutat aquam (1).

Voilà assurément des pensées qui n'ont rien de classique et dans lesquelles respire déjà un esprit tout nouveau.

Vous retrouverez le même caractère dans les consolations qu'il adresse à des parents chrétiens sur la mort d'un enfant. Empruntant les images les plus charmantes de la foi chrétienne, il représente ce même enfant se jouant dans les cieux avec celui qu'il a lui-même perdu et dont la mémoire ne s'efface pas de son cœur, quoique pénitent il soit assis depuis tant d'années au tombeau de Nôle : « Vivez, jeunes frères, vivez dans cet éternel par-
« tage; couple charmant, habitez ces joyeuses
« demeures ; et tous deux prévalez-vous de votre
« innocence, enfants, et que vos prières soient plus
« fortes que les péchés de vos parents. »

Vivite participes, æternum vivite, fratres,
Et lætos dignum par habitate locos ;
Innocuisque pares meritis peccata parentum,
Infantes, castis vincite suffragiis (2).

C'est charmant ! c'est bien supérieur à toutes les idylles d'Ausone, à tous les panégyriques de Claudien ; nulle part encore nous n'avons trouvé ces larmes, cette vie et cette inspiration. Je pourrais parler encore de plusieurs autres compositions reli-

(1) S. Paulin, Carm. XXII. *Epithalam. Juliani et Iæ*, v. 150.
(2) S. Paulin, Carm. XXXIII, *de Obitu Celsi pueri*, v. 613.

gieuses, car les œuvres de Paulin sont abondantes, mais celles où se retrouve surtout l'inépuisable épanchement de cette âme si tendre, ce sont les dix-huit poëmes composés pour l'aniversaire de la fête de saint Félix. Ce martyr, au service duquel Paulin s'était consacré, avait fini par attacher son âme par ce lien, dont parle l'Écriture, qui avait attaché l'âme de David à l'âme de Jonathas ; il ne saurait s'épuiser quand il s'agit de raconter la vie, les miracles, la fête, les honneurs de saint Félix, les pèlerinages qui se font à son tombeau, l'église élevée auprès, les hommages qui lui viennent de toute l'Italie, et surtout, car ceci revient à chaque instant sous sa plume, la description de la fête populaire destinée à célébrer la mémoire de saint Félix : « Le peuple remplit les chemins de ses
« essaims bigarrés. On voit arriver les pèlerins de
« la Lucanie, de l'Apulie, de la Calabre, tous ceux
« du Latium enfermés entre deux mers. Les Sam-
« nites mêmes descendent de leurs montagnes. La
« piété a vaincu l'âpreté des chemins (*vicit iter du-*
« *rum pietas*); ils n'ont point de cesse, et, inca-
« pables d'attendre le jour, ils cheminent à la
« lueur des torches. Non-seulement ils portent leurs
« enfants dans leurs sacs, souvent aussi ils amènent
« leurs bêtes malades. Cependant les murs de Nôle
« semblent s'étendre et égaler la cité reine qui
« garde les tombeaux de Pierre et de Paul. L'église
« resplendit du feu des lampes et des cierges. Les

« voiles blancs sont suspendus aux portes dorées,
« on sème de fleurs le parvis, le portail est cou-
« ronné de fraîches guirlandes, et le printemps est
« éclos au milieu de l'hiver... »

Puis, revenant sur lui-même, le poëte adresse cette prière au martyr : « Laisse-moi me tenir assis
« à tes portes, souffre que chaque matin je balaye
« tes parvis, que chaque soir je veille à leur garde.
« Laisse-moi finir mes jours dans ces emplois que
« j'aime. Nous nous réfugions dans ton giron sacré.
« Notre nid est dans ton sein. C'est là que, réchauf-
« fés, nous croissons pour une meilleure vie, et,
« nous dépouillant du fardeau terrestre, nous sen-
« tons germer en nous quelque chose de divin, et
« naître les ailes qui nous égaleront aux anges. »

> Et tuus est nobis nido sinus. Hoc bene foti
> Crescimus, inque aliam mutantes corpora formam
> Terrena exuimur sorde, et subeuntibus alis
> Vertimur in volucres divino semine verbi (1).

Ce sont encore de beaux vers, mais il y a plus : ils sont comme la chrysalide d'où sortiront ces deux autres vers de Dante, plus admirables encore :

> Non v'accorgete voi che noi siam vermi
> Nati a formar l'angelica Farfalla.

C'est la même pensée ; et cette comparaison de Dante, si souvent citée, a, comme vous le voyez, sa

---

(1) S. Paulin, *Natalis III*.

première ébauche dans un poëte qui le précédait de bien loin.

Voilà déjà longtemps que, de concert avec vous, j'étudie les poëtes et que je cherche, à travers l'histoire, ce que c'est que la poésie. Après tant d'années, je connais la poésie, mais je ne la définis pas, il m'est impossible d'arriver à saisir, à considérer, pour ainsi dire, face à face, cette inconnue voilée à nos yeux, comparable à l'Amour dans l'histoire de Psyché, qui ne demeure qu'autant qu'il est invisible, dont la présence s'annonce par sa voix, par son accent, par les charmes mêmes dont il est entouré, mais qui s'échappe dès qu'on l'aperçoit. Ainsi la poésie existe pour moi : je reconnais sa présence. Et, quand je rencontre quelque part cette grâce charmante de l'imagination, cette tendresse infinie du cœur, ce charme insaisissable et que l'art ne donne pas, cette alternative d'un divin sourire et de larmes divines, je déclare que la poésie est là, et je n'en doute pas un moment.

Voilà donc un poëte chrétien, un poëte incontestable : mais il n'est pas seul. A côté de lui nous en trouvons un moins tendre peut-être, dans lequel respire moins cette âme de Pétrarque, mais plus poëte encore par l'abondance et la richesse de ses compositions : je veux dire Prudence. En effet, Paulin était surtout évêque, Père de l'Église ; la poésie et la grâce lui étaient données par surcroît, mais le ministère, la fonction principale, l'unique voca-

tion et la gloire de Prudence fut d'être le poëte des chrétiens. Né en Espagne, à peu près au temps où Paulin naissait en Gaule, c'est-à-dire en 348, il avait passé par les écoles, où il avait appris l'art de l'éloquence, l'art, dit-il, de tromper en paroles sonores. Après d'éclatants succès de barreau, après avoir gouverné successivement deux villes dans sa patrie, enfin, après avoir été élevé à une dignité supérieure de la hiérarchie impériale qu'il ne définit pas, arrivé ainsi au comble des honneurs auxquels pouvait aspirer un avocat dans les provinces, Prudence, alors âgé de cinquante-sept ans, las des dignités et des affaires, résolut de retourner à Dieu : la neige qui blanchissait déjà sa tête l'avertissait, ainsi qu'il nous le dit dans une sorte de petite préface, qu'il était temps de consacrer à Dieu ce qui lui restait de voix. Des diverses compositions qui devaient sortir de sa plume, les unes appartiennent à la théologie, à la polémique ; les autres appartiennent à l'inspiration lyrique. Cependant, malgré son intention de servir la foi catholique par la discussion, remarquez bien la hardiesse de cette expression, il ne s'exagère pas la puissance de ces armes qu'il va porter au service d'une cause sainte, et il en parle avec une humilité qui a aussi sa grâce : « Il est temps de consacrer à Dieu le reste
« de sa voix ; que les hymnes accompagnent les
« heures du jour, et que la nuit ne se taise point ;
« que les hérésies soient combattues, la foi catholi-

« que discutée, l'insulte prodiguée aux idoles, les
« vers glorieux aux martyrs, la louange aux apô-
« tres... Dans la maison d'un riche on étale partout
« une opulente vaisselle ; la coupe d'or y étincelle,
« la chaudière d'airain n'y manque pas. On y voit
« le vaisseau d'argile, et le plat d'argent large et
« lourd ; plusieurs vases y sont d'ivoire, d'autres
« sont taillés dans l'orme ou le chêne. Pour moi,
« le Christ m'emploie comme un vase sans valeur
« à d'humbles usages, et souffre que je reste dans
« un coin du palais de son Père. »

> Me paterno in atrio
> Ut obsoletum vasculum caducis
> Christus aptat usibus,
> Sinitque parte in anguli manere (1).

Vous voyez que Prudence s'annonce d'abord comme poëte, théologien et controversiste, armé pour le combat. Mais il ne s'y engagera pas, comme saint Prosper et plusieurs autres, pour se borner à mettre en vers les traités théologiques, et pour exprimer, avec une fidélité souvent servile, des pensées qui ne lui appartiendraient pas. Au contraire, Prudence ne cherche qu'en lui-même son inspiration et sa verve, et, dans les accents du poëte, plus d'une fois vous retrouverez les anciennes habitudes de l'orateur, surtout dans les deux livres composés contre Symmaque. Vous vous rap-

(1) Prudence, *Peristephan.*, préface.

pelez comment Symmaque avait adressé à Valentinien une requête pour le rétablissement de l'autel de la Victoire, et comment, après une réponse éloquente de saint Ambroise, il s'était vu refuser par l'empereur. Mais sa requête subsistait néanmoins, et passait de main en main, comme l'éloquente protestation du paganisme contre ceux qui renversaient ses derniers autels. C'est à cause de cette puissance qu'elle avait conservée sur les esprits, que Prudence croit devoir y répondre dans deux livres en vers.

Dans le premier, il s'attache d'abord à combattre par les arguments ordinaires le culte des faux dieux, puis à célébrer, avec des accents de triomphe, la défection de la noblesse et du peuple de Rome, qui, peu à peu, abandonnaient ces divinités mensongères pour passer au service du Christ. Il se plaît à compter toutes ces familles, ces descendants des Manlius et des Brutus, qui viennent se ranger un à un, autour du Labarum. Les idoles demeurent dans l'abandon : mais ne craignez pas que le poëte demande de les renverser ; au contraire, il demande que, ces dieux ayant disparu, leurs statues soient sauvées et restent debout comme autant de monuments immortels, témoins du passé, et voici en quels termes il s'exprime, termes curieux pour nous montrer quelques-uns des usages du paganisme, et surtout celui-ci, dont l'archéologie ne s'était jamais rendu parfaitement compte : on trouve très-souvent les statues anciennes couvertes d'un enduit dont on n'a pas toujours pu déterminer la qualité; cet enduit en change la couleur. Prudence dit, en s'adressant aux sénateurs romains :

> Marmora tabenti respergine tincta lavate,
> O proceres ! liceat statuas consistere puras,
> Artificum magnorum opera ; hæc pulcherrima nostræ
> Ornamenta fuant patriæ, nec decolor usus
> In vitium versæ monumenta coinquinet artis (1).

On frottait les statues des dieux avec le sang des victimes : c'était une manière d'abreuver Jupiter du sang dont il avait soif. Ces vers, que je n'ai pas vu citer souvent, sont très-considérables, et j'y remarque surtout, pour moi, chez ce poëte, cette passion de l'art qui fait qu'un esprit, grand ennemi du paganisme, le paganisme une fois renversé, demande la conservation des statues, et leur ouvre, à deux battants, ces asiles que Rome prolongera et bâtira, de siècle en siècle, sous le nom de musées, pour y recevoir tous les trophées du paganisme vaincu.

Dans le second livre, il répond à ceux qui ont trouvé, dans la piété de Rome pour les faux dieux, la cause de ses victoires. Il la cherche, lui, et la trouve dans ce dessein de la Providence, se servant des Romains pour réconcilier, discipliner, civiliser

---

(1) Prudence, *Contra Symmach.*, I, 502.

toutes les nations de l'Occident, préparer enfin les
voies au christianisme, dont la tâche devait être
plus facile, tout l'univers étant soumis à la même
loi. C'est là que son patriotisme éclate, et qu'au
nom de la grandeur de Rome il triomphe du refus
de Valentinien de relever l'autel de la Victoire,
renversée à jamais pour être remplacée par une
protection plus haute, et il conclut par cette requête, à jamais mémorable, où il demande à Honorius, au fils de Théodose, l'abolition des combats
de gladiateurs. Il vient de peindre l'amphithéâtre
retentissant des cris des combattants : « Que
« Rome, la ville d'or, ne connaisse plus ce genre
« de crimes. C'est toi que j'en conjure, chef très-
« auguste de l'empire d'Ausonie : ordonne qu'un
« si odieux sacrifice disparaisse comme les autres.
« C'est le mérite que te voulut laisser la tendresse
« de ton père : « Mon fils, a-t-il dit, je te fais ta
« part ; » et il t'abandonna l'honneur de ce dessein.
« Empare-toi donc, ô prince ! d'une gloire réservée
« à ton siècle. Ton père défendit que la ville maî-
« tresse fût souillée du sang des taureaux ; toi, ne
« permets plus qu'on y offre en hécatombes les
« morts des hommes. Que nul ne meure plus pour
« que son supplice devienne une joie ! Que l'odieuse
« arène, contente de ses bêtes féroces, ne donne
« plus l'homicide en spectacle sanglant ! Et que
« Rome, vouée à Dieu, digne de son prince, puis-
« sante par son courage, le soit aussi par son inno-

« cence (1) ! » Ceci, c'est la poésie mise au service, non du christianisme, mais de l'humanité qu'elle avait si souvent trahie.

Il serait peut-être plus instructif d'examiner les poëmes théologiques de Prudence, qui pénètrent jusque dans les dernières difficultés du dogme; de chercher dans son poëme intitulé *Hamartigenia*, où il discute les objections élevées contre la divinité du Christ; dans cet autre intitulé *Psychomachia*, où il s'occupe de l'origine du mal ; de chercher avec quelle hardiesse cet homme, voué jusque-là aux affaires, aux disputes du barreau, aborde les plus hautes questions de métaphysique, discute l'existence de deux principes, l'un du bien, l'autre du mal ; explique comment l'âme est capable de voir sans le secours des sens, retrace la lutte intérieure de la chair et de l'esprit. Ces vérités sont saisies et rendues avec une force qui paraît empruntée de Lucrèce, et qui rappelle le langage de l'ancien poëte philosophe de Rome ; d'autre part, à cause de la pensée chrétienne qui domine, on se croit déjà transporté dans ce paradis de Dante, où le poëte, enhardi par la présence de Béatrix, osera remuer les plus formidables questions de la théologie.

Mais Prudence est peut-être encore plus grand comme poëte lyrique. C'est dans ses deux recueils,

---

(1) Prudence, *Contra Symmachum*, II, 1114 et seq.

intitulés l'un *Cathemerinon*, l'autre *Peristephanon*, qu'il faut chercher ces hymnes, dont douze sont consacrées à célébrer ou les différentes heures du jour, ou les différentes solennités de l'année chrétienne, et quatorze à célébrer l'anniversaire de martyrs : c'est là surtout qu'il montre avec quelle érudition, avec quelle persévérance il avait pénétré dans toutes les formes de la versification des anciens. Ainsi tous les mètres pratiqués par Horace se retrouveront dans ces hymnes, non avec la même pureté, mais avec la même variété, et souvent avec une régularité qui étonne pour un siècle de décadence : des passages entiers pourraient être cités comme des modèles d'une latinité supérieure à celle des poëtes latins de la fin du second siècle et même de la fin du premier.

Les deux caractères de sa poésie sont la grâce et la force : la grâce paraît surtout lorsqu'il fait voir la terre prodiguant ses fleurs pour entourer et voiler le berceau du Sauveur ; ou bien quand il décrit les saints Innocents, ces fleurs du martyre que l'épée a moissonnées comme le tourbillon moissonne les roses naissantes, et qui, au ciel, sous l'autel même de Dieu, jouent, comme des enfants, avec leur palme et leur couronne. Et alors arrive une description du ciel qui, avec sa naïveté et son charme, nous fait assister d'avance aux plus admirables tableaux du pinceau de Fra Angelico da Fiesole, et je crois considérer déjà ces peintures angéliques, quand je vois Prudence représenter avec tant de grâce les âmes des bienheureux, qui s'en vont chantant en chœur et foulant à peine les lis de la prairie qui ne plient point sous leurs pieds.

Mais la force du poëte éclate bien davantage lorsqu'il décrit les combats des martyrs et s'anime, pour ainsi dire, de tout leur feu ; lorsqu'il représente saint Fructueux sur le bûcher, saint Hippolyte entraîné par des chevaux indomptés, ou bien saint Laurent sur le gril. Saint Laurent était une des mémoires les plus chères au peuple romain, parce que cet apôtre, ce martyr de la foi, était aussi martyr de la charité; et qu'il était mort, non pas seulement pour ne pas livrer le Christ qu'il portait en son cœur, mais ces trésors de l'Église, qui étaient conservés pour la nourriture des pauvres, et Rome lui en sut gré, car encore aujourd'hui, après la Vierge, il n'est pas de saint, pas même saint Pierre, qui ait autant d'églises à Rome que saint Laurent, tant le souvenir de ce diacre, serviteur des pauvres, est resté populaire! Prudence l'a chanté, et, dans l'enthousiasme que lui inspirait la figure de ce jeune saint, il a voulu, au moment où il va rendre le dernier soupir, mettre dans sa bouche une prière où vous retrouverez l'inspiration des chrétiens, qui voyaient d'un œil assuré la destinée romaine : « Christ, nom unique
« sous le soleil, splendeur et vertu du Père, auteur

« du monde et du ciel, et véritable fondateur de
« ces murs, vous qui plaçâtes Rome souveraine au
sommet des choses, voulant que tout l'univers
« servît le peuple qui porte la toge et le fer, afin
« de dompter ainsi sous les mêmes lois les coutu-
« mes, le génie, les langues et les cultes des nations
« ennemies. Voici que le genre humain tout entier
« a passé sous la loi de Rémus : les mœurs contrai-
« res se rapprochent en une même parole, en une
« même pensée. O Christ ! accordez à vos Romains
« que leur cité soit chrétienne, elle par qui vous
« avez donné une même foi à toutes les cités de la
« terre. Que tous les membres de l'empire s'unis-
« sent dans un même symbole. Le monde a fléchi,
« que la ville maîtresse fléchisse à son tour ; que
« Romulus devienne fidèle, et que Numa croie en
« vous. »

> Mansuescit orbis subditus,
> Mansuescat et summum caput.....
> Fiat fidelis Romulus,
> Et ipse jam credat Numa (1) !

Mais les pensées élevées, les expressions fortes, appartiennent à tous les hommes éloquents. Selon moi, ce qui fait le caractère distinctif et inimitable des poëtes, c'est la grâce, et c'est pourquoi elle marque, d'un premier sceau, toutes les compositions de Prudence : elles finissent toujours par un retour plein de charme sur lui-même, par ces

(1) *Peristeph.*, II, 412 et seq.

pensées qui laissent une douceur infinie dans l'esprit, soit quand il montre la colombe blanche s'échappant du bûcher de sainte Eulalie, ou quand il invite les jeunes filles à porter au tombeau de la vierge martyre les violettes à pleines corbeilles, se réservant, lui, de tresser des guirlandes de vers pâles et fanés, « mais qui cependant ont un air de « fête; » ou encore lorsque, achevant le récit du martyre de saint Romain, le poëte pense à lui-même et conclut par ce vœu touchant : « Je vou-
« drais, rangé comme je le serai, à gauche, parmi
« les boucs, du moins je voudrais être reconnu de
« loin; et qu'aux prières du martyr le juge misé-
« ricordieux se retournât en disant : Romain m'a
« prié, qu'on m'apporte ce bouc, qu'il soit à ma
« droite, qu'il soit agneau et qu'il en revête la
« toison ! »

> Vellem sinister inter hædorum greges,
> Ut sum futurus, eminus dignoscerer,
> Atque hoc precante diceret rex optimus :
> Romanus orat : transfer hunc hædum mihi :
> Sit dexter agnus, induatur vellere (1).

Cet homme, dont j'admire les vers, ne restera jamais sans admirateurs. Le moyen âge lui rendra un culte égal à celui que reçoivent les plus illustres docteurs, Boèce, Bède, saint Boniface. Tous les écrivains du septième siècle se plaisent à emprunter ses vers pour servir d'exemples à côté des plus

(1) Prudence, *Peristeph.*, X, 1136 et seq.

beaux de l'antiquité. Plus tard, il est cité comme le premier et comme le plus illustre parmi les poëtes chrétiens. On voit enfin saint Brunon, archevêque de Cologne, au onzième siècle, un des hommes les plus savants de cette Germanie savante d'une époque mal connue, l'un des hommes de cette renaissance allemande que nous n'avons pas encore étudiée, et que nous étudierons peut-être un jour ensemble, mettre dans la bibliothèque de son église un exemplaire de Prudence; et ce livre ne sortait pas de ses mains. Prudence fut en possession de cet honneur jusqu'à la Renaissance. La Renaissance entra dans l'école chrétienne; elle y trouva des poëtes chrétiens au-dessous des poëtes païens auxquels on avait accordé, comme aux plus éloquents, la première place. Assurément Virgile et Horace y étaient restés dans cet honneur que l'antiquité leur avait fait, mais enfin on y trouvait des chrétiens, et comme leur langage n'avait pas toute la pureté cicéronienne, comme Prudence était convaincu d'avoir employé soixante-quinze mots qui n'avaient pas d'exemple dans les écrivains antérieurs, immédiatement toute cette foule de barbares qui, sous prétexte de christianisme, s'étaient introduits dans l'école, furent balayés, chassés, pour que les païens restassent maîtres du lieu.

Il y avait aussi quelques raisons accessoires. Prudence avait quelques inconvénients avec son culte passionné pour les martyrs; ces hommages sans nombre rendus aux saints, c'était là pour le protestantisme des témoins incommodes qu'il fallait faire disparaître et réduire au silence. Vainement quelques hommes de goût et de savoir, Louis Vivès, par exemple, un des plus illustres et des plus zélés sectateurs de la Renaissance, réclamèrent courageusement et demandèrent qu'une place fût faite à ces instituteurs de nos pères : il fallut qu'ils disparussent.

Soyons plus équitables ; que notre admiration soit assez large pour pouvoir rendre aux poëtes des premiers siècles chrétiens la justice qui pendant si longtemps ne leur fut pas refusée, et puisque Prudence, tout fervent, tout converti, tout pénitent qu'il était, avait la tolérance de vouloir que les statues mêmes des faux dieux restassent debout sur le forum, demandons, nous, que les images des premiers poëtes chrétiens soient replacées, elles aussi, debout devant l'école. Il n'y aurait là rien de téméraire : cependant, malgré tout ce que je me suis efforcé de vous montrer de poésie dans ces écrivains, dont je viens de vous tracer l'analyse trop longue peut-être, selon moi, la véritable poésie chrétienne, le fond même de cette poésie chrétienne, n'était pas là : il était ailleurs ; où cela ? c'est ce que nous verrons dans notre prochaine leçon.

L'ART CHRÉTIEN

(DIX-NEUVIÈME LEÇON)

Messieurs,

Nous devions achever l'histoire des lettres chrétiennes au cinquième siècle par la poésie, et quand nous avons cherché cette inspiration poétique qui semblait devoir sortir si vive et si abondante des grands spectacles du christianisme, nous ne l'avons pas trouvée facilement. Elle n'était pas dans ces nombreuses compositions épiques et didactiques où plusieurs écrivains s'efforcent, avec plus d'exactitude que de verve, d'exprimer les récits de l'Écriture sainte ou les difficultés du dogme, en les pliant aux mètres de Virgile et d'Ovide. Il est vrai que nous avons reconnu le rayon poétique sur le front de deux hommes, saint Paulin et Prudence, différents de génie et de destinée : Paulin renonçant aux honneurs, à la fortune, au monde entier, pour aller consumer ses jours au tombeau de saint Félix de Nôle, mais ne renonçant pas à ces vers si doux qui coulaient naturellement comme des larmes, et servaient comme elles à répandre le trop plein de son âme; Prudence mettant la fin de ses jours au service de la foi, et s'employant à défendre ses doctrines et sa gloire. Nous avons vu la force et la grâce s'accordant, pour tresser ses vers, comme autant de couronnes qu'il vient suspendre, dit-il lui-même, au milieu des fraîches guirlandes dont les fidèles entourent le tombeau des saints. Assurément la poésie est là, mais elle n'y est pas tout entière, elle n'y est pas surtout telle qu'on doit l'attendre après trois siècles de persécution, après Constantin et le concile de Nicée, au temps des Pères, au temps où fleurissent, comme des plantes du désert, ces héroïques anachorètes. Si là nous n'avons pas trouvé complétement la poésie, il faut qu'elle soit ailleurs, il faut qu'il y ait quelque part une source abondante d'où elle jaillisse, d'où elle déborde et se répande sur les siècles qui suivront.

La source commune de toute la poésie chrétienne, c'est le symbolisme. Le symbolisme est à la fois une loi de la nature et une loi de l'esprit humain. C'est une loi de la nature : après tout, qu'est-ce que la création, si ce n'est un langage magnifique qui nous entretient nuit et jour? Les cieux racontent leur auteur; les êtres créés ne parlent pas seulement de celui qui les a faits, mais ils nous entretiennent les uns des autres, et les plus petits, les plus obscurs, nous font l'histoire des plus lumineux et des plus éclatants. Cet oiseau de passage qui revient, qu'est-ce, sinon le signe du printemps qu'il ramène avec lui et des astres qui ont marché des mois entiers? Et ce chétif roseau qui jette son ombre sur le sable, ne sert-il pas à marquer l'élévation du soleil sur l'horizon? C'est ainsi que tous les êtres se rendent témoignage, se provoquent, s'interpellent d'un bout à l'autre de l'immensité, et ce sont ces continuels rapprochements, ces innombrables symboles, ces harmonies, qui font la poésie du monde que nous habitons.

Ainsi Dieu parle par des signes, et l'homme, à son tour, quand il parle à Dieu, épuise toute la série des signes dont son intelligence dispose. Quel autre langage pourrait parler l'intelligence humaine que celui qu'elle a reçu, dans lequel elle a été formée? Et voilà pourquoi, lorsque, à son tour, l'homme veut parler à Dieu, c'est peu de la prière, il lui faut le chant, il lui faut les cérémonies sacrées qui expriment aussi, à leur manière, par leur développement et par les chœurs qu'elles mènent, par leurs repos et par leurs marches, les mouvements de l'âme, ses élancements pour arriver à l'infini, et son impuissance qui la force à s'arrêter en chemin. Il faut aussi un sacrifice qui sera le symbole de l'adoration et de l'impuissance humaine en présence de la puissance divine. Ainsi apparaît, comme un magnifique et permanent témoignage, le temple posé sur la face de la terre, afin de marquer que là il y a eu des intelligences qui voulurent, à leur manière, attester leurs efforts pour atteindre au Créateur. Ainsi toute la nature instruit l'homme par symboles, et c'est par symboles que l'homme répond à l'Auteur de la nature.

Il en est de même du christianisme : Dieu aussi, dans l'Écriture sainte, ne parlait qu'un langage symbolique. Tout l'Ancien Testament est plein de réalités ; il a sa valeur historique, sans doute ; mais, en même temps, toutes ces réalités sont des figures, tous ces patriarches, tous ces prophètes, représentent celui qui doit venir. Joseph et Moïse ne sont que les précurseurs et en même temps les signes de celui qui accomplira un jour la loi, et en qui toute figure trouvera sa réalité.

Le Nouveau Testament, à son tour, ne nous entretient que par paraboles, et le Christ lui-même, employant ce langage familier de la vie des champs, de la vie la plus naturelle et la plus douce à l'homme, nous dira un jour : « Je suis la « vigne, » et un autre jour : « Je suis le bon pas- « teur. » Il en sera de même dans tout le développement ultérieur du Nouveau Testament : saint

Paul interprétera l'Écriture par voie d'allusions et d'allégories : deux montagnes lui représenteront les deux alliances ; et la mer Rouge, que traversèrent les Hébreux, sera pour lui le symbole du baptême. De même, dans l'*Apocalypse*, ce livre symbolique par excellence, toutes les figures se produiront avec un sens mystérieux, et, quand saint Jean représente la nouvelle Jérusalem resplendissante d'or et de pierreries, avec des murailles de pierres précieuses et des portes chargées de perles, ce n'est pas cet éclat matériel, cette flatterie des sens, qu'il offre, comme but suprême de leurs efforts, à des chrétiens, à ces hommes qui, tous les jours, mouraient, bravaient le martyre et renonçaient à tous les trésors. Évidemment non ; car, dans le langage de l'Orient, chaque pierre précieuse avait une valeur symbolique, admise, selon des règles, dans toutes les anciennes écoles, et représentant d'une manière mystique certaines vertus vagues de l'âme et certaines forces de l'intelligence humaine ou de la grâce divine.

Ainsi, lorsque les chrétiens durent se faire une langue, je ne m'étonne pas qu'à l'imitation de la Bible, ils se fissent une langue figurée, toute pleine de types et de symboles ; et quand les premiers Pères apostoliques, saint Clément, saint Barnabé, interprètent les Écritures, l'allégorie surabonde dans leurs œuvres et dans leurs interprétations.

Vers le même temps, un écrivain chrétien,

dont l'histoire est restée inconnue, mais dont le livre a conservé un singulier caractère d'antiquité et de beauté, Hermas, veut instruire les fidèles, et il le fait, à la façon des anciens, par des similitudes. Son livre est divisé en trois parties (1) : les visions, les préceptes et les similitudes. Ses visions lui représentent, par exemple, l'Église sous la figure d'une jeune fille, d'une reine ou d'une mère que l'âge a déjà marquée de son caractère, et à laquelle il a ajouté aussi un signe d'autorité. C'est toujours sous cette figure vivante et sensible que lui apparaissent les institutions, les vocations auxquelles Dieu a donné l'appui de sa volonté. Ainsi encore, lorsqu'il veut représenter les diverses conditions humaines, il emploie la comparaison suivante. Hermas se promenant un jour dans la campagne vit une vigne et un orme, et il s'arrêta pour les considérer. Le Pasteur lui apparut : « Cette vigne, dit-il, porte beaucoup de fruits
« et l'orme n'en a pas. Mais, si elle n'était ap-
« puyée sur lui, la vigne rampante en produirait
« peu et de moindre valeur. Ainsi, comme elle ne
« peut avoir du fruit en abondance et de bonne
« qualité qu'avec l'orme qui l'appuie, l'orme n'est
« pas moins fécond que la vigne. Celui qui est
« dans l'opulence est ordinairement pauvre aux
« yeux du Seigneur, car ses trésors le détournent

---

(1) Voir les notes à la fin de la leçon, I.

« de Dieu, et sa prière est faible. Mais s'il donne
« aux pauvres, le pauvre qui est riche aux yeux
« du Seigneur, et dont la prière est puissante, le
« pauvre prie pour lui, et Dieu l'exauce. Ainsi le
« riche s'appuyant sur le pauvre comme la vigne
« sur l'orme, ils deviennent tous deux féconds,
« l'un par l'aumône, l'autre par la prière (1). »

Vous voyez que ce langage symbolique pénètre ainsi dans les mœurs chrétiennes ; je dis plus : il y devient nécessaire. Après la liberté dont le christianisme jouit jusqu'aux premières persécutions, les chefs de l'Église reconnurent la nécessité d'envelopper les mystères dans la discipline du secret : ils n'étaient communiqués que peu à peu, et ne devaient pas être livrés et abandonnés immédiatement à la profanation des infidèles. Cette nécessité de tenir les mystères secrets, et cependant de se reconnaître entre chrétiens, devait donner lieu à des signes de ralliement qui ne pussent être intelligibles que pour ceux qui en avaient appris le sens, par conséquent à un système de symboles par lesquels les chrétiens pussent échanger leurs pensées sans les livrer à des esprits sacrilèges. Aussi le nombre des symboles s'augmente à l'infini, et, dès le troisième siècle, il est devenu tel, qu'un Père de l'Église grecque, Meliton de Sardes, écrit un livre intitulé la *Clef*, destiné à donner déjà, à cette

(1) Hermas, *Pastor*, l. III : *Similitudo secunda*.

époque si reculée, le sens mystérieux de ces symboles, multipliés au point de rendre nécessaire cette interprétation scientifique.

Au cinquième siècle, saint Eucher écrira le *Livre des formules pour l'intelligence spirituelle des Écritures*, *Liber formularum spiritualis intelligentiæ*, dans lequel il donne précisément le sens mystique des nombres, des fleurs, des figures d'animaux, des plantes, des métaux précieux, qui tous avaient une signification, et dont la valeur et le rapport avaient préoccupé la philosophie ancienne. Ainsi, comme dans un grand dictionnaire symbolique, seront expliqués les signes employés alors dans le langage théologique, les figures du lion, du cerf, de l'agneau, de la colombe, du palmier, de l'olivier, de la grenade et tant d'autres. C'est, en quelque sorte, le secret des hiéroglyphes chrétiens, mais dévoilé volontairement par le prêtre dès que le danger des persécutions est passé, dès que la nécessité de la discipline du secret s'est évanouie, et que l'Église peut satisfaire à ce besoin, qui est en elle, de tout communiquer, bien différente en cela des sacerdoces anciens, dont la règle et la discipline étaient de tout cacher et de tout ensevelir.

C'est parce que les religions sont nécessairement symboliques qu'elles deviennent le principe et le berceau des arts : tous les arts sont nés à l'ombre d'une religion. Et je ne m'en étonne pas ; car, si l'homme, pour dire quoi que ce soit, a besoin d'employer des signes qui, précisément parce qu'ils sont matériels, restent toujours inférieurs à sa pensée, à plus forte raison il doit en être de même quand on entreprend de parler à Dieu, de Dieu, des choses invisibles, de toutes ces conceptions infinies que l'intelligence n'atteint qu'à peine, qu'elle entrevoit un moment, qui passent comme des éclairs qu'elle voudrait fixer, mais qui ont disparu avant qu'elle ait pu comparer son expression imparfaite avec l'idée même qu'elle voulait rendre. C'est pourquoi, quand l'homme essaye de parler de ces choses éternelles, aucun signe ne lui suffit, ne le satisfait; tous les moyens sont employés et viennent, pour ainsi dire, à la fois sous sa main. Mais tout ce que peuvent et le ciseau, et le pinceau, et les pierres élevées les unes sur les autres jusqu'à des hauteurs inaccessibles et jusque vers le ciel, tout ce que peut produire la parole d'illusion et d'harmonie quand elle est soutenue par le chant, tout est employé par l'homme, et rien n'arrive à contenter les justes exigences de son esprit dès qu'il s'agit de ces grandes et immortelles idées. Cependant, malgré cette impuissance, l'idéal qu'il a poursuivi apparaît, se laisse entrevoir avec une sorte de transparence, et c'est cette transparence de l'idéal à travers les formes dont il est revêtu qui constitue véritablement la poésie ; car la poésie primitive n'est pas seulement dans les vers, dans la parole rhythmée, mais dans tout effort de la volonté humaine pour saisir l'idéal et le rendre, que ce soit par la couleur, que ce soit par des pierres ou par tous les moyens qui lui ont été donnés de frapper les sens et de communiquer à l'intelligence d'autrui ce que son intelligence a conçu.

Vous comprenez que l'art chrétien aura son berceau au berceau même de la religion chrétienne, c'est-à-dire aux Catacombes. C'est là qu'il faut descendre pour voir les origines de cette poésie que nous avons cherchée dans les livres. Mais le peuple qui se rassemble là est trop fervent, trop ému, pour qu'un seul ou deux de ces moyens par lesquels l'homme peut traduire sa pensée lui suffisent; il est d'ailleurs trop pauvre, trop ignorant, il se compose trop des dernières classes de la société romaine pour pouvoir porter bien loin la perfection dans l'emploi des arts: il faudra donc qu'il essaye à la fois de tous les arts, de tous les moyens par lesquels l'idée peut se traduire pour rendre, d'une manière bien imparfaite, les émotions dont la bonne nouvelle du christianisme vient de remplir son cœur.

Il faut se représenter les catacombes comme un labyrinthe de galeries souterraines qui s'étendent à des distances considérables sous les faubourgs et sous la campagne de Rome. On n'a pas compté moins de soixante de ces cimetières chrétiens, et les circonvallations qu'ils forment autour de l'ancienne Rome, à en croire la tradition populaire, ce que répètent les pâtres de la campagne, s'étendraient jusqu'à la mer.

Mais, quand on descend dans ces lieux sans lumière, on est encore plus frappé de leur profondeur que de l'étendue sur laquelle ils se développent. On entre communément par d'anciennes carrières de pouzzolane qui ont servi, sans doute, à la construction des monuments de Rome et qui furent l'ouvrage des anciens. Mais, au-dessous ou à côté de ces carrières, les chrétiens ont eux-mêmes creusé, dans le tuf granulé, d'autres galeries d'une forme tout à fait différente qui ne pouvaient plus servir à l'extraction de la pierre, mais au seul but qu'ils se proposaient. Toutes ces galeries descendent à deux, trois, quatre étages, au-dessous de la surface du sol, c'est-à-dire à quatre-vingts, à cent pieds et plus encore; elles serpentent en détours infinis, tantôt montent, tantôt descendent, comme pour fuir les pas des persécuteurs qui y sont engagés, qui pressent la foule des fidèles et qu'on entend déjà venir. A droite et à gauche, les parois de la muraille sont percées de niches oblongues, horizontales, comme les rayons d'une bibliothèque, car je ne trouve pas de comparaison plus juste : chaque rayon forme une sépulture qui sert, suivant sa profondeur, pour un ou plusieurs corps. Une fois la sépulture remplie, on fermait le rayon avec des blocs de marbre, des briques, avec tout ce que le hasard mettait sous la main de ces ouvriers persécutés. De distance en distance, ces longs corridors s'ouvrent sur des chapelles où pouvaient se célébrer les mystères, et sur des salles dans lesquelles l'enseignement se donnait aux catéchumènes et où s'accomplissaient les expiations des pénitents.

J'ai besoin de vous fournir immédiatement la preuve que ces grands ouvrages sont bien des premiers siècles chrétiens, des siècles persécutés. Nous en avons le témoignage dans Prudence et dans saint Jérôme, qui tous deux y étaient allés, plus d'une fois, vénérer les sépultures des martyrs, et qui en parlent avec autant d'épouvante que d'admiration. Saint Jérôme, jeune étudiant à Rome, avec toute l'ardeur de son âme, descendait chaque dimanche dans ces entrailles de la terre, et nous dit qu'alors revenait sans cesse à son esprit la parole du Prophète : « *Descendunt ad infernum viventes,* » et ce vers de Virgile :

Horror ubique animos, simul ipsa silentia terrent,

mêlant ainsi les grandes traditions sacrées aux traditions profanes, image de la double éducation de Jérôme et de ses contemporains (1).

En effet, on aperçoit d'abord dans les catacom-

---

(1) S. Hieronymus, *in Ezechielem*, c. 40.

bes l'ouvrage de la terreur et de la nécessité. Mais, si l'on y prend garde, c'est un ouvrage bien éloquent, et si les monuments, si l'architecture même n'a pas d'autre but que d'instruire les hommes et de les émouvoir, jamais aucune construction au monde n'a donné de si grandes et si terribles leçons. En effet, lorsque vous avez pénétré dans ces profondeurs de la terre, vous apprenez par force ce qui est la grande leçon de la vie, à vous détacher de ce qui est visible, à vous détacher même de ce par quoi tout est visible, c'est-à-dire de la lumière. Le cimetière enveloppe tout, comme la mort enveloppe la vie, et ces oratoires mêmes ouverts à droite et à gauche, par intervalles, sont comme autant de jours ouverts sur l'immortalité, pour consoler un peu l'homme de la nuit dans laquelle il vit ici-bas. Ainsi tout ce que l'architecture doit faire plus tard, elle le fait déjà; elle instruit, elle émeut, elle pénètre.

Essayez quelque jour, dans vos pèlerinages de jeunes gens, de descendre dans ces vastes souterrains, et, quand vous en remonterez, vous me direz si vous n'y avez pas trouvé des émotions qu'aucune des grandes constructions antiques, aucun des restes ni du Colisée, ni du Parthénon, ni de ces autres édifices qui se croyaient bâtis pour l'immortalité, n'auraient jamais pu produire dans votre âme.

Ce n'est pas tout : ces oratoires et ces tombeaux

sont couverts de peintures souvent sans doute très-grossières. Parmi les chrétiens des premiers siècles, parmi ces plébéiens, ces pauvres, que le christianisme avait préférés à tous, il y avait peu de grands artistes. Les Appelles et les Parrhasius de ce temps restaient au service de Néron et décoraient pour lui la Maison Dorée. C'étaient des artistes de rebut, des misérables qui descendaient là : cependant je ne sais quoi de plus qu'humain se trahit au milieu de toutes les faiblesses et de toute l'impuissance d'un art dégradé. En remontant surtout aux catacombes qui paraissent avoir été creusées dans les siècles les plus anciens, on reconnaît la tradition fidèle et très-bien observée des arts de l'antiquité. On trouve des peintures desquelles on peut dire, sans exagération, qu'elles ont quelque chose de la beauté antique et qu'elles ne témoignent pas encore de cette décadence de l'art romain qui ne se prononce d'une manière bien déclarée qu'au second siècle.

Ainsi les peintures elles-mêmes rendent témoignage de l'antiquité des murs sur lesquels elles ont été tracées et des croyances qu'elles expriment. En effet, il était impossible que l'art chrétien naissant ne reproduisît pas, à beaucoup d'égards, les traditions de l'art dans l'antiquité. Les païens avaient aussi des sépultures peintes, souterraines même, comme les Scipions, qui avaient coutume d'ensevelir à la façon des chrétiens les morts de leur famille. Dans les tombeaux des Scipions, des Nasons, et ailleurs, on a trouvé aussi des peintures, des images agréables semées sur les murs pour consoler la tristesse de la mort : par exemple, des fleurs, des animaux, des victoires, des génies. Quoi d'étonnant si les humbles fossoyeurs, les *fossores*, comme on les appelait, qui les premiers commencèrent à décorer les sépultures des chrétiens et les oratoires, reproduisirent à beaucoup d'égards les procédés, les images, les sujets des artistes anciens? Ainsi les mêmes figures allégoriques et souvent des figures qui sembleraient ne devoir appartenir qu'au paganisme, comme des victoires, des génies ailés, décorent plusieurs tombeaux chrétiens, et dans trois peintures du cimetière de Saint-Callixte, on trouve la figure d'Orphée représentée à la manière des anciens. Mais la science de l'Église, qui veillait derrière l'ignorance et la simplicité de ces pauvres ouvriers, avait soin d'éclairer le symbole, de le purifier, de l'élargir, de lui donner une signification nouvelle. Elle faisait pour l'art ce qu'elle avait fait pour la langue : il avait bien fallu qu'elle adoptât la langue ancienne, mais elle l'avait fait en donnant aux termes anciens un sens nouveau qui devait fournir une nouvelle fécondité à la parole. Orphée figurait parmi ces types chrétiens : mais, selon saint Clément d'Alexandrie, il y figurait comme l'image du Christ, qui, lui aussi, attire les cœurs, ébranle jusqu'aux rochers les plus froids du désert et les bêtes les plus féroces des forêts, comme il a figuré plus tard dans l'art chrétien de tous les siècles, jusqu'à Caldéron, qui a composé un de ses plus admirables *Autos sacramentales* sous le titre du *Divin Orphée*. De même, lorsque les peintures des catacombes représentent, à la clef de voûte de leurs oratoires, l'image du bon Pasteur, les archéologues, avec beaucoup de raison, disent : Cette image du bon Pasteur est imitée des anciens.

Les anciens avaient plus d'une fois représenté, même dans les sépultures et ailleurs, les jeux des bergers, et, parmi ces images gracieuses où se complaisaient la peinture et la sculpture antiques, aucune n'était plus agréable que celle d'un jeune pasteur chargeant un chevreau sur ses épaules. Les chrétiens ont pris à côté d'eux, dans des sépultures, l'image de ce berger avec sa chlamyde et tous les détails de son costume, ont mis sur ses épaules le chevreau traditionnel, infidèles en cela au texte évangélique, qui parle de brebis : mais l'artiste ignorant a, la plupart du temps, copié le chevreau sur l'image ancienne sans s'inquiéter de la conformité au texte de l'Évangile. Voilà ce qu'ont dit tous les archéologues ; mais cette interprétation est un peu exagérée, et je vais vous faire voir comment une critique plus profonde et plus éclairée peut, tout à coup, illuminer un point mal compris et faire apparaître toute la profondeur, toute la beauté d'un symbole.

En effet, au moment où les chrétiens creusaient les catacombes de Saint-Callixte à Rome, à la fin du deuxième siècle, il s'agitait dans l'Église une des questions les plus terribles qu'elle ait remuées: à savoir si le pardon promis au pécheur ne lui était promis que pour une ou pour plusieurs fois, si le pécheur relaps pouvait être admis à la pénitence. Une secte considérable, les montanistes, ayant à sa tête un des plus illustres déserteurs de l'orthodoxie, Tertullien, soutenait que le pardon s'étend à celui qui a péché une fois, mais non à celui qui retombe ; que le bon pasteur rapporte bien sur ses épaules la brebis égarée, mais non le bouc, le chevreau qui, au jour du jugement, sera mis à la gauche du juge, tandis qu'à sa droite on verra seulement la brebis. Et, comme les chrétiens lui objectaient la parabole du bon pasteur, il répondait avec amertume que le bon pasteur s'était mis en quête de la brebis, mais que nulle part on ne voyait qu'il eût couru après le bouc. Et, dans son livre *de Pudicitia*, il reprochait à l'évêque de Rome d'aller à la poursuite des boucs, au lieu de ne courir qu'après les brebis égarées. C'est alors que l'Église, dans sa mansuétude, fit cette réponse à la fois aimable et sublime à ces hommes impitoyables qui ne voulaient pas de pardon à la faiblesse retombée, en faisant peindre dans les catacombes le bon pasteur, non plus seulement avec une brebis sur ses épaules, mais avec un bouc, avec cette figure du pécheur, qui semblait condamné à jamais, et que le bon pasteur, cependant, rapporte en triomphe sur ses épaules.

Voilà comment, où l'on n'avait vu qu'une erreur d'un ouvrier, copiste malhabile des anciens, se découvre un mystère charmant de grâce et de miséricorde.

Autour de cette image du bon pasteur, qui forme ordinairement la clef de voûte des catacombes, se dessinent quatre compartiments, séparés les uns des autres par des arceaux de fleurs. Dans ces compartiments sont ordinairement peints quatre sujets pieux : deux de l'Ancien Testament et deux du Nouveau, opposés les uns aux autres pour se servir de confrontation et de parallèle. Ces sujets ne varient guère : on évalue à une vingtaine ceux qui sont représentés le plus habituellement, et on a dit : Ceci tient à l'extrême pauvreté de génie des artistes de ce temps; ils ne pouvaient guère sortir d'un petit nombre de modèles donnés. Cependant ces sujets, si l'on y prend garde, ne sont pas toujours identiques, ils sont traités avec une certaine liberté; il n'y a pas de type absolu. Quelques images, celles, par exemple, de la chute originelle, varient singulièrement suivant les ouvriers et suivant les époques, et on s'aperçoit que le nombre des sujets est restreint précisément parce qu'il ne s'agit que d'exprimer un certain nombre de dogmes, parce que tous ces sujets sont symboliques et ont un sens au delà de celui qu'ils expriment. C'est ainsi que le serpent, entre nos deux premiers parents, exprime le péché, et que l'eau sortant du rocher nous représente le baptême; c'est ainsi que Moïse, faisant tomber la manne du ciel, est le symbole de l'eucharistie, tandis que le paralytique guéri et emportant son grabat sur le dos est le symbole de la pénitence ; c'est ainsi que Lazare exprime l'idée de la résurrection; que les trois enfants dans la fournaise, Jonas jeté à la mer, Daniel dans la fosse aux lions, sont le symbole du martyre, sous ces trois formes principales, du martyre par le feu, par l'eau, par les bêtes. Mais remarquez qu'il s'agit toujours de martyrs triomphants, couronnés de Dieu, et jamais, excepté saint Hippolyte, de martyrs contemporains. Plusieurs siècles après seulement, les chrétiens ont tracé dans les catacombes quelques images des martyrs ; mais jamais les chrétiens des persécutions, ces hommes déclarés par Tacite l'horreur et l'opprobre du genre humain, n'ont voulu peindre ce qu'ils avaient souffert, ce qu'ils avaient vu souffrir à leurs pères, à leurs enfants, à leurs épouses. Selon moi, ceci est admirable : tandis que l'art païen s'enfonçait dans le réalisme le plus odieux et le plus grossier, et que, pour réveiller les sens de ces hommes blasés, il fallait leur brûler un esclave à la fin de la tragédie d'Hercule au mont Œta, et outrager une femme sur la scène lorsqu'on jouait je ne sais quelle pièce d'Euripide; pendant que ce réalisme grossier s'emparait des théâtres romains, dans cette ville triomphante et maîtresse du monde, voici des hommes détestés, pauvres, impuissants, cachés sous la terre, dans un lieu où ils peuvent, à la rigueur, entendre les trépignements de la foule qui crie : « Les chrétiens aux lions ! » eh bien, ces hommes n'auront à nous donner que le type du martyre dans l'antiquité, jamais de celui qu'ils ont souffert, que les images de la résurrection, que des symboles gracieux, aimables et touchants, nous laissant à la fois le plus bel exemple et de l'art qui n'aime pas le matérialisme, et de la charité qui pardonne et oublie.

Les Catacombes n'avaient pas donné seulement asile à l'architecture et à la peinture : la sculpture, sans doute, devait y tenir moins de place, car cet art était l'art païen par excellence. Les images des dieux étaient plus rarement en tableaux qu'en statues ; voilà pourquoi la sculpture ne devait pas jouir d'une faveur aussi grande que la peinture. Sans doute, dès les premiers temps, on la voit employée pour aider la parole dans le travail des inscriptions ; car les tombeaux devaient en porter. Souvent un sigle, un hiéroglyphe, un symbole, légèrement tracés à la pointe seulement du ciseau, disaient plus que plusieurs lignes sorties de la main du poëte le plus savant, qui aurait cherché à y exprimer toute la douleur des vivants ou toute la foi des morts. Ainsi, déjà chez les anciens, une fleur sur un tombeau exprime admirablement la fragilité de la vie humaine; un vaisseau à la voile, le rapidité de nos jours. Les chrétiens adoptèrent tous ces signes avec cet excellent esprit et ce bon sens admirable du christianisme naissant qui prenait de l'antiquité tout ce qui était beau, tout ce qui était bon, comme nous l'a montré déjà l'histoire des lettres et de la philosophie chrétiennes.

Tout en adoptant ces signes, il en ajoutait de nouveaux et consolait la mort à sa manière en mettant sur les tombeaux la colombe avec le rameau, signe d'espérance et d'immortalité; l'arche de Noé au lieu de la barque vulgaire, l'arche qui recueille les hommes pour les sauver et leur faire traverser l'abîme; enfin le poisson, signe mystique du Christ, parce que le mot grec ἰχθύς (poisson) réunissait les cinq initiales des noms par lesquels on désignait le Christ (1).

Ce signe convenu entre les chrétiens leur avait servi de ralliement, de moyen de se reconnaître entre eux, et d'autre part, le poisson exprimait le chrétien trempé dans les eaux du baptême. Ainsi une sépulture, dont on a recueilli l'inscription, ne portait pas un vers, pas un mot en prose, qui servît à désigner le mort; on n'y voyait qu'un poisson et les cinq pains de la multiplication; eh bien, cette

---

(1) Ἰησοῦς Χριστός, Θεοῦ υἱός, σωτήρ.

inscription disait beaucoup, elle disait : Ici repose un homme baptisé (le poisson), et cet homme baptisé a goûté du pain miraculeux de l'Eucharistie. C'était là un énergique et admirable langage ! La parole venait aussi lui aider, quelquefois avec une simplicité qui avait sa grâce, comme dans cette inscription si simple : Τόπος Φιλήμονος. D'autres fois c'était un mot plein de tendresse et de douceur sur le tombeau d'un enfant : *Florentius felix agnellus Dei*. D'autres fois, la terreur des jugements de Dieu s'exprime par une exclamation terrible, comme dans l'inscription du père de Benirosus : *Domine, ne quando adumbratur spiritus veneris*.

Enfin l'inscription en vers éclate et se répand sur les tombeaux, et déjà la poésie véritable, celle qui emploie le rhythme, met son empreinte sur les pierres des catacombes. Voici quelques vers d'une grande barbarie, mais étonnants par le souvenir classique qu'ils éternisent ; il s'agit d'un enfant de quatre ans :

> Hic jacet infelix proprio Cicercula nomen,
> Innocens qui vix semper in pace quiescat,
> Cui cum bis binos natura ut compleret annos,
> Abstulit atra dies et funere mersit acerbo.

Assurément, à la fin de ces vers barbares et chrétiens, on ne s'attendait pas à trouver un vers de Virgile. Mais, à part ces souvenirs de l'antiquité qui arrivent ainsi par lambeaux, tout ici est populaire, tout doit être grossier. Il ne faut donc pas s'étonner de la multitude de fautes d'orthographe et de grammaire, ni de ce grand nombre de mots latins écrits en lettres grecques, ni de tous ces solécismes et de tous ces barbarismes dont ces inscriptions sont pleines. C'est précisément leur gloire, la gloire de ce peuple ignorant, grossier et pauvre, qui devait cependant triompher de la nation riche, puissante, qui était sur sa tête, et qui habitait les palais dorés au-dessous desquels il creusait ces sépultures. Certainement les rhéteurs romains auxquels on aurait porté ces pierres chrétiennes avec ces vers auraient haussé les épaules et demandé comment ces misérables Galiléens, qui écrivaient si mal, pouvaient songer à réformer le genre humain. C'était cependant du fond de ces cimetières, de la poésie de ces tombeaux, que devait sortir tout l'art nouveau destiné à changer la face intellectuelle du monde.

Il me resterait à vous montrer la destinée de l'art chrétien à l'époque précise où nous nous sommes placés, c'est-à-dire après les catacombes ; mais il fallait auparavant vous faire connaître où il avait ses racines. C'est qu'en effet, quand l'art chrétien sort des catacombes, quand l'ère des persécutions est finie pour lui, on le voit se développer avec plus de liberté, de variété, et ses branches se détachent, quoique cependant toujours nourries de la même sève et chargées des mêmes fleurs.

La sculpture est encore surveillée, contenue ; on doit se défier du statuaire à une époque où l'on a tant de peine à le défendre des périls et de la séduction qu'exercent sur lui les vieux simulacres de Jupiter. Cependant gardons-nous de croire que la sculpture ait été proscrite dans ces premiers siècles du christianisme. Nous trouvons, même du temps des persécutions, une statue de saint Hippolyte, d'une authenticité incontestée, qui remonte au troisième siècle et qui est encore aujourd'hui dans la salle de la bibliothèque du Vatican. Il y a aussi des statues de saint Pierre et du bon Pasteur, qui datent des premiers âges chrétiens. Mais c'est surtout dans les bas-reliefs, dans la décoration des sarcophages, que la sculpture prend son essor et trouve sa liberté. Elle y reproduit, en général, les mêmes sujets des deux Testaments, que nous avons remarqués dans les Catacombes, son but est de rendre aussi par des symboles, par des figures, les principaux mystères du christianisme. Cependant elle y ajoute quelques sujets nouveaux, comme l'ont montré d'admirables études, non encore achevées, sur les sarcophages chrétiens des quatrième et cinquième siècles. On en trouve un grand nombre au Vatican, mais il faudrait leur comparer ceux de Ravenne et ceux dont nous avons encore à Arles une admirable collection : Rome, Ravenne et Arles, trois grandes villes impériales au cinquième siècle ; Arles, pendant quelque temps la capitale des Gaules, succédant à Trèves dans cette dignité. Dans chacune de ces trois villes se forme, pour ainsi dire, une école différente de statuaire chrétienne : toutes ont des règles communes, mais chacune aussi a son originalité propre. Les mêmes sujets ne sont pas également en faveur partout : à Arles par exemple, on trouve traité jusqu'à trois fois, dans les sarcophages de saint Trophime, le passage de la mer Rouge. A la largeur, à l'étendue, au mouvement, on y reconnaît l'habitude d'un ciseau très-exercé et une imitation des plus belles batailles représentées sur les bas-reliefs des anciens. A Arles encore, on a trouvé des sujets historiques qui ne se rencontrent nulle part ailleurs : ainsi deux guerriers, agenouillés devant le Christ, comme Constantin devant le labarum : c'est-à-dire reconnaissance de la vérité religieuse par le pouvoir temporel, soumission à la vérité de celui qui porte le glaive ; image expressive et simple de ce qui se produit à cette époque où, en effet, le pouvoir temporel s'agenouillait devant cette vérité souvent persécutée. Il me suffit d'avoir signalé la présence de ces trois grandes écoles de sculpture, qui eurent des disciples dans les autres grandes villes de l'Italie et de la Gaule, car à Vérone, à Milan et sur les bords du Rhin, on rencontre des sarcophages chrétiens qui n'ont pas le même mérite, mais qui n'en témoignent pas moins d'un état de l'art digne d'être étudié. Il ne faut donc pas se hâter, comme on l'a trop fait, de juger la sculpture de ces temps par l'arc de triomphe de Constantin, élevé à Rome, et de dire que, comme on n'y trouve que quatre ou cinq bas-reliefs de mérite enlevés à des monuments antérieurs, c'est là une preuve de l'impuissance des artistes contemporains, incapables de produire par eux-mêmes quelque chose de digne des regards; ils ont placé sur la frise les figures les plus disproportionnées qu'on puisse imaginer, et c'est sur cette frise qu'on juge de toute la sculpture du quatrième et du cinquième siècle. Mais est-il donc un temps où les artistes de cour ne puissent, à la faveur d'un caprice de prince, faire parvenir des œuvres malheureuses, grossières, à la place que devait occuper les ouvrages des hommes d'un véritable mérite? Est-ce que tous les temps n'ont pas les mêmes inégalités dans le talent? Est-ce que le temple de Phigalie, dont les sculptures sont si rudes, n'est pas précisément contemporain du Parthénon, où se déroulent les admirables compositions de Phidias! Mais à côté de ces compositions triviales, qui déshonorent le monument qui les porte, nous avons des sarcophages d'une incontestable beauté, et, parmi ceux de Ravenne, il en est plusieurs qui attestent une grande pureté de ciseau.

Ainsi n'en doutons pas : la sculpture n'a pas péri ; elle se défendra ; elle traversera les siècles barbares et difficiles, et, quand vous lui livrerez les chapiteaux de nos piliers, la façade et les portails de nos cathédrales, vous verrez ce qu'elle saura faire.

Après la sculpture, et avec plus de faveur, venait la peinture ; et si quelques-uns se scandalisaient du grand nombre de figures, non-seulement sacrées, mais profanes, dont elle se plaisait à embellir les églises, elle était défendue par les plus grands esprits de ce temps. On ne conçoit en aucune manière comment on a pu dire, que l'emploi des images était nouveau dans l'Église, quand tous les Pères des quatrième et cinquième siècles sont remplis de témoignages du culte des images et de l'emploi qu'on en faisait dans la décoration de toutes les basiliques, soit en Orient, soit en Occident, à l'exception d'un certain nombre de provinces, comme la Judée, où l'on craignait d'offenser les susceptibilités des Juifs. Mais, à part cela, tous les témoignages sont unanimes, et nous avons du cinquième siècle des lettres de l'anachorète saint Nil à Olympiodore, préfet du prétoire, pour le louer de l'intention où il était de décorer de peintures la basilique qu'il venait de fonder. Nous avons aussi des lettres en vers, une sorte de poëme de saint Paulin, où il explique les ornements dont il a enrichi l'église de Nôle, et s'attache à décrire les peintures qu'il a fait tracer sur les portiques (1).

(1) Voir les notes à la fin de la leçon, II.

Voilà donc la preuve et, en même temps, la justification de l'emploi de la peinture dans les basiliques chrétiennes. Aussi la peinture se perpétuera même dans les temps qui paraissent les plus mauvais. J'en donne pour exemple les innombrables Vierges byzantines qu'on trouve dans toute l'Italie, ces peintures très-anciennes et souvent très-effacées, mais que l'on reconnaît encore près de Rome, à Saint-Urbain della Cafarella, dans l'ancienne église souterraine de Saint-Pierre, à Sainte-Cécile, aux *quatre Saints Couronnés*, à Saint-Laurent, où il y a une suite de peintures du huitième jusqu'au treizième siècle, c'est-à-dire de l'époque où l'on suppose l'art entièrement éteint.

Le génie de la peinture ne se montre guère dans ces essais souvent très-grossiers, mais il n'est pas tout à fait éclipsé ; il reparaît sous une autre forme dans les mosaïques qui commencent à décorer les églises dès le cinquième siècle et se continuent jusqu'au treizième ; car déjà en 424 le pape Célestin Ier orne de mosaïques l'église de Sainte-Sabine. Sixte III fait exécuter en 435 celles qui subsistent encore aujourd'hui, après mille quatre cents ans, à Sainte-Marie-Majeure : ainsi cette image de la Croix non ensanglantée, couverte de pierreries, sur un trône avec les saints évangiles, et au-dessous de l'image de la Vierge ; tout autour l'histoire de l'enfance du Christ, et, sur les deux côtés, vingt tableaux tirés de l'Ancien Testament : tout cela date du pape Sixte III. Peu à peu la mosaïque envahit les grandes basiliques romaines, comme Saint-Pierre et Saint-Paul. Dans la capitale du monde chrétien et dans les grandes cités d'Italie, à Milan, à Ravenne, à Vérone, à Venise, partout enfin l'abside des églises se remplira de cette grande et resplendissante image du Christ et de la Jérusalem céleste, qui rayonne, pour ranimer l'espérance des fidèles, au milieu des périls de ces siècles sanglants.

La mosaïque remplit toute la période romane, arrive jusqu'à la période gothique, où elle s'empare bientôt des arcades ogivales des églises bâties en Sicile par les Normands. C'est ainsi qu'à Montréal et à la chapelle palatine de Palerme resplendissent encore les figures traditionnelles du Christ, de la Vierge et des saints, telles que les avaient composées les artistes contemporains de Constantin et de Théodose. La fidélité aux types anciens est tellement opiniâtre, qu'elle s'étend même à ces images empruntées de l'antiquité, et je cite ceci comme un des nœuds qui rattachent le temps dont je m'occupe au moyen âge dont nous nous occuperons bientôt. A Ravenne, par exemple, dans le baptistère, on a représenté le Jourdain à la manière des païens, sous la figure d'un dieu-fleuve, couronné d'algues marines, appuyé sur son urne, dont les flots se répandent et forment l'onde sacrée dans laquelle se plonge le Rédempteur. Cette imitation est si obstinée, qu'elle se reproduit sans cesse : à Venise, par exemple, les quatre évangélistes sont accompagnés des quatre fleuves du paradis terrestre, auxquels ils correspondent dans le langage symbolique de l'Église ; les fleuves sont couronnés d'algues marines et appuyés sur leurs urnes. Charlemagne s'en scandalisait, et, dans les livres carolins, il se plaint de ce qu'au milieu des peintures sacrées on représente les fleuves sous des figures païennes. Charlemagne ne put les faire disparaître, et, dans la cathédrale d'Autun, dans l'église de Vezelay, vous pouvez voir les fleuves du paradis terrestre représentés toujours sous la figure des anciens dieux, appuyés sur leurs urnes penchantes.

Mais la peinture et la sculpture ne sont encore que des dépendances de l'architecture, qui, dans les siècles primitifs, est toujours la science maîtresse. Et en effet, à vrai dire, les bas-reliefs, les fresques, les mosaïques, ne pouvaient être que des dépendances monumentales d'un édifice capable de les soutenir et de les rassembler, d'en former un système qui eût un sens précis, étendu, qui leur donnât le moyen d'instruire véritablement et de toucher les hommes.

Ce n'est ici ni le lieu ni le temps de vous faire l'histoire de l'architecture chrétienne depuis les catacombes, ni de remonter complétement à l'origine première des basiliques. Je dirai cependant, en deux mots, que cette origine me paraît double. D'une part, les premières églises ne semblent être autre chose qu'un développement, et, si je pouvais m'exprimer ainsi, qu'une germination des chapelles sépulcrales des catacombes. Ces chapelles sont carrées, ou rondes, ou polygonales, presque toujours terminées par une voûte couronnée d'un dôme. Peu à peu elles se divisent en quatre compartiments. Lorsque ces glorieux membres de l'Église, ces chrétiens persécutés sortent de leur obscurité, s'échappent des catacombes, il semble, pour ainsi dire, que leurs tombeaux, faisant effort et soulevant la terre, s'élèvent au-dessus d'elle et la couronnent : car les premières chapelles, les premiers tombeaux chrétiens, les baptistères qui se construisent sur la face du sol, au lieu d'être cachés dans ses profondeurs, affectent cette forme. Les baptistères sont ronds, les premiers tombeaux chrétiens le sont aussi : je citerai, comme exemple, le baptistère de Saint-Jean-de-Latran à Rome ; à Rome aussi, le tombeau de sainte Constance, bâti par Constantin pour sa sœur et d'autres personnes illustres de sa famille ; je pourrais citer encore la cathédrale de Brescia, qui est une rotonde. En Orient, cette forme triomphera et formera la coupole ; déjà l'église des Saints-Apôtres, construite par Constantin, n'était qu'une coupole couronnant le milieu d'une croix grecque. Dans Sainte-Sophie, la coupole se développe encore davantage, et s'étendant de tous côtés, absorbera, en quelque sorte, les bras de la croix. Ce sera là le type du caractère byzantin qui demeurera en Orient.

Mais une autre origine, non moins incontestable, c'est l'emploi que feront les chrétiens des anciennes basiliques romaines. Vous savez qu'il y avait à Athènes un portique, nommé le Portique-Royal, qui servait aux audiences de l'archonte-roi. Rome avait imité cette architecture. Dans les portiques où se rendait la justice, elle enferma ce qu'elle appelait une basilique. C'était un grand et vaste palais divisé en trois nefs par deux colonnades formant différents étages. Au fond était le tribunal sur lequel prenaient place le juge et ses assesseurs. Lorsque le christianisme eut grandi, qu'il fut devenu puissant, il ne voulut pas emprunter à l'antiquité ses temples, qui eussent été trop petits, il lui emprunta les basiliques. C'est ainsi que furent construites les églises de Tyr et de Jérusalem dont nous avons la description; ainsi Saint-Pierre et Saint-Jean de Latran, bâtis par Constantin; Saint-Paul, fondé par Théodose; ainsi la basilique de Nôle, dont saint Paulin nous a donné la description.

Mais nous ne savons pas assez ce qu'était une église dans ces premiers siècles chrétiens. Ce n'était pas un lieu où l'on allait seulement une demi-heure par semaine pour accomplir à la hâte un devoir de piété. L'Église devait embrasser toutes les parties de la société chrétienne ; il fallait qu'elle en fût l'image, qu'elle représentât l'Église universelle de la terre dans toute sa hiérarchie, depuis l'évêque jusqu'au dernier des pénitents. C'est pourquoi le trône de l'évêque se trouvait dans l'abside, ayant autour de lui les bancs de son clergé; puis, à droite et à gauche, et séparés dans les deux nefs du Nord et du Sud, les hommes et les femmes admis à la participation des mystères ; au bas de la grande nef se trouvaient les catéchumènes, une partie des pénitents ; puis, dans l'atrium, dans le vestibule, dans la cour entourée de colonnes qui séparait l'église de la rue, stationnaient les pénitents des degrés inférieurs et une autre partie des catéchumènes. D'après des divisions marquées d'avance, on occupait dans le vaisseau sacré une place comparable à celle que l'on occupait dans les desseins providentiels.

De plus, il fallait que l'Église instruisît les hommes, qu'elle les attirât, qu'ils en sortissent enseignés, touchés, et qu'ils eussent envie d'y revenir comme dans un lieu où ils avaient trouvé la vérité, le bien, la beauté. Voilà pourquoi l'Église était toute couverte de peintures symboliques et de ces leçons qu'on écrivait en vers au-dessous ; tous les murs parlaient, comme dans les belles fresques que nous avons vu peindre à Saint-Germain-des-Prés, et il n'était pas une pierre qui n'eût quelque chose à enseigner aux hommes. Ainsi, avec cet ensemble d'architecture, de peintures, d'inscriptions, quelquefois multipliées au point qu'à Saint-Marc de Venise il y a tout un poëme de deux cent cinquante vers sur les murs, l'église contenait une théologie, une discipline, un poëme sacré. Voilà comment se concevait la basilique des premiers siècles chrétiens, et, ainsi répétée, reproduite, elle est devenue le système dominant de l'Occident.

Néanmoins, l'Orient et l'Occident ne sont pas sans rapports, et, pendant toute la période qui sépare Constantin de Charlemagne, ces deux parties rivales et souvent jalouses de l'Église n'ont pas rompu. De là bien des échanges et des communications : la coupole byzantine fait invasion en Occident et se superpose dans l'Italie septentrionale au type habituel des basiliques romaines. Ce style, qu'on a appelé roman, lombard, improprement byzantin, se continue sur les bords du Rhin, et il y en a des types admirables à Spire, à Worms, à Mayence, à Cologne. Ces belles églises des dixième et onzième siècles nous confondent par leur grandeur et leur solennité. C'est toujours la basilique romaine avec son vaisseau divisé en trois nefs, mais la coupole couronne le centre de la croix et souvent l'abside.

Enfin vient l'époque gothique, qui a moins à faire qu'on ne pourrait le croire : car déjà l'architecture romano-byzantine avait poussé bien loin et élevé bien plus haut que les contemporains de

Constantin et de Théodose n'avaient osé le faire, toutes les parties du vaisseau sacré, surtout dans ces grandes constructions des bords du Rhin, avec leur richesse infinie de détails, leurs clochers qui, de toutes parts, montent au ciel et leurs pyramides qui semblent défier ce que l'antiquité avait raconté des géants. L'architecture gothique fera un dernier effort : comme un mort ressuscitant qui, dans sa sépulture, s'efforcerait de soulever la dalle de son tombeau et finirait par la briser, de même l'architecture gothique, à force de soulever l'arcade byzantine, la brisa par le milieu, et l'ogive fut trouvée. Et avec elle jaillit ce système d'architecture dont les merveilles ne sont peut-être pas assez connues et pas assez admirées, car enfin Reims et Chartres sont à deux pas, et on semble l'ignorer; puis on va au Parthénon, et on dit qu'on n'a jamais rien vu de pareil, tandis que des merveilles autrement grandes, autrement variées, autrement immortelles, nous environnent. Cette architecture gothique n'est cependant encore que le développement de la basilique chrétienne, telle que le cinquième siècle l'avait faite, et, si on y regarde de près, on aperçoit toujours la même division, toujours l'idée de la nef (*navis*) du vaisseau. Seulement, cette nef, ce vaisseau, ressemble à l'arche de Noé dont parle l'Écriture. Mais l'arche du treizième siècle a tellement développé la croix, qu'il faut la soutenir par des contre-forts que les anciens n'avaient pas connus : il les faut innombrables pour en dissimuler la pesanteur : on les multiplie, on les allége, on les diminue, de sorte qu'ils ne paraissent plus qu'autant de cordages tendus pour retenir sur la terre cette nef du ciel qui semblerait devoir s'éloigner et disparaître.

Telle est l'origine de l'architecture gothique, qui a marqué aussi l'origine de la Renaissance. Nous verrons cependant que la Renaissance préféra la forme ronde, la coupole, qu'avaient aimée les Byzantins. La nouvelle église de Saint-Pierre, qu'elle bâtira sur les ruines de l'ancienne, sera encore un grand effort pour élever dans les airs, plus haut que jamais, la même coupole qui dominait déjà Sainte-Sophie, Saint-Vital de Ravenne et Saint-Marc de Venise.

Seulement, la chapelle sera plus grande et plus vaste qu'on ne l'avait jamais vue, elle montera plus haut qu'elle n'était jamais montée, parce qu'il y a au-dessous un tombeau générateur, un de ces tombeaux toujours vivants, si je pouvais le dire, un de ces germes qui poussent toujours ; et ce germe, sous la basilique obscure qui le dissimulait, travaillait sans relâche à ébranler ces murs trop étroits pour lui. Au-dessus est suspendu ce dôme, le plus élevé qui fut jamais, presque aussi haut que la plus grande pyramide d'Égypte, qui n'est après tout qu'un chef-d'œuvre de matérialisme, une masse de pierres entassées, tandis que sous les voûtes de

Saint-Pierre circulent à grands flots la lumière et la vie. Ces pierres spiritualisées, portées en l'air par la foi, dominent les montagnes voisines. Vous êtes parti des premières marches de Saint-Pierre, et votre vue était bornée; vous montez des escaliers innombrables; au-dessus de l'Église et de la coupole, vous trouvez enfin la plate-forme, et là les collines s'aplanissent, disparaissent, et, par-dessus, vous découvrez la mer, que jamais les triomphateurs romains n'avaient aperçue du haut du Capitole.

EXTRAIT DES NOTES DE LA LEÇON

I

LE PASTEUR D'HERMAS.

1° *Les visions*. — En ce temps-là, c'est-à-dire sous le pontificat de Clément, vivait à Rome un homme simple et pieux : on l'appelait Hermas. L'Église lui apparaît successivement sous des traits divers. — Un jour il la voit sous les traits d'une femme assise. Six jeunes hommes bâtissent une tour carrée sur les eaux, avec des pierres carrées et luisantes, apportées les unes de la terre, les autres du fond de l'eau. Il y avait des pierres rejetées et qui ne pouvaient servir. Les unes restaient au pied de la tour, les autres roulaient dans le chemin. « Cette tour, dit l'Église, c'est moi. Elle est bâtie par les anges, sur les eaux du baptême; les âmes des martyrs, formées des eaux de la douleur ; celles des néophytes, des terres de l'incrédulité. » Pénitence. — Sept femmes soutiennent la tour. La foi, la mortification, la simplicité, l'innocence, la modestie, la discipline et la charité...

2° *Les préceptes*. — Hermas venait de prier, il était assis sur son lit. Un homme vénérable, en habit de pasteur, avec un manteau blanc, la panetière et un bâton, entra et le salua. Il reconnut un ange : « Écris, dit-il, mes préceptes et mes simi-« litudes. »

Croyez en un seul Dieu, créateur, conservateur et maître de toutes choses. Ne dites de mal de personne, donnez à tout pauvre indistinctement. Ceux qui reçoivent rendront compte de ce qui leur est donné ; fuyez le mensonge ; mentir, c'est nier le Seigneur. Soyez chastes, l'adultère est égal dans l'homme et dans la femme. Ne soyez point inquiets. Quand l'inquiétude aperçoit un homme ou une femme au cœur vide et chancelant, elle se jette dans ce cœur, qui se remplit d'amertume. L'égalité d'âme, au contraire, est puissante et forte. L'inquiétude et l'esprit sain ne peuvent demeurer dans le même vase... Il faut craindre Dieu, il ne faut pas craindre le démon. Dieu seul est fort. Qu'est-ce qu'une goutte d'eau ? et pourtant elle creuse le rocher où elle tombe. Ce qui part de la terre a peu de puissance, mais la moindre chose en a beaucoup si elle vient du ciel.

Ces commandements sont faciles, mais tu ne les garderas point si tu te persuades que tu ne peux pas les garder...

II

DESCRIPTION DE LA BASILIQUE DE NÔLE. — LETTRE DE S. PAULIN A SÉVÉRUS.

« Partie postérieure. L'église n'est pas tournée à l'Orient selon la coutume, mais du côté du tombeau de saint Félix. Par les arcs de la façade, la lumière entre à grands flots dans le vestibule, et sous les portes à deux battants qui ouvrent la basilique. Trois portes, Trinité. Les portes font face au tombeau du martyr, qui peut contempler le peuple débordant entre les murs trop étroits du parvis. Lambris de solives entrelacées, pavé de marbres. Deux rangs de colonnes ont remplacé les piliers. Les lampes se balancent au bout de leurs chaînes d'airain, et une brise légère en fait vaciller les mouvantes lueurs. Trois nefs. Deux chapelles latérales de chaque côté. Des deux côtés de l'abside, le trésor des vases sacrés et celui des livres saints. Derrière le baptistère, le sanctuaire est séparé par un mur percé de portes. Sous l'autel, les reliques de la croix et des martyrs. Dans les nefs sont peints l'Ancien et le Nouveau Testament. Au fond de l'abside, peinture de la tribune : le mystère de la Trinité. Le Christ sous la figure de l'Agneau. La croix entourée d'un nimbe glorieux, tout autour des colombes représentant les apôtres. La pourpre et la palme. Le rocher, symbole de l'Église, et les quatre fleuves, symboles des quatre évangélistes (1). »

PEINTURES DE LA BASILIQUE DE NÔLE. — S. FÉLIX A L'ÉVÊQUE NICÉTUS.

« Maintenant je veux que vous considériez la longue suite de peintures qui couvrent les murailles, dût votre tête renversée se fatiguer à contempler les images suspendues aux arcades. La peinture fidèle a réuni tout ce que célébrèrent les cinq livres du vieux Moïse : les triomphes de Josué et la courte histoire de Ruth, courte mais féconde. Ruth suit sa sainte mère. Orpha l'abandonne. Combien de destinées se divisent comme celles de ces deux sœurs... On demandera peut-être pourquoi, suivant une coutume encore rare, nous avons peuplé d'images vivantes ces pieuses demeures? J'en expliquerai les causes. Voyez venir des campagnes cette foule grossière! Réchauffés par la foi, ils ont quitté leurs lointaines demeures. Ils ont méprisé

(1) S. Paulini *Ep.* xii, *ad Severum.*

les frimas et les neiges, veillant de longues nuits, dissipant le sommeil par la joie, et les ténèbres par la clarté de leurs torches. Mais plût à Dieu qu'ils ne mêlassent point à leur paisible allégresse la profanation de leurs banquets! Dignes d'indulgence pourtant, parce que leur ignorante simplicité pense que les saints se réjouissent à l'odeur du vin répandu sur leurs tombeaux. C'est pour tromper leurs ennuis que nous avons estimé utile de remplir la maison sainte de ces pieuses images expliquées par des inscriptions. Tandis qu'ils se montrent les unes et se font lire les autres, les heures de l'attente et de la faim s'écoulent. Le temps des festins s'échappe, et les coupes vidées sont moins nombreuses... La leçon de l'exemple pénètre dans la mémoire avec les représentations sacrées, chacune porte avec elle son enseignement et sa prière (1). »

(1) S. Paulini *Natalis* ix, *de Adventu Nicetæ episcopi e Dacia qui ad natalem S. Felicis occurrerat.*

LA CIVILISATION MATÉRIELLE

DE L'EMPIRE

(VINGTIÈME LEÇON)

La sténographie de la leçon suivante ne s'étant pas retrouvée, et cette leçon, qui complète le cours, ne pouvant être supprimée, on s'est décidé à publier les notes qui avaient servi à la composer. On les donne telles qu'on les a trouvées, en partie rédigées et en partie à l'état de sommaire.

Nous savons maintenant comment les idées, qui faisaient l'âme de la civilisation romaine, échappèrent à la ruine de l'empire, traversèrent la barbarie et descendirent jusqu'au moyen âge, dont elles furent tantôt la lumière et tantôt le scandale. On a vu par quel prodige de sagesse et de condescendance le christianisme sauva de faibles restes du culte ancien, la plus grande partie du droit et toutes les lettres. En même temps, le principe malfaisant du paganisme se perpétuait dans les superstitions populaires et les sciences occultes, dans la politique des princes occupés de reconstituer en leur faveur le pouvoir absolu des Césars; dans la mythologie, dont les fables, toujours goûtées, faisaient circuler le poison des voluptés antiques. Ainsi se continuent les deux traditions du bien et du mal ; ainsi deux chaînes lient les siècles que les historiens séparent vainement ; ainsi se fortifie cette loi bienfaisante et terrible de la réversibilité, qui nous fait recueillir les mérites de nos pères et porter le poids de leurs fautes.

Mais, au-dessous des idées qui se disputent le monde, il y a le monde lui-même tel que le travail l'a fait, avec ses richesses et ses ornements visibles, qui le rendent digne d'être le séjour passager des âmes immortelles. Au-dessous du vrai, du bien, du beau, il y a l'utile, qui s'éclaire de leur reflet. Aucun peuple ne conçut plus fortement l'idée de l'utile que le peuple romain, aucun ne mit sur le monde une main plus puissante, plus capable de le transformer, aucun ne jeta avec plus de profusion, au pied de l'homme, les trésors de la terre. Il faut connaître de plus près ce que j'appellerai la civilisation matérielle de l'empire, savoir si elle périt tout entière par les invasions et ce qui s'en conserva pour les siècles suivants.

L'empire romain. — A la fin du second siècle, avant que les barbares eussent porté le fer et le feu sur les frontières, le rhéteur Aristide, célébrant la grandeur de Rome, s'écriait : « Romains, le monde « entier, sous votre domination, semble célébrer « un jour de fête... De temps en temps un bruit de « bataille nous arrive des extrémités de la terre où « vous repoussez le Goth, le Maure et l'Arabe. « Mais bientôt ce bruit se dissipe comme un songe. « Ce sont d'autres rivalités, d'autres combats, que « vous excitez par tout l'univers. Combats de « gloire, rivalités de magnificence entre les pro- « vinces et les villes. Par vous les gymnases, les « aqueducs, les portiques, les temples, les écoles, « se multiplient, le sol même se ravive et la terre « n'est plus qu'un vaste jardin (1). » Le sévère Tertullien tient le même langage : « En vérité, le « monde devient de jour en jour plus riche et plus « cultivé; les îles elles-mêmes n'ont plus de soli- « tudes, les écueils plus de terreurs pour le nau- « tonier : partout des habitations, partout des peu- « ples, partout des lois, partout la vie. »

(1) Aristide, *Romæ encomium*, Orat. xiv.

I

LE COMMERCE

Ce qui me frappe d'abord, c'est la vie qui unit toutes les parties de l'empire, et par elles toutes les parties du monde. Cette vie, c'est le commerce, et le commerce n'a pas d'autre grandeur que de porter ainsi la souveraineté humaine sur toutes les mers et sur toute la terre. Le commerce de Rome devait se tourner vers l'Orient et vers le Nord.

I. — A l'Orient, Rome avait hérité des pensées et des conquêtes d'Alexandre. — Les Grecs pénétraient en Asie par deux grandes voies :

1° Voie de terre. — Colonies grecques du Pont-Euxin et de la Chersonèse Taurique, Olbia, Théodosie. De là, et par l'Arménie, on pénétrait dans la Médie, l'Hyrcanie, la Bactriane, où, pendant cent ans, s'était soutenue une dynastie grecque ; puis, traversant les gorges de l'Immaüs, on arrivait dans la petite Boukharie, vers le quatre-vingt-seizième degré de longitude. Là un *caravanserai* en pierre. Les Sères y apportaient leurs soies, leurs pelleteries, leur fer. — Comment se faisait la vente (1). — Il

---

(1) Les Sères apportaient leurs soies, leurs pelleteries, dans des ballots sur lesquels le prix était marqué, puis ils se retiraient. Les acheteurs venaient, examinaient la marchandise, et, si elle leur

fallait aux Sères plusieurs mois pour gagner leur pays, qui était le Thibet oriental et le nord de la Chine. Ces étoffes, si chèrement achetées, étaient remises à des ouvrières qui les effilaient pour les tisser de nouveau, *ut matronæ publice translu-ceant* (1).

2° Voie de mer. — La principale est celle d'Alexandrie. Ptolémée Philadelphe avait créé des ports sur la mer Rouge. Sous les Romains, chaque année, cent vingt navires partaient de Myos-Ormos, et s'arrêtaient ordinairement à l'île de Pattala aux bouches de l'Indus. Cependant un petit nombre de navigateurs poussaient jusqu'au port de Palibothra aux bouches du Gange. On côtoyait les rivages et l'île de Ceylan. Ceux qui faisaient le commerce de l'Indus y portaient chaque année cinquante millions de sesterces. Mais les marchandises qu'ils rapportaient se vendaient cent fois autant. Soieries, cotons, matières colorantes, perles et pierreries, ivoire, fer d'une qualité supérieure, des lions, des léopards, des panthères et des esclaves. Toutes ces richesses abordaient à Pouzzoles.

II. Au Nord. — Ici tout était l'ouvrage de Rome;

---

convenait, en laissaient la valeur telle qu'ils l'avaient appréciée. Les Sères revenaient, et, si le marché leur agréait, ils laissaient leurs marchandises et en emportaient la valeur. Il leur fallait encore, au dire de Pomponius Méla, sept mois de marche pour atteindre leur pays. (V. Hüllmann, *Handelsgeschichte der Griechen*.)

(1) Une ouvrière de Cos, appelée Pamphila, avait imaginé d'effiler les étoffes de soie pour les tisser de nouveau. (V. Hüllmann, *Handelsgeschichte der Griechen*.)

c'étaient ses légions qui avaient construit ces voies, sillonnant les montagnes, franchissant les marais, traversant tant de contrées différentes toujours avec la même solidité, la même régularité, la même uniformité. — Admiration des peuples. — Voies romaines attribuées à César, à Brunehaut, à Abailard. — Deux voies de Rome au Danube : d'Aquilée à Lauriacum, de Vérone à Augsbourg. — Le long du Danube, une voie venait de la mer Noire, passait par Vienne, Passau, Ratisbonne, Augsbourg, Winterthur, Bâle, Strasbourg, Bonn, Cologne, Leyde et Utrecht. Un canal liait le Rhin à la Meuse, un autre devait le lier à la Saône : ainsi se trouvaient en communication la mer Noire, la Méditerranée, la mer du Nord. — Au delà la Bretagne conquise, ses cinq provinces et ses routes militaires qui allaient expirer au pied du retranchement d'Adrien. Les marchands romains rapportaient du Nord l'étain, l'ambre, les riches fourrures et les chevelures blondes qui allaient orner le front des matrones romaines.

Les barbares viennent : il semble que tous les liens du monde vont se rompre. Cependant rapports de l'Italie avec Constantinople. — Les rois francs rejetés par leurs sujets ; les chefs persécutés par leurs rois : Childéric, Gondowald, Gontran, duc d'Auvergne, s'y réfugient (1). D'un autre côté, les

(1) V. l'*Histoire de la Gaule méridionale* de M. Fauriel et les *Récits mérovingiens* de M. Augustin Thierry.

Syriens à Orléans (1). — Le Syrien Eusèbe achète le siége épiscopal de Paris (2).

Les temps carlovingiens. — Les Francs trouvèrent à Pavie des habits de soie de toutes couleurs, et des pelleteries étrangères de toutes sortes, que les Vénitiens avaient apportées avec les trésors de l'Orient. — L'anecdote rapportée par le moine de Saint-Gall atteste que les parures orientales étaient en usage à la cour de Charlemagne :

Un jour de fête, après la messe, Charles emmena à la chasse les grands de sa cour. « ..... La jour-
« née était froide et pluvieuse. Charles portait un
« habit de peau de brebis... Les autres grands ar-
« rivant de Pavie, où les Vénitiens avaient apporté
« récemment, des contrées au delà de la mer, toutes
« les richesses de l'Orient, étaient vêtus, comme
« dans les jours fériés, d'habits surchargés de peaux
« d'oiseaux de Phénicie entourées de soie, de plu-
« mes naissantes du cou et de la queue des paons,
« enrichis de pourpre de Tyr et de franges d'écorce
« de cèdre. Sur quelques-uns brillaient des étoffes
« piquées, sur quelques autres des fourrures de
« loir. C'est dans cet équipage qu'ils parcoururent
« les bois ; aussi revinrent-ils déchirés par les

---

(1) Grégoire de Tours, décrivant l'entrée solennelle du roi Gontran à Orléans, dit : « Et hinc lingua Syrorum, hinc Latinorum, hinc etiam ipsorum Judæorum in diversis laudibus varie concrepabat. » (Lib. VIII, 1.)

(2) Raguemodus quoque Parisiacæ urbis episcopus obiit. Eusebius quidam negotiator, genere Syrus, datis multis muneribus, in locum ejus subrogatus est. (Greg. Turon., X, 26.)

« branches d'arbres, les épines, les ronces, percés
« par la pluie et tachés par le sang des bêtes fau-
« ves ou par les ordures de leurs peaux. « Qu'aucun
« de nous, dit alors le malin Charles, ne change
« d'habit jusqu'à l'heure où on ira se coucher ; nos
« vêtements se sécheront mieux sur nous. » A cet
« ordre, chacun, plus occupé de son corps que de
« sa parure, se mit à chercher partout du feu pour
« se réchauffer... Le soir, quand ils commencèrent
« à ôter ces minces fourrures et ces minces étoffes
« qui s'étaient plissées et retirées au feu, elles se
« rompirent, et firent entendre un bruit semblable
« à celui de baguettes sèches qui se brisent. Les
« pauvres gens gémissaient, soupiraient et se plai-
« gnaient d'avoir perdu tant d'argent en une seule
« journée. Il leur avait été enjoint par l'empereur
« de se présenter le lendemain avec les mêmes vête-
« ments. Ils obéirent : mais tous alors, loin de briller
« dans leurs beaux habits neufs, faisaient horreur
« avec leurs chiffons infects et sans couleur. Char-
« les, plein de finesse, dit au serviteur de sa cham-
« bre : « Frotte un peu notre habit dans tes mains
« et rapporte-nous-le. » Prenant ensuite dans ses
« mains et montrant à tous les assistants ce vête-
« ment qu'on lui avait rendu bien entier et bien
« propre, il s'écria : « O les plus fous des hommes !
« Quel est maintenant le plus précieux et le plus
« utile de nos habits? Est-ce le mien, que je n'ai
« acheté qu'un sou, ou les vôtres, qui vous ont coûté

« non-seulement des livres pesant d'argent, mais « plusieurs talents (1) ? »

Le moyen age. — L'Église ne se déclara point l'ennemie du commerce, elle s'en fit la protectrice. Les conciles proscrivirent la piraterie ; Grégoire VII, Pascal II, Honorius II et Alexandre III se prononcèrent contre le droit de bris et de naufrage ; Innocent III contraint à restitution un seigneur de Montfort qui avait dépouillé des marchands italiens. — Mais surtout elle ranime le génie commercial par les pèlerinages et les croisades. — Pèlerinages aux temps barbares. — Hôpital des Amalfitains à Jérusalem. — Les croisades. — Pendant qu'elles entraînent par la route du Danube les populations de la France et de l'Allemagne, elles poussent sur les mers les vaisseaux de Pise, de Gênes et de Venise. — Gênes et Venise succèdent au commerce des Grecs et des Romains avec l'Orient (2). Elles le font par les mêmes voies. — Voie du Nord. — Caffa et Tana sur la mer Noire, d'où les caravanes gagnaient Ispahan, Balk et Boukhara. — Voie du Midi. — Alexandrie, où ils trouvaient les marchandises de l'Inde. — Cependant le prosélytisme chrétien dépassera les limites où s'arrêtera la cupidité romaine. Les missions de Plan Carpin frayeront la route à Marco Polo, et Christophe Colomb, voulant

(1) Mon. S. Gall., l. II, c. xxvii.
(2) V. Bettinelli, *Risorgimento d'Italia*, t. IV, et Heeren, *Essai sur l'influence des croisades.*

mettre les richesses de l'Asie au service d'une nouvelle croisade, trouvera l'Amérique.

II

L'AGRICULTURE.

I. Ici Rome ne doit rien qu'à elle-même. L'agriculture est la gloire de ce peuple, qui prenait ses dictateurs à la charrue, et dont le plus beau poëme est l'épopée des champs, les *Géorgiques*. Ah! ne confondez pas ce livre admirable avec les poëmes didactiques des littératures en décadence. Toute une inspiration nouvelle. A l'apothéose de la nature s'ajoute l'apothéose du travail. Au lieu de l'âge d'or, Virgile chante l'âge de fer.

> . . . . Labor omnia vincit
> Improbus, et duris urgens in rebus egestas...
> . . . . Pater ipse colendi
> Haud facilem esse viam voluit, primusque per artem
> Movit agros, curis acuens mortalia corda,
> Nec torpere gravi passus sua rura veterno.

C'est le génie de Rome que le poëte fait passer dans ses vers.

> Hanc olim veteres vitam coluere Sabini,
> Hanc Remus et frater; sic fortis Etruria crevit,
> Scilicet, et rerum facta est pulcherrima Roma.

II. Cette culture, les Romains la porteront jusqu'aux extrémités du monde que le sort des combats leur a livré. — *Romanus sedendo vincit*. — L'empire leur semblait moins couvert par une muraille de pierre que par une ligne de moissons. — Colonies militaires établies par Trajan chez les Daces ; par Alexandre Sévère, Probus, Valentinien, sur la frontière germanique ; on leur donne des bestiaux, des esclaves, l'exemption de l'impôt. Ces récoltes, qui doivent tenter les barbares, servent à les repousser. — Établissements romains sur les côtes septentrionales de la Gaule et jusque sur les derniers promontoires du Finistère. — Les paysans du duché de Bade ont encore la charrue romaine. Probus a planté les vignes du Rhin.

III. Cependant c'est Rome même, c'est la détestable fiscalité des empereurs, c'est l'opulence de l'aristocratie qui commence à détruire cette belle économie. D'un côté, *Latifundia perdidere Italiam ;* ces domaines immenses abandonnés à des esclaves. D'un autre côté, exactions du fisc. Le paysan passe aux Bagaudes et aux barbares. Enfin les barbares paraissent, ils se font livrer le tiers, la moitié, les deux tiers des terres : mais ils retiennent les colons romains.

IV. Cependant, pour relever ces cultivateurs forcés, commençaient à se former des légions de cultivateurs volontaires. — Un jeune homme du Latium, appelé *Benedictus*, rallie autour de lui un certain nombre de chrétiens ; il leur impose la pauvreté, la chasteté, l'obéissance. Il met ces trois vertus sous la garde du travail. Six heures de travail des mains chaque jour. Il embrasse un jour son disciple Maurus, et, lui remettant le poids du pain et la mesure du vin, il l'envoie dans les Gaules. De là viendront ces colonies monastiques, qui pousseront le défrichement dans les marais de la Flandre, dans l'épaisseur de la forêt Noire, et qui reculeront la limite de la terre cultivée jusqu'à la Baltique.

Ainsi les traditions romaines ne périssent pas. L'agriculture refleurit avec la civilisation sous Charlemagne. — Capitulaire *de Villis*, vers 812.

« Nous voulons que nos serviteurs soient conser-
« vés en bon état et que personne ne les réduise à
« la pauvreté : que nos officiers n'aient pas la har-
« diesse de les attacher à leur service, de leur im-
« poser des corvées, de recevoir d'eux aucun don,
« ni un cheval, ni un bœuf, ni une brebis, ni un
« agneau, ni autre chose que des fruits, des pou-
« lets ou des œufs.

« Quand nos officiers doivent faire exécuter les
« travaux de nos terres, labourer, semer, moisson-
« ner ou vendanger, que chacun d'eux pourvoie à
« tout dans la saison, pour que toutes choses
« soient en ordre. Qu'ils aient soin d'entretenir les
« vignes confiées à leurs soins, que les vins soient
« mis dans des vases de bonne qualité, et qu'on
« veille à ce que rien ne se perde.

« Autant un officier aura de fermes confiées à sa

« surveillance, autant il aura d'hommes pour entre-
« tenir les abeilles. Les basses-cours de nos grandes
« fermes n'élèveront jamais moins de cent poulets
« et trente oies; les manses moins considérables
« nourriront au moins douze oies et cinquante
« poulets.

« Il faut pourvoir avec la plus entière diligence
« à ce que tous les produits de nos fermes, lard,
« viandes sèches, vin, bière, beurre, fromage,
« miel, cire, farine, soient toujours préparés avec
« la plus grande propreté.

« Nous voulons que dans nos jardins on cultive
« toutes les plantes : c'est-à-dire le lis, les roses,
« la sauge, le concombre, le melon, la citrouille,
« le pois chiche, le haricot, le fenouil, les laitues,
« le romarin, la menthe, le pavot et la mauve. »

Ne sourions point en voyant ce grand homme
s'abaisser à ces détails, c'est le caractère du génie
d'embrasser les détails dédaignés par les esprits
médiocres, comme Dieu embrasse les lois des astres, sans oublier le grain de sable et l'hysope, qui
est la plus petite des plantes. Charlemagne sait le
compte de ses poulets, comme il gourmande les
chantres à la chapelle et les enfants à l'école : c'est
à ce prix qu'il rétablit la culture des champs comme
la culture des lettres.

III

LES VILLES.

I. La terre achève de se transformer par la fondation des villes. — Les villes abritent la vie sociale et la développent. — Rome était une cité qui avait conquis le monde, elle ne se crut assurée de le garder qu'après l'avoir couvert de cités semblables à elle. Ses légions portent avec elles *quasi muratam civitatem*. La cité militaire, c'est le camp ; le camp immobile devient une ville romaine : enceinte carrée, quatre portes, deux rues qui se coupent, au milieu le *prætorium*, qui deviendra le palais. Comment prendre possession du sol d'une manière plus forte qu'en emprisonnant l'espace, en forçant les eaux à couler sur les aqueducs, la pierre à monter en portiques pour former des temples, des thermes, des amphithéâtres ?

II. Villes romaines de la Germanie : les itinéraires en comptent cent seize. — Dans la Bretagne, vingt-huit villes ; Bath et Caer-Léon avaient des théâtres, des palais, des bains magnifiques. A Dorchester, amphithéâtre ; à Londres, Westminster, fondé sur un temple d'Apollon, et Saint-Paul sur un temple de Diane.

III. L'invasion. — Elle est d'abord furieuse,

implacable. Gildas décrit l'incendie ravageant l'île de Bretagne tout entière, les édifices croulant sous les coups des béliers. — Dans les Gaules, l'invasion des Suèves, des Alains et des Vandales. — Ruine de Spire, Strasbourg, Reims, Mayence et Trèves, qui n'est plus qu'un sépulcre. — En Italie, les soldats d'Alaric mettent le feu aux jardins de Salluste. — Trois jours de pillage. — On arrache les tuiles d'or du Capitole, le bronze du Panthéon.

IV. Mais, après ces premières fureurs, les barbares sont touchés de la majesté romaine ; ils s'appliquent à conserver les édifices. — Cassiodore : sur l'architecte des édifices publics, au préfet de Rome : « Il convient que la beauté des monu-
« ments romains ait un gardien habile, afin que
« cette admirable épaisseur de nos murailles soit
« conservée par une diligence admirable. Que ta
« grandeur sache donc que nous avons donné un
« architecte aux édifices de Rome. Il verra des œu-
« vres plus belles qu'il n'en trouva jamais dans les
« livres, qu'il n'en conçut dans sa pensée, des sta-
« tues qui portent encore tout vivants les traits des
« grands hommes. Il verra les veines courir sur le
« bronze, les muscles gonflés, les nerfs tendus.....
« Il admirera les chevaux d'airain bouillonnant
« d'ardeur sous le métal immobile. Que dire des
« colonnes élancées comme des roseaux, de ces
« hautes constructions soutenues par des tiges lé-
« gères, de ces marbres si habilement joints, que

« la nature semble les avoir jetés d'une seule pièce?
« Les historiens des siècles passés ne comptent que
« les sept merveilles du monde ; mais qui les tien-
« dra désormais pour des merveilles, quand il aura
« vu dans une seule ville tant de choses surpre-
« nantes? On dira vrai, si l'on déclare que Rome
« entière est un miracle (1)..... » Les rois francs
adoptent la même politique réparatrice, ils habitent le palais de Julien, Chilpéric rebâtit un cirque
à Soissons.

V. D'ailleurs les villes ne peuvent pas périr ;
elles sont défendues non-seulement par leurs évêques, mais par le saint qui repose dans leur cathédrale. Saint Martin, à Tours ; à Orléans, saint Ai-
gnan ; à Poitiers, saint Hilaire. — L'Église, comme
toutes les puissances civilisatrices, ne conserve pas
seulement les villes, elle en bâtit. — Les abbayes
deviennent le noyau des cités nouvelles : Fulde et
Saint-Gall.

VI. Les villes, berceau de l'industrie. — Rome :
les neuf corporations de Numa. Colléges d'ouvriers sous les empereurs. — Traces aux temps
barbares. — Transformation. — L'ouvrier chrétien. — Saint Éloi : confié à Abbon, orfévre et
chargé des monnaies royales à Limoges. — Il
vient à Paris. — La chaise de Dagobert. — Les
châsses. Les livres sur un rayon ; il travaille un li-

(1) Cassiod. Variorum, VII, 15, *Formula ad præfectum urbis de architecto publicorum.*

vre sur les genoux. Ouvriers sacrés. Francs, Saxons chantant des psaumes. Le travail sanctifié. — Commencement des confréries. L'atelier chrétien et les établissements de saint Louis. — Au moyen âge, les corporations ouvrières font l'émancipation des communes en France, la force des républiques lombardes en Italie. — Nul n'est citoyen de Florence, s'il n'est enrôlé dans un des douze arts. Ne craignez pas que cet empire de l'industrie étouffe le sentiment du beau. Ce sont ces compagnies d'ouvriers qui font bâtir Sainte-Marie-de-la-Fleur, Or-San-Michele; et c'est pour elles que Giotto couvre le Palais Vieux de ses fresques.

Différence entre les villes païennes et les villes chrétiennes. — Le christianisme a retrouvé, pour ainsi dire, la vie humaine et les affections de l'homme. Tout l'homme était tourné vers le dehors: il vivait sur la place publique, ou, dans l'atrium richement décoré, il recevait ses amis et ses clients; les petites chambres étroites, qui donnaient sur le portique, étaient bonnes pour les femmes, les enfants, les esclaves. Mais le christianisme tourne le cœur de l'homme vers les joies de l'intérieur, il lui rend la vie de la famille, il lui fait trouver son bonheur au dedans de sa maison; l'homme en sort le moins possible; et c'est pourquoi il embellit le lieu où il passe ses jours avec sa femme et ses enfants : boiseries, tapisseries, riches mobiliers, argenterie habilement ciselée. —

Le christianisme conserve cependant la maison antique, mais dans les monastères, où le temps se passe à l'église ou au travail, où il ne faut point que la cellule soit commode. — Cependant les villes modernes, au premier abord, semblent bien inférieures aux cités antiques : voyez Pompéi, une ville de troisième ordre, que de colonnades! portiques, thermes, théâtres, cirque. — La ville païenne a ses temples petits, ses amphithéâtres immenses. La ville chrétienne se groupe au pied de la cathédrale, elle a l'hôpital et l'école. — Les anciens sauront toujours mieux que nous l'art de jouir. Leurs villes bâties pour le plaisir; il faut désespérer de les égaler jamais. — Les nôtres sont bâties pour le travail, la souffrance et la prière ; c'est notre grandeur.

Le lecteur reconnaitra ici un ensemble d'idées déjà exposées à la fin de l'une des leçons *sur le Progrès dans les siècles de décadence*. Le morceau qu'on vient de lire renferme cependant quelques détails qui n'ont pas été reproduits ailleurs ; de plus, il est intéressant d'observer à quel point des notes, même soignées, gagnaient à être développées par Ozanam, et à recevoir de lui le dernier poli de la rédaction définitive.

COMMENCEMENT DES NATIONS

NÉO-LATINES

(VINGT ET UNIÈME LEÇON)

Messieurs,

Jusqu'ici nous n'avons étudié que cette civilisation uniforme qui, au cinquième siècle, s'étendait d'un bout à l'autre de l'empire d'Occident. Deux principes s'y combattaient : le paganisme et le christianisme, mais sans distinction de lieux, sous l'empire des mêmes lois et dans la même langue. Pendant qu'on lisait solennellement Virgile à Rome, au forum de Trajan, les grammairiens le commentaient avec une grande ardeur dans les écoles d'York, de Toulouse et de Cordoue. Si saint Augustin, au fond de sa solitude d'Hippone, dictait un traité nouveau contre les hérésies de son temps, toutes les églises d'Italie, des Gaules, d'Espagne, étaient attentives. Ainsi on ne découvre, au premier abord, qu'une seule littérature latine commençant, pour ainsi dire, l'éducation commune de tous les peuples occidentaux, cette éducation qu'elle doit continuer à travers les temps barbares, bien avant dans le moyen âge et jusqu'à ce que l'unité de la société chrétienne soit fondée. Mais, sous l'apparente communauté des traditions littéraires, nous voyons percer peu à peu des génies différents. Parmi tant de peuples soumis à la domination romaine n'en est-il pas qui aient conservé quelque reste de leur caractère originel? Dans leurs lois, dans leurs mœurs, dans leurs dialectes et jusque dans les œuvres de leurs écrivains, ne peut-on pas surprendre quelques traits distinctifs, quelques instincts opiniâtres, une vocation irrésistible au rôle que la Providence leur destine plus tard et qui devra constituer leur nationalité? Voilà la question qu'il nous reste à débattre aujourd'hui.

On a coutume de faire dater les nationalités modernes de l'invasion des barbares et de l'établissement des chefs germains dans les différentes provinces de l'Occident. Ainsi l'histoire des Francs commence à Clovis, l'histoire d'Espagne à Wamba, et celle d'Italie à Odoacre. On traite l'histoire des langues comme celle des nations, et c'est à la confusion des idiomes germaniques avec la langue latine, idiomes qui présentaient, dit-on, des formes analytiques, avaient des articles et employaient des prépositions, qu'on attribue l'origine des langues destinées à devenir celles de l'Europe moderne. Nous écarterons d'abord les contrées dans lesquelles le flot germanique submergea tout, comme, par exemple, l'Angleterre, où la population bretonne refoulée dut faire place à une race nouvelle, les Anglo-Saxons, qui, maîtres du pays, lui imprimèrent pour toujours le sceau caractéristique de la langue; il en fut de même pour la Germanie méridionale, pour la Rhétie et le Norique, qui, autrefois soumis à la civilisation romaine, disparaîtront presque entièrement sous l'inondation des peuples hérules, vandales et lombards, qui les remplissent et y laisseront leurs descendants.

Mais il en sera tout autrement si nous nous arrêtons aux trois grandes contrées dans lesquelles les barbares ne passèrent que comme les flots du Nil, pour féconder la terre : je veux dire l'Italie, la France et l'Espagne. Là nous allons nous attacher à surprendre les premiers traits du génie national, même avant l'invasion des barbares, avant le mélange de ces idiomes à l'intervention desquels on a longtemps, mais à tort, attribué exclusivement la naissance des langues modernes.

Il faut d'abord considérer les causes générales qui conservèrent un esprit national dans chacune des grandes provinces romaines. Ces causes sont au nombre de trois : il y a une cause politique, il y a, en quelque sorte, une cause littéraire ; enfin il y a une cause religieuse.

Rome ne professa jamais un grand respect pour les nationalités vaincues. Elle les violenta souvent ; mais, avec cette sagesse de la politique romaine, elle ne les violenta jamais plus qu'il ne le fallait pour les intérêts de sa domination. Elle laissa une ombre d'autonomie aux cités italiennes, aux grandes cités de l'Orient et de la Grèce ; elle souffrit qu'une sorte de lien se conservât entre les populations de la Gaule et de l'Espagne. Dans cette organisation de l'empire d'Occident qui résulte des décrets de Dioclétien et de Maximien, chacun de ces trois grands diocèses, l'Italie, la Gaule et l'Espagne, avait à sa tête un vicaire chargé de le gouverner et de l'administrer. Ce vicaire était entouré ordinairement d'un conseil formé des notables habitants de la province. Il s'ensuivait que chaque province avait, pour ainsi dire, sa représentation défendant ses intérêts, exposant ses besoins ; et de cette diversité d'intérêts, de besoins, de ressources, résultait la richesse même de l'empire, chacune des provinces suppléant à ce qui manquait aux autres et devenant par là l'ornement de cette grande société romaine du temps des Césars. Il est si vrai que le monde romain tirait quelque beauté et quelque grandeur de la variété même qui se produisait au milieu de cette uniformité, que Claudien, ce poëte de décadence, dans une composition à la louange de Stilicon, représente les diverses provinces de l'empire se rassemblant autour de Rome, la déesse, et venant lui demander son secours. Elles sont personnifiées avec leurs attributs, expression de leur génie; ainsi l'Espagne, alors si pacifique, se présente couronnée d'oliviers et portant l'or du Tage sur ses vêtements; l'Afrique, embrasée des feux du soleil, a le front ceint des épis nourriciers qu'elle prodigue à Rome, puisqu'elle était la nourrice de l'empire romain; un diadème d'ivoire est sur sa tête; la Gaule, toujours guerrière, relève fièrement sa chevelure et balance à sa main deux javelots; enfin la Bretagne s'avance la dernière : elle a les joues tatouées; sa tête est couverte de la dépouille d'un monstre marin et ses épaules d'un grand manteau d'azur dont les plis flottants imitent les vagues de l'Océan, comme si le poëte avait vu de loin que cette Bretagne, alors si barbare, était destinée à avoir un jour l'empire des mers. Ainsi la diversité même était dans l'ordre établi par Rome pour le gouvernement de ses provinces.

Mais cette diversité était bien plus prononcée encore dans les résistances que les provinces opposaient opiniâtrément à l'administration romaine. En effet, la puissance de Rome ne s'était pas établie et maintenue sans rencontrer bien des résistances, bien des colères, bien des révoltes. Après les horreurs de la conquête étaient venues toute la perversité de l'exaction, toutes les persécutions du fisc.

Dans chaque province, à côté du président qui était à la tête de l'administration civile, se trouvait le procureur de César, chargé de l'administration financière. Au seul aspect de ses licteurs, les populations des campagnes prenaient la fuite et les maisons des villes se fermaient, car le fisc romain avait des exigences insatiables. Il demandait d'abord la capitation, c'est-à-dire l'impôt sur la personne ; ensuite l'indiction, l'impôt sur les biens ; puis, dans les cas extraordinaires, la superindiction ou l'impôt imprévu ; puis le chrysargyre ou impôt sur l'industrie ; enfin, à l'avénement de l'empereur, l'or coronaire, don gratuit auquel on ne pouvait se soustraire impunément. Mais ces impôts, ainsi multipliés, étaient perçus avec une sévérité, avec une cruauté dont les historiens contemporains ont rendu témoignage. Les exacteurs, les contrôleurs du fisc, répandus dans les campagnes, pour prouver leur zèle et pour accroître leurs profits, pénétraient dans les habitations, vieillissaient les enfants, rajeunissaient les vieillards, afin de les porter sur leurs listes dans la catégorie des hommes de quinze à soixante ans qui devaient payer l'impôt. Là où la valeur des fortunes était difficile à connaître et à apprécier, ils mettaient à la torture les esclaves, les femmes et les enfants, pour connaître le chiffre réel de la fortune du père de famille. On ne peut pas s'attendre à voir les provinces supporter de bonne grâce des persécutions aussi inouïes.

Et vainement Constantin rend-il des décrets pour arrêter les cruautés des agents du fisc, déjà poussées à un tel degré, qu'après lui les habitants de certaines provinces émigraient pour passer chez les barbares et allaient chercher, sous l'abri des tentes des Germains, une vie moins misérable que celle que Rome leur faisait à l'ombre des toits de leurs pères.

Ces haines, ces rancunes profondes, finissaient par éclater dans les paroles, dans les écrits des hommes éminents de chaque province. Nous avons déjà reconnu en Afrique l'existence d'un parti africain, nous y avons vu le réveil du vieil esprit carthaginois. Ce parti avait élevé à Annibal un tombeau en marbre, et de ces cendres devaient naître des vengeurs qui iraient à leur tour punir Rome, lorsque Genseric lèverait l'ancre et sortirait des ports de Carthage pour aller rançonner cette orgueilleuse capitale alors déchue. En attendant, l'esprit africain aimait à reproduire ses griefs et il avait trouvé un éloquent interprète dans saint Augustin. Malgré la charité profonde de ce grand homme, et cet amour qu'il étendait à Rome comme au reste de l'univers, cependant le vieux patriotisme africain se manifeste chez lui plusieurs fois, par exemple lorsque, s'adressant à Maxime de Madaure, il lui reproche de faire ainsi un sujet de risée de ces noms africains qui, après tout, sont ceux de sa langue maternelle : « Tu ne peux, dit-il, oublier

« à ce point ton origine, que, né en Afrique, écri-
« vant pour des Africains, au mépris de la terre
« natale où nous avons été élevés tous deux, tu
« proscrives les noms puniques. »

Nous avons trouvé le même esprit dans ce chapitre hardi de la *Cité de Dieu*, où saint Augustin a osé reprocher à Rome sa gloire tachée de sang, de crimes, entremêlée de tant de faiblesses et d'ignominies ; et nous avons entendu ces murmures qui s'élevaient autour de la chaire de saint Augustin, lorsqu'il y montait pour parler de la chute de Rome et de sa prise par Alaric : « Surtout, di-
« saient plusieurs de ceux qui devaient l'entendre,
« qu'il ne parle pas de Rome, qu'il n'en dise
« rien ! » Et saint Augustin était obligé de se défendre et de se justifier, ce qui lui était facile. Tant il est vrai qu'il y avait alors, en Afrique, deux partis : un parti romain et un parti africain vers lequel saint Augustin était poussé par l'ardeur de son patriotisme ! Je crois avoir établi le premier ce point, que personne, depuis, n'est encore venu démentir.

En Espagne, un esprit semblable se manifeste dans les écrits du prêtre Paul Orose. Après avoir montré les conquêtes de Rome et sa grandeur, il se demande combien de larmes et de sang elles ont coûté. Et, dans ces jours de félicité suprême pour le peuple romain, où les triomphateurs montaient au Capitole, suivis de nombreux captifs de toutes

nations, enchaînés les uns aux autres, « combien
« alors, dit-il, combien de provinces pleuraient
« leur défaite, leur humiliation et leur servitude !
« Que l'Espagne dise ce qu'elle en pense, elle qui
« pendant deux siècles inonda ses campagnes de
« son sang, incapable à la fois de repousser et de
« supporter cet opiniâtre ennemi. Alors, traqués de
« ville en ville, épuisés par la faim, décimés par
« le fer, le dernier et misérable effort de ses guer-
« riers était d'égorger leurs femmes et leurs en-
« fants, et de s'entre-tuer ensuite (1). »

Le ressentiment de Sagonte, abandonnée par les Romains et contrainte de s'ensevelir sous ses ruines, revit encore dans ces paroles amères et dans ces implacables reproches de l'écrivain ecclésiastique. Si les liens de l'empire tendaient ainsi à se rompre par la violence même avec laquelle ils avaient été tendus, si les causes politiques travaillaient déjà à faire naître et à entretenir un esprit d'opposition et d'isolement dans les différentes provinces, il faut bien reconnaître que la diversité des langues y contribuait aussi.

Rien ne semble plus faible qu'une langue, rien ne semble moins redoutable pour un conquérant qu'un certain nombre de mots obscurs, qu'un dialecte inintelligible conservé par un peuple vaincu : cependant il y a dans ces mots une force que les

---

(1) Paul Orose, l. V, c. 1.

conquérants habiles et les tyrans intelligents comprennent, et à laquelle ils ne se laissent pas tromper. Je n'en veux pour preuve que ceux qui, de nos jours, supprimaient l'idiome national, et imposaient le russe comme langue obligatoire là où ils avaient rencontré des résistances invincibles. De même, les Romains avaient aussi rencontré des dialectes qui résistaient au fer et sur lesquels ni le président de la province, ni le procureur du fisc n'avaient puissance. Sans doute, le latin s'était propagé de bonne heure dans beaucoup de contrées envahies par la conquête : par exemple, dans la Narbonnaise, dans l'Espagne méridionale. Mais le latin qui s'y établissait, c'était un latin populaire, celui que parlaient les soldats, les vétérans envoyés dans les colonies; bientôt il se corrompait par la fusion des races, par son mélange avec les dialectes locaux, et formait autant de dialectes particuliers : autre était le latin populaire de la Gaule, autre celui qui se parlait au delà des Pyrénées. Outre cela, les anciennes langues ne lâchaient pas pied; en Italie, le grec devait se perpétuer dans les provinces méridionales jusqu'au milieu du moyen âge. Dans le royaume de Naples, au quinzième siècle, existaient encore plusieurs contrées toutes grecques. Dans l'Italie septentrionale, on voit la langue des Ligures, des habitants des montagnes de Gênes, se conserver jusqu'à la fin de l'empire ; l'étrusque subsistait encore au temps d'Aulu-Gelle, et n'était pas sans action sur le latin qui se parlait dans les villes voisines. Aussi les anciennes inscriptions des villes italiques sont souvent marquées de cette corruption d'où doit sortir un jour la langue italienne. C'est déjà dans des inscriptions anciennes qu'on trouve, par exemple, ces formes toutes modernes : *cinque, nove, sedici mese;* ou ces mots nouveaux : *bramosus* pour *cupidus*, *testa* pour *caput*, *brodium* pour *jus*. De même aussi, la déclinaison des mots disparaît entièrement, et ce n'est qu'à l'aide des particules qu'on détermine leurs fonctions.

Dans la Gaule, la langue celtique figure jusqu'au cinquième siècle, et saint Jérôme l'entend encore parler à Trèves.

En Espagne, la vieille langue des Ibères se défend pied à pied; elle recule vers les montagnes; elle finira par y être confinée, non sans avoir laissé des traces derrière elle : c'était la langue basque, encore parlée aujourd'hui, et qui n'a pas laissé moins de dix-neuf cents mots dans l'espagnol moderne.

Vous voyez quelles résistances une langue est capable d'opposer. Qu'est-ce donc qui donne tant de puissance à ces syllabes qui, tout à l'heure, nous semblaient si peu faites pour arrêter les efforts d'un conquérant? Ce sont les pensées, les souvenirs, l'émotion qu'elles réveillent dans l'homme; c'est qu'elles renferment pour lui les sentiments les plus enracinés dans son cœur ; c'est qu'elles rappellent tous les usages au milieu desquels il est né, les affections dans lesquelles il a grandi et il a vécu. Une langue bien faite, et toutes les langues se font bien quand elles se développent seules et sans l'influence de l'étranger, une langue n'est autre chose que le produit naturel de la terre, qui l'a vue sortir, et du ciel, qui a éclairé sa naissance ; elle contient, en quelque sorte, l'image même de la patrie. Voilà pourquoi, tant qu'une langue subsiste, le moment n'est pas encore venu où il faille désespérer de la patrie.

En troisième lieu, la religion elle-même, cette puissance qui semblait destinée à mettre l'unité partout, contribua cependant à entretenir la variété, la diversité de l'esprit provincial. En effet, quand l'Église romaine se fonde, il semble, au premier coup d'œil, qu'une nouvelle force ait été donnée à Rome, pour enchaîner désormais à ses destinées toutes les provinces de l'Occident. Il n'en est pas moins vrai que cette unité, que cette force de l'autorité romaine ne se maintiendra qu'en respectant, dans une certaine mesure l'individualité, l'originalité des Églises nationales. La sagesse et le bon sens de l'Église romaine dépassant en ceci la sagesse et le bon sens du gouvernement romain ; elle a su respecter les droits, les priviléges, les institutions, la liturgie, propres aux différentes provinces de l'empire. Aussi, dès les commencements, on voit partout se former des conciles qui sont la représentation religieuse de toute une province. L'Afrique en donna l'exemple la première après l'Italie, et ces conciles nationaux y étaient si fréquents, que de 397 à 419, Carthage vit à elle seule quinze conciles.

Cette activité fut imitée par les autres Églises : dans la Gaule, les conciles se succèdent à partir de celui d'Arles, en 314, où fut proclamé si hautement le droit du saint-siége à intervenir dans le gouvernement de toute la chrétienté. Nous trouvons en Espagne, dès l'année 305, le concile d'Illibéris, où fut réglé si sévèrement le célibat ecclésiastique ; puis le concile de Saragosse, et, en 400, le premier de ces conciles de Tolède destinés à fonder un jour le droit civil et public de la nation.

A côté des conciles, chaque province a ses écoles de théologie : Marmoutiers, Lérins, en Gaule ; Hippone, en Afrique. Chacune de ces écoles a ses docteurs à la mémoire desquels elle s'attache, enfin chacune a ses hérésies, qui lui sont propres, qui réfléchissent, en quelque sorte, le caractère de chaque nation. Ainsi l'Espagne du quatrième siècle a les Priscillianistes ; la Grande-Bretagne produira Pélage ; la Gaule aura les semi-Pélagiens ; l'Italie seule n'eut pas d'hérétiques : nous verrons tout à l'heure pourquoi.

Chaque Église a ses saints, ses gloires nationales qui la représentent au ciel. C'est ainsi que le poëte

Prudence décrit les nations chrétiennes venant audevant du Christ juge, lorsqu'il descendra au dernier jour, et lui apportant chacune dans une châsse les restes des martyrs dont la protection doit la couvrir et l'abriter contre la sévérité divine.

> Quum Deus dextram quatiens coruscam
> Nube subnixus veniet rubente,
> Gentibus justam positurus æquo
> Pondere libram.

> Orbe de magno caput excitata,
> Obviam Christo properanter ibit
> Civitas quæque pretiosa portans
> Dona canistris (1).

Ainsi commençait de bonne heure ce qu'on pourrait appeler le patriotisme religieux. La nationalité chrétienne était bien différente de la nationalité des anciens, de celle qui consistait à déclarer ennemi tout ce qui était étranger : *hospes, hostis*. Au contraire, dans l'économie du monde moderne, chaque nationalité n'est autre chose qu'une fonction, que la Providence assigne à un peuple donné, pour laquelle elle le développe, pour laquelle elle le fortifie et le glorifie, mais une fonction qu'il ne peut accomplir qu'en harmonie avec d'autres peuples, qu'en société avec d'autres nations : c'est là le propre des nationalités modernes. Chacune d'elles a une mission sociale au milieu de cette grande société qu'on ap-

(1) Prud., *Peristeph.*, IV, V, 13 et 59.

pelle le genre humain. C'est ce que nous verrons à mesure que nous passerons en revue les siècles du moyen âge, lorsque l'Italie remplira si glorieusement cette fonction d'enseignement qui est la sienne aux onzième et douzième siècles, à l'époque de ses grands docteurs; quand la France sera le bras droit de la chrétienté et portera l'épée levée pour la défendre contre tous; quand l'Espagne et le Portugal, avec leurs flottes, iront au-devant de ces nations attardées qui n'ont pas encore vu luire la lumière de la civilisation chrétienne. Voilà la destinée, le caractère de ces nationalités transformées comme elles devaient l'être par le travail intérieur du christianisme.

Vous le voyez donc, tout contribue déjà à produire, à développer le génie individuel, le génie original de chacune des grandes provinces de l'empire romain.

Mais il me reste maintenant à insister en particulier sur chacune de ces trois grandes provinces qui devaient être un jour l'Italie, la France et l'Espagne, et qui, déjà, à quelques égards, en portaient les marques.

L'Italie était, de toutes, celle qui devait le mieux conserver son caractère historique : elle était leur aînée de beaucoup ; elle vécut plus longtemps sous la même discipline, et les résistances de la Guerre sociale avaient eu le temps de s'assoupir. Elle garda donc l'empreinte de ces deux grands caractères qui s'étaient montrés chez elle dès les commencements de sa civilisation, le caractère étrusque et le caractère romain, le génie de la religion et le génie du gouvernement.

Les Étrusques, qui étaient par-dessus tout un peuple religieux, communiquèrent aux Romains leurs traditions, leurs cérémonies, l'usage des auspices, et tout ce qui imprima au gouvernement de la ville éternelle ce caractère théocratique dont il ne se dépouilla jamais. Rome a apporté dans les affaires ce bon sens qui devait la rendre maîtresse du monde, elle a tout marqué au sceau de cette politique éternelle dont le puissant souvenir n'est pas encore effacé.

Ainsi il ne faudra pas s'étonner de voir ces deux caractères, le génie théologique et le génie du gouvernement, persister dans le caractère italien des temps modernes. Nous avons déjà remarqué que l'Italie ne produisit pas d'hérésies : c'est là un des signes de ce bon sens dont elle était profondément pénétrée et qui l'a préservée des subtilités de la Grèce et des rêves de l'Orient. Aussi toutes les erreurs venaient-elles, les unes après les autres, chercher à Rome la vie et la popularité, et n'y trouvaient que l'obscurité, l'impuissance et la mort. Rome intervient dans le grand débat de l'arianisme, et c'est alors elle qui sauve la foi du monde : d'un bout à l'autre de la péninsule des théologiens illustres se lèvent pour défendre l'orthodoxie, Ambroise de Milan, Eusèbe de Verceil, Gaudence et Philastre de Brescia, Maxime de Turin, Pierre Chrysologue de Ravenne, et plusieurs autres qu'il serait trop long de rappeler.

Au-dessus de tout ce mouvement théologique plane la papauté ; la papauté héritière de l'esprit politique des anciens Romains, c'est-à-dire de leur persévérance, de leur bon sens, de leur puissance, de leur manière d'entendre ce qui est grand, de leur connaissance de l'art de triompher dans les choses d'ici-bas. Seulement, elle a cela de plus que les anciens Romains, qu'elle est désarmée, qu'elle n'a ni louve ni aigle sur ses étendards, et qu'elle manie une puissance autrement grande que celle de l'épée, celle de la parole.

Au moment où le gouvernement du monde échappe aux mains débiles des Césars, au temps de Valentinien III et de Théodose II, ce gouvernement qui tombe est relevé par le plus grand des anciens papes, c'est-à-dire par saint Léon. Nous avons vu comment cet homme illustre prit avec une vigueur nouvelle la direction de toutes les affaires spirituelles et temporelles de l'Occident, de l'empire et de la chrétienté. D'une part, il intervenait en Orient, à Chalcédoine, pour mettre fin aux éternelles disputes des Grecs et fixer le dogme de l'incarnation ; d'autre part, en Occident, il arrêtait Attila au milieu du Mincio et sauvait la civilisation dans un jour que la reconnaissance de la postérité n'oubliera jamais. Le patriotisme des anciens Romains vit encore dans cette âme fortement trempée et éclate dans les homélies qu'il prononçait le jour de la fête de saint Pierre et de saint Paul, où, célébrant la destinée de la Rome nouvelle, il aime à montrer la Providence elle-même présidant aux grandeurs temporelles de cette cité maîtresse dont les conquêtes devaient préparer la conversion de l'univers.

Ainsi, dès le cinquième siècle, Rome et l'Italie, devenues chrétiennes, conservent, vous le voyez, les deux grands caractères de l'Italie antique ; elles les garderont pendant tous les siècles du moyen âge, et vous en avez la preuve; dès le commencement de cette période, dès que les temps carlovingiens sont finis, éclate, d'une part, le génie théologique avec cette succession d'hommes célèbres ; les deux saint Anselme, Pierre Lombard, saint Thomas d'Aquin, saint Bonaventure; d'autre part, le génie politique remue la péninsule de telle sorte, que les derniers artisans des villes forment des corporations pour prendre part au gouvernement de la chose publique; et l'esprit des affaires s'y développe à ce point qu'il produira un jour un des plus grands écrivains politiques du monde, Machiavel.

Ces deux esprits, qui constituent le caractère du moyen âge italien, se réuniront dans les grands papes, comme saint Grégoire le Grand, Grégoire

VII, Innocent III. Ils se réuniront aussi pour inspirer la *Divine Comédie*, qui ne serait rien, si elle n'était, par-dessus tout, le poëme de la théologie et de la politique italiennes telles que le moyen âge les avait conçues et produites.

Il faut distinguer avec soin deux périodes dans la destinée de l'Italie ; il ne faut pas confondre le génie italien du moyen âge avec celui de la Renaissance ; il ne faut pas faire porter à cette vieille Italie, si mâle, si forte, si capable de souffrir et de résister, la responsabilité de ce que fit plus tard cette autre Italie qui, livrée à autant de tyrans qu'elle contenait de seigneurs, finit par s'abâtardir dans sa langueur, s'oublie à genoux aux pieds des femmes, et perd son temps dans les misérables exercices d'une poésie impuissante ou dans les plaisirs des sens, portant une couronne de fleurs, mais voyant toutes les autres foulées aux pieds et toutes ses gloires compromises dans les dangers d'un obscur avenir. Ainsi l'Italie du moyen âge conservera profondément le caractère qui se manifeste chez elle dès les premiers temps de l'empire d'Occident.

Quant à l'Espagne, cette persistance du caractère primitif est encore plus frappante. Au moment où les Romains pénétrèrent dans ce pays, ils y trouvèrent le vieux peuple des Ibères, mêlé de Celtes, et remarquèrent dans ce peuple une singulière gravité, offrant ceci de particulier, qu'il ne marchait jamais que pour combattre ; demeurant assis ; d'une sobriété égale à son opiniâtreté ; se battant toujours, mais par groupes isolés ; les femmes portant des voiles noirs. Tous ces traits sont ceux de l'Espagne moderne. La culture romaine y fit de rapides progrès. Sertorius fonda une école à Osca, au cœur de l'Espagne, et y établit des maîtres grecs et latins. Q. Métellus vanta les poëtes de l'Espagne, dont les louanges ne lui déplaisaient pas. Toujours quelque chose d'étranger se remarquera dans cette école hispano-latine destinée à tant d'éclat et qui doit produire successivement Portius Latro le déclamateur, les deux Sénèque, Lucain, Quintilien, Columelle, Martial, Florus, c'est-à-dire les deux tiers des grands écrivains du second âge de la littérature romaine. Mais, à l'exception de l'inattaquable Quintilien, tous ne présentent-ils pas précisément cette enflure, cette recherche, ce goût des faux brillants, cette exagération de sentiments et d'idées, cette prodigalité d'images qui constituent les défauts de l'école espagnole ? Tous ne sont-ils pas, jusqu'à un certain point, représentés par ce rhéteur dont parle Sénèque, qui désirait toujours dire de grandes choses, qui aimait tellement la grandeur qu'il avait de grands valets, de grands meubles et une grande femme ? d'où vient que ses contemporains l'appelaient *Senecio grandio*. Voyez comme l'enflure et l'exagération castillane se caractérisent de bonne heure !

La littérature sacrée de l'Espagne ne semblait pas devoir modifier beaucoup ce caractère ; car elle était restée bien pauvre jusqu'au siècle qui nous occupe. Sans doute un évêque d'Espagne, Osius de Cordoue, avait présidé à Nicée ; cependant on ne voit pas qu'il ait beaucoup écrit ni que l'Espagne ait produit beaucoup de docteurs. Mais une autre province travaillait pour elle : c'est ce qui arrive souvent dans l'histoire des littératures ; un pays semble travailler pour périr, pour disparaître ensuite, et on se demande à quoi bon tant d'efforts, tant de productions ingénieuses dans une contrée qui bientôt doit être subjuguée par les barbares ; et il se trouve que le génie de ce pays perdu, de cette nation étouffée, s'est réfugié dans un pays voisin. C'est ainsi que l'Espagne profita de tous les travaux de l'Afrique : l'esprit de Tertullien, de saint Cyprien, de saint Augustin, devait passer un jour le détroit et aller embraser l'Église espagnole. En effet, où dirons-nous que saint Augustin a trouvé des héritiers, si ce n'est dans le pays de sainte Thérèse et de saint Jean de la Croix? Avec cette littérature mystique si féconde, l'Espagne moderne devait avoir une littérature poétique la plus abondante qui fut jamais. En effet, nous avons vu que si les lettres chrétiennes, au cinquième siècle, produisent quelque chose en Espagne, c'est surtout, avec une abondance extraordinaire, la poésie : Juvencus, Damase, Dracontius, l'intarissable Prudence, tous ces poëtes chrétiens sont Espagnols. Prudence est d'abord le poëte du dogme, il s'attache au dogme avec une énergie singulière, le développe avec toute l'ardeur d'un controversiste et avec toute l'exubérance qu'aura plus tard la poésie de Lope de Véga et de Caldéron. Mais je vais plus loin; je pénètre dans l'esprit de cette poésie : il ne suffit pas à Prudence de mettre le dogme en vers, il le met en scène, il personnifie les affections humaines, les passions; il compose un poëme intitulé *Psychomachia*, dans lequel il mettra aux prises la foi et l'idolâtrie, la chasteté et la volupté, l'orgueil et l'humilité, la charité et l'avarice. Assurément rien, au premier abord, ne paraît devoir être plus fastidieux qu'une semblable composition. Était-ce donc la peine de déserter cette littérature païenne alors toute chargée de lourdes allégories, qui personnifiait les passions, la patrie, la guerre : tantôt l'Afrique, tantôt l'Espagne? Pourquoi venir encore créer d'autres allégories et peupler le champ de la poésie chrétienne de personnages sans réalité? Et cependant prenons-y garde : le moyen âge aussi s'éprendra de ces allégories; lui aussi, dans les sculptures de ses cathédrales, se plaira à multiplier à l'infini la personnification de toutes les affections humaines sans qu'il y ait là le moindre vestige d'idolâtrie, et à Chartres, par exemple, sur cet admirable portail de la cathédrale, vous verrez représentés par des figures humaines, avec des attributs heureusement choisis, les sens humains, les vertus, les passions, en un mot l'encyclopédie morale de l'homme, le *Speculum morale* de Vincent de Beauvais. Chez toutes les nations occidentales on retrouve ces personnifications, ces allégories sculptées en pierre.

Le théâtre espagnol a fait plus : il les a mises en scène, en action ; il leur a donné la parole. Caldéron devait reprendre les sujets de Prudence : il personnifie, dans ses *Autos sacramentales*, la grâce, la nature, les cinq sens, les sept péchés capitaux, la synagogue et la gentilité, et, par un art merveilleux, arrive à donner la parole à tout ce peuple de statues que le moyen âge avait produites ; il les fait descendre de leurs niches, les montre aux spectateurs assemblés, de telle sorte qu'on y prend intérêt comme à des personnages réels ; il les mêle à des personnages historiques, et l'on supporte dans les pièces de Caldéron le dialogue d'Adam avec le Péché, et toutes ces autres personnifications qui n'ont pu vivre ainsi qu'à force de génie, de verve et de cet esprit intarissable dont les poëtes espagnols sont remplis. Tout cela se passe, non pas devant des auditeurs choisis, lettrés, non devant un petit nombre de courtisans de la cour de Philippe III et de Philippe IV, rassemblés pour jouir délicatement d'un plaisir d'académiciens, mais devant la foule immense qui encombre la place de Madrid, se presse de toutes parts pour voir d'un bout à l'autre l'allégorie, suivre le drame jusqu'à la fin, jusqu'à ce que, le dénoûment arrivant à propos, le fond du théâtre s'entr'ouvre et laisse apercevoir le prêtre à l'autel avec le pain et le vin.

Il est moins facile peut-être de saisir, avec la même précision, le caractère du génie français dans l'esprit des Gallo-Romains du cinquième siècle. En effet, l'empreinte germanique est ici plus forte; nous ne devons pas oublier ce que les Francs ont mis de leur sang dans notre sang, comment leur épée a passé dans les mains de nos pères, ce que leurs traditions ont apporté dans nos traditions, leur langue dans notre langue. Il est certain que si l'on passe les Alpes ou les Pyrénées, si l'on franchit les fleuves de la Gaule méridionale, et la Loire surtout, à mesure qu'on s'avance vers le Nord, l'empreinte germanique est plus forte. Néanmoins nous sommes, par-dessus tout, un peuple néo-latin ; le fond de notre civilisation est encore venu de la conquête romaine, mais non pas d'une conquête subie sans résistance ; car nulle part peut-être ne se montrent à un degré aussi remarquable et l'attrait de la civilisation romaine et la résistance qu'elle devait rencontrer.

La conquête de César avait été bien rapide et elle fut en peu de temps achevée par ses successeurs; mais combien vite aussi se manifesta l'impatience du joug étranger ! Dès le temps de Vespasien, Classicus et Tutor se faisaient proclamer empereurs gaulois et forçaient les légions vaincues à venir prêter serment aux aigles de la Gaule. Au troisième siècle, sous le règne de Gallien, la Gaule forme, avec l'Espagne et la Bretagne, un empire transalpin à la tête duquel se succèdent des Césars dignes d'un meilleur sort : Posthume, Victorinus et Tetricus, hommes d'épée, hommes d'État, d'un grand caractère et capables assurément de fonder un empire durable si les temps marqués par la Providence fussent venus. Enfin, au cinquième siècle, lorsque la Gaule envahie par les Vandales est oubliée par la cour de Ravenne, elle reconnaît pour empereur un soldat appelé Constantin que les milices de Bretagne avaient déjà choisi en se rangeant sous son commandement. Il reste pendant cinq ans maître des Gaules, prend possession de plusieurs villes, repousse les généraux de l'empereur, contraint Honorius à lui envoyer la pourpre, et ne périt qu'en 411, à la suite des trahisons multipliées de ceux qu'il avait autour de lui.

Il ne faut pas se tromper cependant sur les motifs qui poussaient les Gaulois, qui les faisaient s'insurger contre Rome et proclamer jusqu'à trois fois un empire gallo-romain ; il ne faut pas croire que ce fût la haine de la civilisation romaine ; non, ils détestaient la tyrannie de Rome, mais ils en aimaient les lumières. En effet, c'étaient toujours les insignes romains qu'ils choisissaient, la pourpre qu'ils donnaient à leurs généraux couronnés. C'étaient bien les traditions de l'empire, moins les exactions du fisc et cet égoïsme qui faisait sacrifier toutes choses aux besoins de la plèbe de Rome pour lui donner du pain et les jeux du cirque, *panem et circenses ;* c'étaient bien les lettres romaines qu'on voulait sauver dans ce pays où les écoles étaient si florissantes, où, dès les premiers siècles, les rhéteurs gaulois formaient des orateurs pour le barreau des cités naissantes de la Bretagne :

<blockquote>Gallia causidicos docuit facunda Britannos (1).</blockquote>

Ces écoles arrivèrent à un degré de splendeur tel, que Gratien rendit ce célèbre décret qui porte si haut la dignité des écoles de Trèves. Ausone atteste quelle était la popularité de tous ces grammairiens et de tous ces rhéteurs qui enseignaient à Autun, à Lyon, à Narbonne, à Toulouse, à Bordeaux. Partout, en effet, renaissait la passion de la parole, le goût de l'art oratoire, et, tandis qu'à Rome on voit peu à peu s'éteindre les dernières étincelles de cet art qui avait produit Cicéron, quelques restes en subsistent dans la Gaule, s'entretiennent et se retrouvent sous une forme assurément bien misérable, mais sous une forme reconnaissable encore dans les panégyristes des empereurs. Déjà j'ai flétri en passant l'usage, l'ignominie de ces éloges adressés souvent à des hommes souillés de sang par d'autres hommes avides d'or, de dignités et de faveur. Mais il n'est

---

(1) Juvénal, *Sat.* XV, v. 111.

pas permis de méconnaître que, dans cette humiliation et cette bassesse, se conservaient les dernières traditions de l'art oratoire, et que ces hommes dégénérés, ces Eumène, ces Pacatus, ces Mamertin, témoignent, au moins, du goût, de la passion des Gaulois de leur époque pour la parole, pour l'art de bien dire, pour l'art de finement parler. C'est bien toujours ce que Caton avait dit du peuple gaulois, lorsqu'il le caractérisait d'avance avec son laconisme admirable, par ces mots : *Rem militarem et argute loqui* (1).

Aucun personnage ne représente mieux, à cet égard, le génie gallo-romain que Sidoine Apollinaire, l'un des premiers écrivains du cinquième siècle. Sidoine Apollinaire était né à Lyon vers 430, mais, probablement, d'une famille arverne, d'une de ces riches familles gauloises chez lesquelles se conservaient les traditions littéraires des Romains et se perpétuaient, en même temps, des rancunes héréditaires contre la domination romaine. Il avait été instruit par des maîtres habiles, dont il a conservé le souvenir. Celui dont il avait reçu des leçons de poésie s'appelait Ennius : c'était déjà, vous le voyez, l'époque de ces usurpations de noms célèbres, qui, plus tard, peuplèrent les écoles d'Ovides, d'Horaces, de Virgiles. Son maître de philosophie s'appelait Eusèbe. Tout à coup ce

---

(1) Gallia duas res industriosissime persequitur :
Rem militarem et argute loqui.

Gaulois, exercé ainsi à l'art de la parole et à la science des philosophes, se trouva appelé aux premiers honneurs par l'avénement de son beau-père Avitus à l'empire. Un riche personnage gaulois, du nom d'Avitus, venait, en effet, d'être imposé à l'empire romain par le roi des Goths, Théodoric, et proclamé pour tomber bientôt après sous les coups d'un meurtrier obscur. Sidoine Apollinaire fut appelé à Rome pour prononcer publiquement, devant le sénat, le panégyrique de son beau-père. Quelque temps après, Avitus ayant été assassiné, Sidoine prononça à Lyon le panégyrique de son successeur Majorien. Un peu après, quand Majorien eut disparu à son tour, il prononça le panégyrique d'Anthémius à Rome. Il était trop fécond en éloges! Lui-même cependant ne devait pas en juger ainsi ; car les faveurs se multipliaient pour lui avec la même rapidité que ses vers. Il avait obtenu les premiers honneurs politiques et littéraires ; il avait à Rome sa statue au forum de Trajan, parmi les plus grands poëtes de l'empire ; il avait été élevé au rang de patrice et à la dignité de préfet de Rome ; en un mot, il avait épuisé la coupe des douceurs humaines, lorsque, tout à coup, la lassitude des biens temporels, cette lassitude qui s'empare des grandes âmes, se saisit de lui, et, au bout de peu de temps, on le trouve converti, revenu à une vie plus austère, et porté par l'acclamation publique sur le siége épiscopal de Clermont. Si-

doine Apollinaire, renonçant alors à la poésie profane, renonçant à toutes les distractions, à tous les égarements de la vie mondaine, revêtit l'esprit d'un saint et pieux évêque. Mais comment renoncer aux lettres, à ce premier charme de sa jeunesse? Comment ne pas porter dans tout ce qu'il écrivait la trace de cet esprit des écoles gallo-romaines où il avait été nourri? Aussi, en parcourant le recueil de ses œuvres, quelle que soit l'époque sur laquelle nous tombions, que nous ayons affaire au préfet de Rome ou à l'évêque chrétien, c'est toujours, avec des sentiments différents, un langage semblable. En effet, avant toutes choses, Sidoine Apollinaire avait voulu être et avait été habile dans l'art de bien dire. Au rapport de Grégoire de Tours, telle était son éloquence, qu'il était capable d'improviser sans délai sur un sujet donné. Lui-même prend la peine de nous dire que, chargé de donner un évêque au peuple de Bourges, qui était divisé, il n'eut que deux veilles de la nuit, c'est-à-dire six heures, pour dicter le discours qu'il avait à prononcer dans cette circonstance devant le clergé et le peuple assemblés. Il s'excuse donc si l'on n'y trouve pas « la partition oratoire, les autorités histo-
« riques, les images poétiques, les figures de gram-
« maire, les éclairs que les rhéteurs faisaient jaillir
« de leurs controverses. » En un mot, son discours est simple et clair, et c'est ce qui l'humilie (1).

(1) Sidoine Apoll., Ep., l. VII, 9.

Mais il prend sa revanche dans les lettres où il veut imiter Pline et Symmaque. A l'en croire, il y réussit, et on l'engage à les recueillir et à les publier. Toutes ces lettres portent, en effet, la trace de cette lime qui a passé sur elles avant de les livrer aux hasards de la publicité. Mais, ce qui met par-dessus tout Sidoine Apollinaire à l'aise, c'est de pouvoir, dans cet échange de correspondance, rivaliser avec ses amis, d'esprit, de recherche, de raffinement et d'obscurité même. Il se plaît à lutter contre les difficultés, à s'engager dans des descriptions périlleuses, à faire connaître jusqu'aux derniers détails de la vie des Romains ou des barbares de son temps, détails utiles pour l'histoire, mais empreints de tous les vices de la décadence. Il met le comble à son œuvre, il se croit arrivé au faîte de la gloire littéraire quand il peut entremêler à ces lettres familières des vers qu'il a improvisés, les quelques distiques, qui se sont présentés d'eux-mêmes à son esprit en face d'une circonstance à laquelle, d'avance, il n'eût jamais songé. C'est là surtout qu'il met son amour-propre, dans ces petites poésies composées sur l'heure, à la volonté de l'empereur ou de quelque autre personnage. Ainsi, un jour, ayant à passer un torrent, il s'arrête pour chercher un gué ; mais, comme il trouve difficilement un passage commode, alors, en attendant que l'eau soit un peu écoulée, il compose un distique rétrograde, qui peut se lire à volonté par un bout ou par l'autre :

> Præcipiti modo quod decurrit tramite flumen,
> Tempore consumptum jam cito deficiet.

Ces vers sont infiniment supérieurs à tous ceux de Virgile et d'Ovide, en ce sens qu'on peut les retourner de la sorte en disant :

> Deficiet cito jam consumptum tempore flumen,
> Tramite decurrit quod modo præcipiti (1).

D'autres fois, il y met plus de grâce et d'amabilité, et vous croirez avoir affaire à un bel esprit français du dix-septième siècle, lorsque vous verrez les vers composés par Sidoine Apollinaire pour être gravés sur la coupe qu'Évodius voulait offrir à la reine Ragnahilde, femme d'Euric. Assurément la princesse était bien barbare, mais les vers étaient bien polis. La coupe qu'on voulait lui offrir était en forme de conque marine, et, faisant allusion à cette figure et aux souvenirs que l'antiquité y attachait, Sidoine disait : « La conque sur laquelle le « monstrueux triton promène Vénus ne soutiendra « pas la comparaison avec celle-ci. nclinez, c'est « notre prière, inclinez un peu votre majesté sou-
« veraine, et, patronne puissante, recevez un hum- « ble don... Heureuses les eaux qui, enfermées « dans le resplendissant métal, toucheront la face

---

(1) Sid. Apol., Ep., l. IX, 14.

« plus resplendissante d'une belle reine. Car, lors-
« qu'elle daignera y plonger ses lèvres, c'est le re-
« flet de son visage qui blanchira l'argent de la
« coupe (1). »

On ne peut être plus aimable et il est impossible que les madrigaux les mieux travaillés l'emportent sur la galanterie exquise de Sidoine Apollinaire. Rien n'indique si dès cette époque il était engagé dans les ordres ecclésiastiques : c'est peut-être encore le poëte mondain qui apparaît.

S'il n'avait pas d'autre titre aux yeux de la postérité, Sidoine Apollinaire se présenterait comme un bel esprit, il remplirait la seconde condition du caractère gaulois tracé par Caton, *argute loqui;* mais il serait loin de la première, et rien ne trahirait chez lui l'ardeur des grandes choses, *rem militarem*. Cependant il n'en est pas ainsi. Devenu évêque, Sidoine en avait pris tous les sentiments et par conséquent il était le défenseur de la cité. Vous savez comment les grands évêques du cinquième siècle, au milieu de la désorganisation universelle, des invasions continuelles des barbares, devinrent en même temps les magistrats civils et volontaires de la cité ; vous savez comment leur autorité morale suffit souvent à soutenir le courage des citoyens, à effrayer et à écarter les barbares. Sidoine Apollinaire, à Clermont, était aux avant-

---

(1) Sid. Apol., Ep., l. IV, 8, *ad Evodium.*

postes de l'empire, de la province romaine restée attachée à l'empire, et sur les frontières du royaume que les empereurs avaient été contraints d'accorder aux Visigoths. Mais les Visigoths, mécontents de leurs frontières, revenaient chaque jour se heurter contre les murailles de Clermont; de là les efforts de Sidoine pour obtenir l'intervention impériale à l'effet d'arrêter les progrès de la conquête barbare et d'épargner à sa ville épiscopale les horreurs de l'invasion. Longtemps il avait espéré; longtemps il avait excité l'intrépidité de ses concitoyens à défendre les murs de la ville, malgré toutes les horreurs de la famine et de la contagion. Enfin, une députation impériale était venue trouver le roi des Visigoths et lui avait proposé une capitulation moyennant laquelle la ville de Clermont lui serait abandonnée ; à ce prix, le prince barbare devait respecter l'intégrité des autres parties de l'empire. Sidoine apprend tout à coup ce traité. Tandis qu'il défendait avec tant d'énergie les murs de sa ville épiscopale, les hommes dans lesquels il avait mis son espérance l'avaient trahi. Alors il écrit à l'un d'eux la lettre suivante ; vous ne retrouverez plus ici le bel esprit de tout à l'heure, mais vous y trouverez une âme, une chaleur, une verve qui trahissent le caractère de son peuple : « Telle est maintenant la condition de ce
« malheureux coin de terre, qu'il a moins souffert
« de la guerre que de la paix. Notre servitude est

« devenue le prix de la sécurité d'autrui ; ô dou-
« leur ! la servitude des Arvernes qui, si l'on re-
« monte à leurs antiquités, ont osé se dire les frères
« des Romains, et se compter entre les peuples is-
« sus du sang d'Ilion. Si l'on s'arrête à leur gloire
« moderne, ce sont eux qui avec leurs seules forces
« ont arrêté les armes de l'ennemi public : ce sont
« eux qui, derrière leurs murailles, n'ont pas
« redouté les assauts des Goths, et ont renvoyé la
« terreur dans le camp des barbares. Voilà donc
« ce que nous ont mérité la disette, la flamme, le
« fer, la contagion, les glaives engraissés de sang,
« les guerriers amaigris de privations ! Voilà cette
« paix glorieuse pour laquelle nous avons vécu des
« herbes que nous arrachions des fentes de nos
« murs... Usez donc de toute votre sagesse pour
« rompre un accord si honteux. Oui, s'il le faut,
« ce sera pour nous une joie de nous voir encore
« assiégés, de souffrir encore la faim, mais de com-
« battre encore (1). »

Ainsi, voilà le génie français avec son urbanité, avec cette légèreté qu'on lui a beaucoup reprochée, mais aussi avec ce sentiment passionné de l'honneur qui ne s'effacera jamais. Ce caractère se conserve durant les longs siècles de barbarie dans lesquels nous allons nous engager. Vous y reconnaîtrez ce fait curieux, que pendant tous les temps méro-

(1) Sid. Apol., Ep., l. VII, 7, *ad Græcum.*

vingiens on voit un certain nombre de personnages illustres, qui furent plus tard évêques et canonisés ensuite, appelés à la cour des rois et élevés aux premières dignités du royaume, à cause de leur habileté dans l'art de bien dire, *quia facundus erat*, parce qu'ils avaient le pouvoir qui dès lors subjuguait les esprits. Et, d'autre part, si vous poursuivez plus loin, si vous arrivez en plein moyen âge, au moment où déjà la langue française s'écoute parler, vous remarquerez que le premier caractère de cette littérature naissante est d'être une littérature militaire, chevaleresque, destinée à faire le tour de l'Europe ; mais toute l'Europe lui rendra ce témoignage, qu'elle est originaire de France, qu'elle est née sur cette terre où on aime à dire finement, mais par-dessus tout à faire de grandes choses : *rem militarem.*

Ainsi nous avons constaté l'origine des trois grandes nationalités néo-latines, en Espagne, en Italie et en Gaule. En arrivant ainsi au terme de l'étude que nous nous étions proposée cette année, nous trouvons deux points établis : le premier, que le monde romain, que la civilisation antique. périt moins complétement, beaucoup moins vite, qu'on ne pense, qu'elle résista longtemps à la barbarie, que ses institutions, bonnes ou mauvaises, ses vices comme ses bienfaits, se prolongèrent longtemps dans le moyen âge et en expliquent les erreurs, dont la cause et la source étaient mal connues. Ainsi l'astrologie, ainsi toutes les exagérations du despotisme royal ; ainsi tout le pédantisme et tous les souvenirs de l'art païen qu'on peut surprendre aux onzième, douzième et treizième siècle : tout cela remonte à une origine antique, et constitue autant de liens que le moyen âge n'a pas voulu briser, et par lesquels il tient encore à l'antiquité.

D'autre part, nous avons établi que la civilisation chrétienne contient déjà, plus complétement qu'on ne croit, les développements qu'on a coutume d'attribuer aux temps barbares. Ainsi l'Église a déjà la papauté et le monachisme ; dans les mœurs, nous avons signalé l'indépendance individuelle, le sentiment de la liberté chez le peuple et la dignité de la femme. Dans les lettres, nous avons vu la philosophie de saint Augustin renfermer en germe tout le travail de la scolastique du moyen âge. Nous avons vu la *Cité de Dieu* tracer les plus grandes vues de l'histoire, et enfin l'art chrétien des Catacombes contenir tous les éléments qui se développeront dans les basiliques modernes.

Voilà comme la Providence a mis un art singulier et une préparation prodigieuse à lier entre eux des temps qui semblaient devoir être entièrement séparés par le génie différent qui les animait. Vous voyez que lorsque Dieu veut faire un monde nouveau, il ne brise que lentement et pièce à pièce l'édifice ancien qui doit tomber; et qu'il s'y prend de loin pour élever le monument moderne qui lui succédera. Comme dans une ville assiégée, derrière les murs assaillis par l'ennemi, longtemps d'avance on commence à construire le retranchement qui les remplacera et devant lequel viendront expirer tous les efforts des assaillants; de même, pendant que le vieux mur de la civilisation romaine tombe pierre à pierre, de bonne heure s'est construit le rempart chrétien derrière lequel la société pourra se retrancher encore.

Ce spectacle doit nous servir d'exemple et de leçon : assurément l'invasion barbare est la plus grande et la plus formidable révolution qui fut jamais; cependant nous voyons quel soin infini Dieu prit d'en adoucir, en quelque sorte, le coup, et de ménager la chute du vieux monde ; croyons donc que notre temps ne sera pas plus malheureux, que pour nous aussi, si le vieux mur doit tomber, des murs nouveaux et solides seront édifiés pour nous couvrir, et qu'enfin la civilisation, qui a tant coûté à Dieu et aux hommes, ne périra jamais.

C'est avec ces pensées d'espérance que je vous quitte, et j'aime à croire que, plus heureux l'année prochaine, je pourrai vous donner un rendez-vous plus exact. Je ne sais, Messieurs, si j'achèverai avec vous cette course, ou si, comme à bien d'autres, il me sera refusé d'entrer dans la terre promise de ma pensée. Mais du moins je l'aurai saluée de loin. Et quelle que soit la durée de mon enseignement, de mes forces, de ma vie, du moins je n'aurai pas perdu mon temps si j'ai contribué à vous faire croire au progrès par le christianisme ; si, dans des temps difficiles où, désespérant de la lumière spirituelle, beaucoup se retournent vers les biens terrestres, j'ai ranimé dans vos jeunes âmes ce sentiment, qui est le principe du beau, des littératures saines, l'espérance ! Il n'est pas seulement le principe du beau, il l'est aussi de ce qui est bon ; il n'est pas seulement nécessaire aux littérateurs, il est aussi le soutien indispensable de la vie ; il ne nous fait pas produire seulement de belles œuvres, il nous fait aussi accomplir de grands devoirs : car si l'espérance est nécessaire à l'artiste pour guider ses pinceaux ou soutenir sa plume dans ses heures de défaillance, elle n'est pas moins nécessaire au jeune père qui fonde une famille ou au laboureur qui jette son blé dans le sillon sur la parole de Dieu et sur la promesse de celui qui a dit : « Semez! »

FIN DES LEÇONS SUR LA CIVILISATION AU CINQUIÈME SIÈCLE.

On a placé un essai sur *les écoles et l'instruction publique en Italie aux temps barbares* à la suite du cours sur *la civilisation au cinquième siècle*. L'époque à laquelle se rapporte ce travail est celle qui vient après le cinquième siècle, et le sujet qui y est traité forme comme une continuation de quelques-unes des leçons qu'on vient de lire.

DES ÉCOLES

ET DE

L'INSTRUCTION PUBLIQUE

EN ITALIE

AUX TEMPS BARBARES

DES ÉCOLES
ET DE
L'INSTRUCTION PUBLIQUE
EN ITALIE
AUX TEMPS BARBARES

Documents inédits : *De Ganymede et Helena.* — *De Dædalo et Icaro.* — *Verba Œdipi.* — *Carmen de Joseph patriarcha.* — *Ex Vita sancti Donati.* — *Ex Statutis reipublicæ Florentinæ.*

En traitant des écoles italiennes aux temps barbares, je ne me propose point d'épuiser une question si féconde : je tente seulement de résumer les faits connus, de mettre en œuvre plusieurs indices négligés, d'utiliser enfin un petit nombre de témoignages inédits, trop incomplets pour paraître sans le secours d'une courte dissertation qui les lie et les explique. Peut-être cette étude jettera-t-elle quelque lumière sur l'époque obscure où j'ai glané; et le peu de documents que je publie ensuite ne sera pas sans valeur, s'il y faut reconnaître les preuves d'une éducation de plusieurs siècles, qui

<small>Ce qu'on se propose dans ce travail.</small>

arracha l'Italie à la barbarie, et la rendit capable de toutes les merveilles du moyen âge.

Tous les historiens conviennent que l'école ne finit point avec l'empire, et que la politique réparatrice de Théodoric mit sa gloire à sauver les études, comme à relever les cités. Au temps de Cassiodore, le trésor public dotait les chaires des grammairiens, des rhéteurs, des jurisconsultes que la jeunesse romaine entourait encore de ses applaudissements. Mais après la sanglante décadence qui mit fin à la domination des Goths, quand Rome prise et reprise eut essuyé les horreurs de quatre assauts, et qu'enfin parurent les Lombards, selon l'expression d'un contemporain, « comme un « glaive tiré du fourreau pour faucher les restes « du genre humain, » c'est alors, et dans le désordre des siècles suivants, que l'enseignement semble se taire, et toute science périr. En 680, les Pères du concile de Latran confessent « que nul d'entre « eux ne s'honore d'exceller dans l'éloquence pro- « fane : car la fureur de plusieurs peuples a désolé « ces provinces ; et les serviteurs de Dieu, réduits « à vivre du travail de leurs mains, mènent des « jours remplis d'angoisses. » En même temps le pape Agathon déclare qu'on « ne trouve point à « Rome la science complète des Écritures. » Pendant les cinq cents ans écoulés de saint Grégoire le Grand à Grégoire VII, Muratori et Tiraboschi, ces deux critiques excellents, suivent à peine la trace des écoles dans le petit nombre de textes qui s'y rapportent; et tout récemment M. Giesebrecht, en établissant la perpétuité des études laïques en Italie, cherche à prouver aussi l'impuissance de l'enseignement ecclésiastique (1). C'est au milieu de ces obscurités qu'il faut pénétrer, en examinant d'abord ce qui resta des écoles romaines ; secondement, quelles institutions vinrent s'y ajouter par la sollicitude de l'Église ; enfin, quelle mesure d'instruction se trouvait répandue, non parmi le clergé seulement, mais jusqu'aux derniers rangs du peuple, quand le génie italien éclata dans les chants de Dante et dans les fresques de Giotto.

I. — Des écoles laïques.

Quand les contemporains de l'invasion nous décrivent les ruines qu'elle fit, les terreurs qui l'accompagnèrent et les ténèbres où elle parut ensevelir le monde, il n'y a rien à retrancher de leurs récits. Assurément des calamités qui troublèrent la grande âme de saint Grégoire le Grand, jusqu'à ce point qu'il interrompit le cours de ses prédications publiques, pouvaient décourager des intelligences

Dangers de l'esprit humain.

---

(1) *Ep. Cleri Romani ad imperatores, epistola Agathonis papæ ad ann.* 680. Muratori, *Antiquitat. Italic.*, t. III, p. 807. Tiraboschi, *Storia della letteratura italiana*, t. V, lib. 2 et 3. Giesebrecht, *de Litterarum studiis apud Italos primis medii ævi sæculis.* Berolini, 1845.

moins fermes et réduire au silence des chaires moins puissantes. Je ne méconnais donc pas les dangers qui menacèrent alors l'esprit humain : j'en donne une preuve de plus. Pendant que les diplômes de la période lombarde font voir à quel degré de corruption était descendu le langage des affaires et de la vie civile ; les hymnes que je publie montrent le même désordre pénétrant dans la langue de l'Église, et toutes les règles de la prosodie et de la grammaire violées dans les chants mêmes de ces monastères qui devaient sauver les lettres (1).

Les lettres à Rome du VI⁰ au VIII⁰ siècle.

Cependant, ni la chute de la monarchie des Goths, ni la désolation de Rome livrée tour à tour aux violences de Totila, de Bélisaire et de Narsès, rien n'avait pu étouffer le goût des jouissances d'esprit chez le peuple romain, aussi attaché à ses plaisirs qu'à ses monuments. A la fin du sixième siècle, on lisait solennellement Virgile au forum de Trajan : les poëtes contemporains y déclamaient leurs ouvrages, et le sénat décernait un tapis de drap d'or au vainqueur de ces combats littéraires (2). Quand la passion des vers était si vive, com-

---

(1) Voyez ci après l'*Hymnarium vaticanum*, et surtout l'hymne de saint Flavien.
(2) Fortunati *Carmina*, lib. VI, 8.

    Aut Maro Trajano lectus in urbe foro.

Id., III, 20.

    Vix modo tam nitido pomposa poemata cultu
    Audit Trajano Roma veranda foro.
    Quod si tale decus recitasses aure senatus,
    Stravissent plantis aurea fila tuis.

ment les grammairiens et les rhéteurs eussent-ils fermé leurs écoles? Parmi leurs disciples on trouve encore, en 590, un jeune Romain nommé Betharius, qui, venu dans les Gaules, y donna une si haute opinion de son savoir et de son éloquence, que l'admiration publique le porta au siége épiscopal de Chartres. Saint Grégoire le Grand avait été nourri dès l'enfance dans l'étude de la grammaire, de la rhétorique et de la dialectique. Ses écrits ont tous les défauts de la décadence latine; mais on n'y relève pas ces barbarismes qu'il se vante de ne pas éviter : « trouvant indigne, dit-il, « de faire plier la parole de Dieu sous la règle de « Donat. » Dans ce passage célèbre, dont on a trop souvent abusé, il ne faut voir que l'inquiétude d'un esprit qui connaît la barbarie de son siècle, qui craint de s'en ressentir, et qui se justifie éloquemment, comme saint Paul, en foulant aux pieds l'éloquence (1). Au septième siècle, l'école romaine n'est pas nommée; mais on ne peut douter que l'enseignement ne se perpétue quand les églises de cette époque, les sépultures des papes sont

(1) *Acta S. Betharii* (*auctore coætaneo*) apud Bolland., II *Augusti Vita S. Gregorii*, auctore Johanne diacono : « Disciplinis vero liberalibus, hoc est grammatica, rhetorica, dialectica, ita a puero est institutus, ut quamvis eo tempore florerent adhuc Romæ studia litterarum, tamen nulli in urbe ipsa secundus esse putaretur. » S. Gregorii *Epist. ad Leandrum* : « Barbarismi confusionem non devito, situs motusque et præpositionum casus servare contemno, quia vehementer indignum existimo ut verba cœlestis oraculi restringam sub regulis Donati. »

couvertes d'inscriptions en vers latins, quand l'Anglo-Saxon Biscop, poussé par le besoin de savoir, fait cinq fois le voyage de Rome, et en revient chargé de livres. Si les Pères du concile de Latran, en 680, s'excusent de ne point exceller dans la science des rhéteurs, leurs décrets témoignent que le clergé ne pouvait se détacher des spectacles de mimes, derniers restes du théâtre classique. Un fragment que je publie, sans prétendre en fixer la date, mais qui remonte au temps où Rome reconnaissait encore la souveraineté de l'empire d'Orient, décrit la pompe qu'on doit déployer, si l'empereur vient visiter la ville éternelle : un chœur de musiciens le suivra au Capitole en répétant des chants hébreux, grecs et latins (1). Plus tard, et lorsqu'en 774 Charlemagne fit à Rome sa première entrée, l'histoire rapporte qu'à la suite de la bannière, des magistrats et des corporations sortis pour le recevoir, venait la foule des écoliers qui étudiaient les lettres, portant des palmes et chantant des hymnes. L'école reparaît, et assurément elle ne pouvait se montrer plus à propos qu'à l'arrivée du grand homme qui venait fermer les siècles barbares (2).

(1) Beda, *Vite Wiremuthensium abbatum*. *Concilium Lateranense anni* 680. *Graphia aureæ urbis Romæ* : « Quando autem omnium dominator Capitolium Saturni et Jovis conscendere voluerit, in mutatorio Julii Cæsaris purpuram albam accipiat, et omnibus generibus musicorum vallatus, hebraice, græce et latine fausta acclamantibus, Capitolium aureum conscendat. »
(2) Anastasius Biblioth., *in Adriano*.

Si le patronage des papes et la politique bienfaisante de l'Église assuraient aux lettres un asile inviolable derrière les murs de Rome, elles trouvaient un autre abri dans les cités soumises à la domination byzantine. A Naples, les enfants des plus nobles familles étudiaient la grammaire et l'éloquence. Le duc Sergius, qui gouvernait cette ville au commencement du neuvième siècle, avait poussé l'étude des langues classiques à ce point, que, s'il ouvrait un livre grec, il le lisait couramment en latin. Il avait fait donner les mêmes soins à l'éducation de ses deux fils Grégoire et Athanase, l'un destiné aux armes, l'autre à l'épiscopat (1). Ravenne, séjour des exarques, siége d'une administration dégénérée, mais qui ne pouvait se passer ni de luxe ni de lumières, conservait encore avec ses institutions municipales toutes les habitudes de la civilisation antique. Ses églises resplendissaient d'or et de mosaïques, ses tombeaux étaient couverts de sculptures; des inscriptions en vers conservaient la mémoire de ses pontifes. Au sixième siècle, le poëte Fortunat y avait étudié la grammaire, la rhétorique et le droit : c'étaient les trois degrés de l'enseigne-

<small>Les études dans les villes grecques. Naples et Ravenne.</small>

---

(1) *Vita S. Athanasii Neapolit. episc.* apud Muratori, *Script.*, II, pars 2, 1045 : « (Sergius ejus pater) litteris tam græcis quam latinis favorabiliter eruditus, ita ut si casu librum græcis exaratum clementis in manibus sumeret, latine hunc inoffense cursim legeret... Gregorius ejus filius militum magister, in græca latinaque lingua peritissimus. »

ment public (1). Parmi les maîtres les plus vantés de ce temps, on distinguait le grammairien Honorius, dont nous avons des vers. A la fin du septième siècle (2), un lettré de Ravenne, nommé Johannice, eut le dangereux honneur d'exciter d'abord l'admiration, ensuite l'inquiétude de la cour de Constantinople. Plus tard, quand au gouvernement des exarques succéda la puissance des archevêques, leur historien Agnellus fait assez voir, par les longues harangues dont il enrichit sa chronique, et par ses nombreuses réminiscences de l'antiquité, qu'il a fréquenté les leçons des grammairiens (3). En effet, quatre diplômes de Ravenne, de 984 à 1036, mentionnent des maîtres d'école; et il est permis de les tenir pour laïques, puisque ces actes ne leur donnent point la qualité de clercs, qu'on ne manquait pas de prendre quand on y avait droit (4). Mais rien ne montre mieux l'opiniâtreté de l'enseignement

---

(1) Fabri, *le sagre Memorie di Ravenna antica.* Ciampini, *Vetera monumenta.* Fortunat, *Vita S. Martini, prolog.*

Parvula grammaticæ lambens refluamina guttæ,
Rhetoricæ exiguum prælibans gurgitis haustum,
Cote ex juridica cui vix rubigo recessit.

(2) *Rescriptum* Honorii Scholastici *contra epistolas exhortatorias Senecæ*, apud Mabillon, *Analecta*, t. I, 364, 365.

(3) Agnellus, *lib. pontific.*, apud Muratori, *Script.*, II, p. 1, 151, etc.

(4) Fantuzzi, *Monum. Rav.*, I, 215, anno 984 : « Heredes quondam Johannis de Leo magister. » *Id.*, 1, 229, anno 1002 : « Filii quondam Johannis magister. » *Id.*, II, 60, anno 1023 : « Petrus Scholasticus. » *Id.*, I, 69, anno 1036 : « Arardus Scholasticus. »

profane que l'aventure du grammairien Vilgard, rapportée par Radulphus Glaber. Vilgard tenait école à Ravenne au onzième siècle; « il enseignait « la grammaire avec la passion que les Italiens « eurent toujours pour cette étude. Or, comme « dans l'orgueil de son savoir il allait déjà jus- « qu'au délire, il arriva qu'une nuit les démons « prirent la figure des poëtes Virgile, Horace et « Juvénal, et, lui apparaissant, le remercièrent de « son ardeur à étudier leurs livres et à propager « leur autorité : en retour de ses efforts, ils lui « promettaient de l'associer à leur gloire. Séduit « par cette ruse de l'enfer, le grammairien se mit « à enseigner beaucoup de points contraires à la « foi, et il affirmait qu'il fallait croire en toutes « choses les paroles des poëtes. A la fin il fut con- « vaincu d'hérésie, et condamné par l'archevêque « Pierre : on trouva en Italie plusieurs esprits « infectés des mêmes opinions. (1). »

Cette vieille Italie ne pouvait se détacher de ses fables. Les traditions littéraires que le christianisme avait sauvées ne devaient pas périr par l'épée des

Les écoles chez les Lombards : Pavie, Lucques, Bénévent.

---

(1) Radulphus Glaber, apud D. Bouquet, X, 23. « Ipso quoque tempore non impar apud Ravennam exortum est malum. Quidam igitur Vilgardus dictus, studio artis grammaticæ magis assiduus quam frequens, sicut Italis semper mos fuit artes negligere ceteras, illam sectari, is cum ex scientia suæ artis cœpisset inflatus superbia stultior apparere, quadam nocte assumpsere dæmones poetarum species Virgilii et Horatii atque Juvenalis, apparentesque illi, fallaces retulerunt grates... cœpit multa turgide docere fidei contraria, dictaque poetarum per omnia credenda esse asserebat, » etc.

barbares. Au moment où l'invasion lombarde descend des Alpes, il semble que ce torrent va tout entraîner: au bout d'un siècle, on s'étonne de retrouver les villes debout et les écoles ouvertes. Vers l'an 700, on voit fleurir, à Pavie, le grammairien Félix, honoré du roi Cunibert, qui lui fit présent d'un bâton enrichi d'or et d'argent. Son neveu Flavien lui succéda, et devint le maître de Paul Diacre. Mais on rapporte de Paul Diacre qu'il fut instruit dans le palais des rois; et il est permis de conclure qu'il y eut chez les Lombards, comme chez les Anglo-Saxons et chez les Francs, une école du palais où les fils des rois et des grands, entourés d'une élite de jeunes gens studieux, recevaient un enseignement qui les préparait, selon leur vocation, aux devoirs de l'Église ou aux charges de l'État (1). C'est ainsi qu'Arrichis, prince de Salerne et de Bénévent, avait fait l'honneur de sa race par son savoir et son éloquence, et qu'il fut loué d'avoir embrassé les trois parties de la philosophie ancienne, « la logique, la philosophie, et tout ce « qu'enseigne la morale. » Son épouse Adelperga

---

(1) Paul. Diacon., *Historia Langobar.*, l. VI, c. 7. *Epitaphium Pauli Diaconi* apud Mabillon, *Appendix ad volum.* II. *Annal. Benedictin.*, n° 35 :

> Divino instinctu, regalis protinus aula
> Ob decus et lumen patriæ te sumpsit alendum...
> Omnia Sophiæ cepisti culmina sacræ,
> Rege movente pio Ratchis, penetrare decenter.

J'ai traité de l'école du palais chez les rois mérovingiens dans mon livre de *la Civilisation chrétienne chez les Francs*, p. 500.

« méditait les écrits des sages, tellement que les
« paroles dorées des philosophes et les perles des
« poëtes lui étaient toujours présentes, et qu'elle
« ne pouvait s'arracher à la lecture des histoires
« sacrées et profanes. » Ces deux barbares si lettrés voulurent que leur fils Romuald excellât dans
la grammaire et dans la jurisprudence (1). De tels
exemples honoraient l'école, et multipliaient les
maîtres en même temps que les disciples. Il ne faut
pas s'étonner si l'enseignement de Salerne grandit;
si, vers le milieu du neuvième siècle, quand l'empereur Louis II visita Bénévent, on rapporte que
cette ville comptait trente-deux philosophes, c'est-
à-dire trente-deux savants professant les lettres profanes (2). Pavie et Bénévent marquent les deux
extrémités de la domination lombarde : au centre,
on voit Lucques, capitale d'un des ducs barbares
dont le nom faisait trembler toute l'Italie, et où cependant toute lumière n'est pas éteinte, puisque

(1) *Epitaphium Arrichis* apud Pertz, *Mon. German. Script.*, III, 482.

Quod logos et physis, moderans quod ethica pangit,
Omnia condiderat mentis in arce suæ.

Romuald est loué en ces termes :

Grammatica pollens, mundana lege togatus.

Epistola Pauli Diaconi Adilpergæ, apud Champollion-Figeac, *Prolegomena ad Amatum*, p. XXIV : « Cum ad imitationem excellentissimi comparis..., ipsa quoque subtili ingenio sagacissimo studio prudentium arcana rimeris, ita ut philosophorum aurata eloquia poetarumque gemmea tibi dicta in promptu sint; historiis etiam seu commentis tam divinis inhæreas quam mundanis. »

(2) Anonymus Salernitanus, cap. 122. Apud Pertz, III, 554.

deux maîtres laïques y paraissent dans des actes de 737 et de 798. Plusieurs séculiers figurent aussi parmi les dix-sept médecins mentionnés dans des diplômes du neuvième et du dixième siècle. Une charte de 823 est écrite sous la dictée du notaire Gauspert par le scribe Pierre, qui se déclare son disciple; d'où l'on peut conclure que l'étude de la jurisprudence n'était pas abandonnée. Cinq autres documents, dont le plus ancien remonte à l'an 755, désignent des peintres et des maîtres orfévres. On est moins étonné des traditions d'art qui se conservaient à Lucques, quand on considère ses belles églises, admirées comme des types excellents d'architecture romane, et comme autant de preuves de ce besoin du beau qui presse encore les peuples d'Italie, au moment même où on ne les croit occupés que de leurs malheurs ou de leurs vengeances (1).

Caractères de l'enseignement laïque.

Aussi l'enseignement ne resta point, comme on l'a cru, confiné dans le sanctuaire et dans le cloître, réservé à une caste qui aurait tenu la vérité cap-

(1) Charte des archives de la cathédrale de Lucques :
Ann. 737. « Signum manus Tendualdi magistri, testis. »
Ann. 798. (Donation d'une terre.) « Caput uno tenet in via publica, et alio caput tene in terra Benedicti magistri. »
Les maîtres nommés dans ces deux chartes n'ayant pas la qualité de clercs, on peut les tenir pour laïques. Je remarque dans la seconde les formes déjà italiennes de ce latin barbare : *uno, alio, tene.*
Ann. 823. « Ex dictato supradicti Gausperti magister meus scripsi. »
Ann. 755. « Anspertus pictor. »
Ann. 807. « Ilpinghi homo magistro aurefice, » etc.

tive. C'est ce qui résulte expressément d'une décision synodale de Rathier, évêque de Vérone, au dixième siècle : il y déclare qu'à l'avenir il n'élèvera aux saints ordres aucun postulant qui n'ait étudié les lettres ou à l'école épiscopale, ou dans un monastère, ou auprès de quelque maître savant (1). Ces maîtres libres, qu'un vœu n'engageait point au service des âmes, étaient les véritables héritiers des grammairiens et des rhéteurs de l'antiquité ; mais, dépouillés de la dotation que leur assignait la loi romaine et qui avait péri dans la ruine de l'empire, ils étaient réduits à traiter avec leurs disciples et à faire marchandise de leurs leçons. Rathier leur reproche d'avoir vendu plus d'une fois des enseignements qu'il eût fallu ensevelir dans un éternel silence. Benoît de Cluse faisait gloire d'avoir étudié neuf ans chez les grammairiens, mais son savoir lui avait coûté deux mille pièces d'or (2). Dans cet âge où la force semblait maîtresse du monde, la science conduisait encore à la fortune. Alfano de

---

(1) Ratherius, *Opera* 419 : « De ordinandis pro certo scitote quod a nobis nullo modo promovebuntur, nisi aut in civitate nostra, aut in aliquo monasterio, vel apud quemlibet sapientem, conversati fuerint et litteris aliquantulum eruditi. »

(2) Ratherius, *Opera* 39 : « Multi enim lucri ambitu tegenda silentio vendunt loquendo. » Mabillon, *Annales ordinis S. Benedicti*, IV, 726. Adémar y fait parler ainsi Benoît de Cluse, dont il combat les prétentions : « Ego sum nepos abbatis de Clusa. Ipse me duxit per multa loca in Longobardia et Francia, propter grammaticam. Ipsi jam constat sapientia mea duo millia solidis quos dedit magistris meis. Novem annis jam steti ad grammaticam... In Francia est sapientia, sed parum ; nam in Longobardia, ubi ego plus didici, est fons sapientiæ. »

Salerne célèbre la prospérité de l'école d'Averse, « devenue l'égale d'Athènes : » il y salue le grammairien Guillaume, porté par son savoir au comble de l'opulence et des honneurs (1). Les moines forçaient la clôture pour aller grossir le cortége de ces docteurs fameux ; et saint Pierre Damien s'afflige de les voir, « moins curieux de la règle de saint
« Benoît que des règles de Donatus, se précipiter
« insolemment dans l'auditoire théâtral des gram-
« mairiens, et engager avec les séculiers de bruyants
« discours (2). » Les séculiers étudiaient donc ; et, s'il faut un dernier témoignage, je le trouve quand le poëte Wippo exhorte l'empereur Henri III à propager en Allemagne les bienfaisantes coutumes de l'Italie. « Ordonne, lui dit-il, que sur la terre des
« Teutons chaque noble fasse instruire tous ses fils
« dans les lettres et dans la science des lois, afin
« qu'au jour où les princes tiendront leurs plaids,
« chacun produise ses autorités le livre à la main.

(1) Alphani *carmina*, apud Ughelli, *Italia sacra*, t. X. Ad Godfrit., episcop. Aversan.

Aversam, studiis philosophos tuis
Tu tantum reliquos vincis, ut optimis
Dispar non sis Athenis.

Idem, ad Guilielmum grammaticum :

Cui tot Aversæ studiis adauctum
Oppidum census dedit atque dulcis
Culmen honoris.

(2) Petrus Damiani *de Perfectione monachorum*, in capite : de monachis qui grammaticam discere gestiunt : « Quomodo liceat theatralia grammaticorum gymnasia insolenter irrumpere, et velut inter nundinales strepitus vana cum sæcularibus verba conferre? »

« C'est à quoi s'appliquent tous les Italiens aussitôt
« qu'ils ont quitté les hochets : toute la jeunesse y
« va suer aux écoles. Les Teutons seuls croient inu-
« tile ou honteux d'instruire un homme, s'il n'est
« clerc (1). »

Ce texte est considérable. Il atteste qu'au on- Ordre
des études.
zième siècle se maintenait encore l'ordre des étu-
des, tel que l'avait réglé la loi romaine, en commençant par la grammaire et en finissant par la
jurisprudence; tel que l'avait conservé à Rome l'é-
dit d'Athalaric; tel qu'on le retrouve à Ravenne sous
l'administration grecque, et chez les Lombards,
quand ces conquérants apprennent à honorer les
sciences des vaincus. Un diplôme daté de 853, une
charte de Bologne (1067), une de Florence (1075),
une de Bergame (1079), et, à Rome, le traité conclu,
en 964, entre Otton le Grand et Léon VIII, témoignent que l'étude du droit s'y perpétue, puisque
plusieurs personnes y comparaissent avec le titre
de docteurs. Pierre Damien donne la même qualité
aux jurisconsultes Otto et Moricus. Il montre les légistes de Ravenne, tantôt tenant la férule au milieu
de la foule qui encombre les écoles, tantôt se réu-

---

(1) Wippo, *Panegyric. Henrici III*:

> Tunc fac edictum per terram Teutonicorum,
> Quilibet ut dives sibi natos instruat omnes
> Litterulis, legemque suam persuadeat illis...
> Hoc servant Itali post prima crepundia cuncti,
> Et sudare scholis mandatur tota juventus.

Dans tout ce qui précède, j'ai beaucoup emprunté au savant travail de M. Giesebrecht : *De litterarum studiis apud Italos.*

nissant en assemblée générale pour débattre et fixer, aux termes de la loi romaine, les degrés de parenté qui font empêchement au mariage. Au même siècle, Lanfranc est instruit, suivant l'usage de sa patrie, dans les arts libéraux et dans les lois séculières (1). Un peu plus tard, Irnérius professait la grammaire à Bologne, avant d'inaugurer cette école qui devait restaurer le droit romain et soumettre à ses décisions les conseils des empereurs. Les jurisconsultes de Bologne siégeaient à la diète de Roncaglia, et signaient à Constance la charte des libertés de l'Italie. Mais ces maîtres savants, courtisés des princes et honorés par les républiques, vivaient encore, comme les anciens grammairiens, des contributions volontaires de leurs élèves. Chaque année, le professeur désignait deux étudiants pour s'entendre avec les autres, et régler d'un commun accord le prix des leçons. Il est vrai de dire que les disciples finissaient par retourner contre leurs maî-

Origines des Universités italiennes.

---

(1) Tiraboschi, *Storia di Nonantola*, II, n° 38, p. 54. Diplôme de Milan, 853 : « Ego Hilderatus scriptor hujus livelli et juris magister. » Goldast, *Const. imp.*, 1221 ; IV, 34. Traité de 964 : « Synodum constitutam a pluribus viris catholicis episcopis et abbatibus, insuper judicibus et legis doctoribus. »
Petrus Damiani, Epist., lib. VIII. 7, 10. Id., *Opera*, t. II, p. 18, édition de Rome, 1608. Muratori, *Antiquit.*, I, 969, Florence, 1075 : « Ubertus legis doctor. »
Id., *ibid.*, p. 448. Bergame, 1079 : « Radulfus legis doctor. »
Sarti, *de Cl. Archig. Bonon. professoribus*, t. I, p. 1, charte de 1067 : « Albertus legis doctor. »
Je connais les objections de Savigny, et je n'entends pas que le titre de *legis doctor* désigne toujours un maître qui enseigne le droit, mais du moins un légiste qui l'a étudié.

tres la science qu'ils en avaient reçue, et trouvaient dans le Digeste plus d'un prétexte pour ne point payer, selon cet adage déjà populaire :

> Scire volunt omnes, mercedem solvere nemo.

Dès lors les villes jalouses de retenir les professeurs qui faisaient leur gloire et leur prospérité durent suppléer à la pauvreté des étudiants ; et en 1280 on voit la république de Bologne engager l'Espagnol Garsias pour commenter le Décret, au prix de cent cinquante livres par année. Ainsi l'enseignement public retrouve les conditions que la loi romaine lui avait faites en le mettant à la charge des cités ; ainsi ces maîtres laïques, dont nous avons suivi péniblement la trace, forment la chaîne qui rattache les écoles impériales aux universités italiennes du moyen âge (1).

Si l'esprit laïque se conserve chez les maîtres, il éclate aussi manifestement dans leurs leçons et dans leurs œuvres. Pendant que les uns s'attachent aux

<small>Exercices de l'école. Poésie profane.</small>

---

(1) Savigny, *Histoire du Droit romain*, t. III, ch. 21, § 88 (de la traduction française). Ibid., § 94. Sarti, pars 1ª, p. 149, 167, 233, 401, 410, 411. Pars 2ª, p. 83, 138.

Odofredus, *ad l. 79 de Verb. obligat.* : « Bene scitis quod cum doctores faciunt collectam, doctor non quærit a scholaribus, sed eligit duos scholares, ut scrutentur voluntates scholarium. Promittunt scholares per illos. Mali scholares nolunt solvere, quia dicunt quod per procuratorem non quæritur actio domino. »

Id., *in fine Digest.* « Et dico vobis quod in anno sequenti intendo docere ordinarie bene et legaliter... Extraordinarie non credo legere, quia scholares non sunt boni pagatores, quia volunt scire, sed nolunt solvere, juxta illud : « Nosse velint omnes, mercedem solvere nemo. » — Le vers est de Juvénal, *sat.* vii, v. 157.

codes de Théodose ou de Justinien, la grammaire, qui fait l'étude des autres, ne se réduit point aux règles élémentaires de la langue latine; elle comprend la lecture, le commentaire et l'imitation des poëtes classiques. Au moment où l'on croit tous les esprits occupés des jugements de Dieu, quand il semble que les écrivains ne suffisent pas pour recueillir et publier les miracles des saints, il se trouve des lettrés indisciplinés qui ne s'inspirent ni du silence des cloîtres ni des pieux récits aimés du peuple, qui retournent aux sources profanes, qui font revivre dans leurs compositions non-seulement les fables, mais la sensualité du paganisme. C'est le caractère d'un petit poëme publié par Niebuhr, et composé en Lombardie avant la fin du dixième siècle (1). On y loue la beauté d'un jeune garçon, « idole de Vénus; » on invoque pour lui les trois Parques et Neptune, protecteur des nochers sur les eaux rapides de l'Adige. Je reconnais la même inspiration dans une pièce inédite du douzième siècle, et dont voici les premiers vers. Le poëte met en scène deux personnages mythologiques, Hélène et Ganymède :

De Ganymede et Helena.

Taurum Sol intraverat, et ver parens florum
Caput exeruerat floribus decorum :
Sub oliva recubans, herba sternens torum (2),
Delectabar, dulcia recolens amorum.

(1) Niebuhr, *Rheinisches Museum*, t. III, p. 7 et 8.
(2) Ces trois derniers mots ne sont qu'une restitution conjecturale.

Odor florum redolens, temporis juventus,
Aura lene ventilans, avium concentus
Dum lenirent animum, sopor subit lentus,
Quo non esset oculis veternus (?) ademptus.

Nam vidisse videor quod Phryx et Lacena
Una starent in gramine pinu sub amena :
Cultus illis recens, facies serena ;
Contendebat lilio frons, rose gena.

Videbantur pariter humi consedisse,
Videbatur vultibus humus arrisisse.
Tales deos fama est formas induisse :
Admirantur facies pares invenisse.

Per verba variis conferunt de rebus,
Deque suis invicem certant speciebus,
Ut si Phebe lucida litiget et Phebus :
Femino se comparat invidus ephebus (1).

Je m'arrête, car le beau Phrygien et la dangereuse Lacédémonienne s'engagent dans un entretien dont l'impureté rappelle les derniers désordres de la société antique. Ce n'est pas Virgile seul qui trouble les songes des grammairiens du moyen âge; c'est la muse de Catulle et de Pétrone dépouillée de ce voile d'élégance qui couvrait ses nudités. Cependant l'école avait des passe-temps moins coupables : la mythologie lui offrait des sujets capables d'attacher les imaginations sans irriter les sens. Les grandes fables qui avaient ému le théâtre grec, qui avaient arraché les pleurs et les acclamations de tant de puissantes cités, ne servaient plus qu'aux

(1) *MS. Vatican*, secul, ut videtur, XII, n° 2719, folio 85. Ici, comme dans tous les textes qui suivent, j'ai reproduit scrupuleusement l'orthographe du manuscrit. J'ai marqué d'un point d'interrogation les leçons douteuses.

jeux d'esprit d'un pédagogue applaudi par des enfants. Il s'agissait de célébrer la chute de Troie et la douleur d'Hécube : le comble de l'art était d'emprunter le mètre élégiaque des Latins, en le surchargeant de ces rimes léonines dont l'oreille des barbares ne se lassait pas :

> Pergama flere volo, fato Danais data solo;
> Solo capta dolo ; capta, redacta solo (1).

Ce petit poëme semble avoir joui d'une faveur singulière : on le trouve dans un grand nombre de recueils, à la suite des plus beaux ouvrages de l'antiquité. On connaît moins les vers suivants que je lis aussi dans un manuscrit du douzième siècle, et que je publie sans m'en dissimuler la puérilité et la faiblesse. Mais je trouve quelque intérêt à surprendre, pour ainsi dire, un des exercices familiers de l'école, à savoir comment on y goûtait les anciens, ce qu'on imitait de leurs qualités ou de leurs défauts. L'auteur se propose de conter l'aventure de Dédale et d'Icare, et il a sous les yeux les deux récits d'Ovide, l'un au deuxième livre de *l'Art d'aimer*, l'autre au huitième des *Métamorphoses* (2).

> DE DEDALO ET ICARO.
>
> Fert male damna more, patrie revocatus amore :
> Excitat ad reditus hunc amor ingenitus.

(1) Publié par M. Édelestand du Méril, *Poésies latines populaires*, I, 309.

(2) Ce poëme est tiré du même recueil que le précédent (Vatican, n°. 2719).

Dedalus inclusus patrie raptos dolet usus :
 Clausus in arce latet, cui via nulla patet.
Claudit eum murus, claudit mare ; nec prece durus
 Rex flecti poterit : sic via tota perit.
Flet, gemit iratus, quod perdat tempora natus.
 Nati cura premit, non sua damna gemit.
Cura suæ mentis anullat (*sic*) membra parentis :
 Confundit fletu lumina, corda metu.
Naufragio positus, desperat tangere littus :
 Fluctibus iratis fluctuat acta ratis.
Sic per tres annos fluxerunt corda tyranni (1),
 Et prece sollicita flectere tentat ita :
« Rex bone, cui soli datur omnis gratia, noli
 « Tristibus exiliis impius esse piis.
« Rex, mea si sterilis est gracia, te puerilis
 « Etas commoveat : me sine natus eat (2).
« Me senio fessum teneas volo : claudere gressum
 « Infanti reduci gloria nulla duci.
« Pone malo metas, quoniam mea sustinet etas :
 « Pone malo metas, exulet impietas.
« Impietas mentis castigat facta parentis :
 « Quæ sub plebe latet, sub duce culpa patet.
« Lex jubet ut pueris parcas, quos ledere queris.
 « Jussa premis legis, te sine lege regis.
« Parcere prostratis lex te jubet : est probitatis
 « Parcere prostratis : sat tibi posse satis.
« Quam sub mente tenes iram ratione refrenes :
 « Ut sit pena brevis, sit precor ira levis.
« Impietas mundi debet ratione retundi,
 « Nec deferre bonus impietatis onus.
« Fortibus est decori vitam donare minori,
 « Fortes in pueros non decet esse feros.
« Da pene metam victus (?) : concedere vitam
 « Te rogat hic letus : nescit habere metus. »
Singultus mentis ruperunt verba loquentis.
 Quis sit mente dolor, monstrat in ore color.
Rex non est motus, quamvis pater in prece totus.
 Illic non evadit, nec ducis ira cadit.

(1) Le copiste a réuni dans ce vers deux hémistiches qui ne se suivent ni par le sens ni par la rime.
(2) Cf. Ovidius, *Artis amatoriæ* lib. II.

  Da reditum puero, senis est si gratia vilis ;
   Si non vis puero parcere, parce seni.

Dum prece non movit regem, sed denique novit
Se reditus inopem, consulit artis opem.
Dum procul est numen, succurrit mentis acumen,
Suggerit auxilium tristibus ingenium.
Consulit iratis nimius timor anxietatis :
Res iter ad letas invenit anxietas.
In varias partes mens vertitur, invenit artes :
Invenit in patriam Dedalus arte viam.
Plumas implorat, locat ordine : mira decorat
Ordinis imparitas ordine dispositas.
Omnes aptate sunt equa disparitate :
Posses mirari disparitate pari.
Has nato nectit, modico curvamine flectit (1) ;
Ceris ima linit, nec fluitare sinit.
Quem novitas tangit operis, patrem puer angit,
Hoc rogitans quid erit, singula quæque terit (2).
Non pater huic cedit, sed amico verbere ledit ;
Dum patris ira nocet, pauca docenda docet :
« Icare, nil queras, sed molli pollice ceras ;
« Hec dabit in patriam, vel via nulla, viam.
« Non patet accessus terre mihi carpere gressus :
« Per mare si mediter, rex mihi claudit iter.
« Claudere non poterit celum, non claudere querit ;
« Addere (?) vela tibi spes mea pendet ibi,
« Celum celatur, celi via nulla putatur.
« Que celata latet, hec mihi sola patet (3). »
Dum pater hec recitat, pennis sua brachia ditat.
Hunc opus exhilarat : aera tutus arat.
Aer tentatur : pater ad terram revocatur.
Filius hortatur, posse volare datur.
Mors data letificat : dolor hujus lumina siccat.
Huic fit amor patrius impietate pius.
Cura fovet mentem, damnum locupletat egentem :

(1) Ovidii *Metamorph. VIII* :

Atque ita compositas parvo curvamine flectit.

(2) Ovid., *ibid.* :

..... Flavam modo pollice ceram
Mollibat, lusuque suo mirabile patris
Impediebat opus...

(3) .... Terras licet, inquit, et undas
Obstruat : at cœlum certe patet : ibimus illac.

Letus adit lethum, spe superante metum (1).
Ad mortem properat, dum mortem linquere sperat ;
 Vivere qua querit Icarus arte perit.
Nunc pater hortatur, hortans tremit et lacrymatur ;
 Non quatit hunc etas, sed quatit anxietas :
« Icare, deflentis solatia sola parentis,
 « Poscit iter metui : sit tibi cura tui.
« Credere te soli, ne solvat vincula, noli :
 « At medius metiam, me duce, carpe viam.
« Est via difficilis ; etas nescit puerilis
 « Ut tibi sic caveas : me duce, tutus eas.
« Brachia non agites prope terras : æquora vites :
 « Nam gravis unda graves, Icare, reddit aves (2).
« Crede mihi : ventis ne tradas verba parentis.
 « Vivere si queras, pectore jussa geras. »
Talibus hortato jungit pater oscula nato (3).
 Clauduntur fletus anxietate metus.
Antevolat natus, sequitur non sponte moratus :
 Gaudet sicut avis, cui via nulla gravis.
Omnibus ille horis oculos revocat genitoris :
 Respectus lenis detinet ora senis.
Deserit hunc natus, carpit per summa volatus (4).
. . . .
Fluctibus immersus patrem vocat : ille reversus
 Exanimem reperit, pectora mesta ferit.
Corpore ditatur tumulus ; nomen renovatur
 Undis : reddit eas Icarus Icareas.

Ovide avait donc ses disciples : les Métamorphoses partageaient la popularité de l'Énéide ; on les commentait publiquement dans les chaires de Bo-

(1) ..... Ignarus sua se tractare pericla.

(2) Instruit et natum ; Medioque ut limite curras,
Icare, ait, moneo : ne, si demissior ibis,
Unda gravet pennas ; si celsior, ignis adurat...
Me duce, carpe viam.

(3) ..... Dedit oscula nato
Non iterum repetenda suo.

(4) Le copiste omet ici plusieurs vers.

logne et de Florence. Mais ce qui plaisait surtout dans ce poëte, c'étaient les vices de la décadence, la dangereuse facilité d'une amplification qui ne se lasse point de répéter la même pensée ; c'était la prodigalité des sentences, le luxe des antithèses, sans parler de la rime, dont il aime à couronner pour ainsi dire les deux hémistiches égaux de ses pentamètres. Ainsi l'imitation des anciens n'était pas sans péril. Le génie moderne gagnait à s'affranchir des règles d'une versification faite pour d'autres temps. La froide élégie de Dédale et d'Icare me semble au-dessous de la complainte d'Œdipe en vers syllabiques rimés, que je trouve dans un manuscrit du douzième siècle (1). Si l'on ne peut y montrer la main d'un Italien, ce petit poëme est du moins d'une époque où les mêmes enseignements règnent dans les écoles de l'Occident, et où chacune d'elles s'éclaire des lumières de toutes.

PLANCTUS EDIPI.

Diri patris infausta pignora,
Ante ortus damnati tempora,
Quia vestra sic jacent corpora,
Mea dolent introrsus pectora.

Fessus luctu, confectus senio,
Gressu tremens labente venio :

---

(1) Bibliothèque de l'ancienne abbaye de Saint-Gall, n° 865. Ce manuscrit in-8° sur parchemin, et d'une écriture qui remonte au douzième siècle, contient la Thébaïde de Stace. A la fin se trouve la complainte d'Œdipe ; les trois premiers vers sont accompagnés d'une notation musicale.

Quam sinistro sim natus genio,
Nullo potest capi ingenio.

Cur fluxerunt a viro semina
Ex quibus me concepit femina?
Infernalis me regni limina
Produxerunt in vite lumina.

Si me nunquam vidisset oculus,
Ilic in pace vixisset populus.
Si clausisset hæc membra tumulus,
Hic malorum non esset cumulus.

Omni quando dolore senui,
Hanc animam plus justo tenui,
Viri fortes et nimis strenui,
Quam infanda vos nocte genui!

Ab antiqua rerum congerie,
Cum pugnarent rudes materie,
Fuit moles hujus miserie
Ordinata fatorum serie.

Cum infelix me pater genuit,
Thesiphone non illud renuit.
Alimenta dum mater prebuit,
Ferrum in me parari debuit.

Incestavi matris cubilia,
Vibrans ferrum per patris ilia :
Quis hominum inter tot milia
Perpetravit unquam similia?

Turpis fama Thebani germinis
Mundi sonat diffusa terminis.
Quadrifidi terrarum liminis
Tangit metas vox nostri criminis.

Me infami rerum luxuria
Infernalis fedavit furia :
Si deorum me odit curia,
Confiteor, non est injuria.

Me oderunt revera superi :
Patentibus hoc signis reperi.
Umbram sontem (?) istius miseri
Abhorrebunt... et inferi.

Scelus meum dat fame pabula :
De me sonat per orbem fabula.
In patenti locatum specula,
Referetur crimen per secula.

Solatio leventur ceteri :
Consolator, me solum preteri.
Necesse est me luctu deteri.
. . . . . . nil possem fieri.

Nomen meum transcendit Gargara;
Me Rodope, me norunt Ismara;
De me Syrtis miratur barbara;
Scelus meum abhorrent Tartara.

O quam male servastis, filii,
Constitutas vices exilii!
Caro nitens ad instar lilii,
Quod de vobis sumam consilii!

Si pudore careret, aspera
Minus esset sors nostra misera;
Sed pudenda Thebarum scelera
Mare clamat, tellus et sidera.

Quod dolore nondum deficio,
Ex insito (?) procedit vitio.
Gravi demum pressus exitio,
Mortis horam jam solam sitio.

Cedis mei (*sic*) vulnus aperui,
Quando mihi oculos erui :
Supplicium passus quod merui,
Meum regnum juste deserui.

Parentele oblitus celebris,
In cisterne me clausi tenebris :
Instar agens menie funebris,
In merore vixi ac tenebris (1).

Ibi digne indulgens domui,
Meum in vos virus evomui :
Ut gladium linguam exacui,
Imprecansque vobis non tacui.

---

(1) *Sic*. Il est probable qu'au second vers il faut remplacer *tenebris* par *latebris*.

> Quod petebat vox detestabilis,
> Ira complet deorum stabilis :
> Cruciatus est ineffabilis,
> Quem patitur gens miserabilis.

On a poussé trop loin le contraste, on a trop élargi l'abîme entre le moyen âge et la renaissance. Il ne fallait pas méconnaître ce qu'il y eut de paganisme littéraire dans ces temps, où l'on attribue à la foi chrétienne l'empire absolu des esprits et des consciences. Personne n'ignore les hardiesses mythologiques des troubadours, le cynisme des trouvères, et en quels termes dignes de Lucrèce le roman de la Rose enseigne le culte de la nature. La poésie italienne commence au treizième siècle, et de Palerme à Florence on n'entend célébrer que le dieu puissant fils de Vénus. Aux noces des grands on représentait des drames allégoriques, où Cupidon poursuivait de ses flèches dames et chevaliers; et chaque année le printemps ramenait à Florence une solennité où les jeunes gens couronnés de fleurs marchaient à la suite du plus beau d'entre eux, qui prenait le nom de l'Amour (1). Cette intervention des fables païennes n'a rien qui étonne dans les fêtes profanes et chez les poëtes de la langue vulgaire. Mais il est plus instructif de les retrouver dans la langue latine, devenue celle de l'Église. Et comment la mythologie eût-elle été bannie de l'é-

Le paganisme littéraire au moyen âge.

---

(1) Francesco da Barberino, *del Reggimento e Costume delle donne*, parte V. — Villani, lib. VII, cap. 89.

cole, lorsqu'elle pénétrait jusqu'au seuil du sanctuaire? On pouvait assurément chanter l'artifice de Dédale et les malheurs de Thèbes, quand le peintre Orcagna faisait figurer l'Amour avec son flambeau dans le Triomphe de la Mort, et quand le marbre des Trois Grâces, échappé de quelque ciseau grec, trouvait asile dans la bibliothèque de la cathédrale de Sienne.

II. — Des écoles ecclésiastiques.

Cependant le paganisme, capable encore d'égarer les imaginations, de mettre le désordre dans les souvenirs, de troubler l'esprit du grammairien Vilgard ou du tribun Arnauld de Brescia, ne pouvait plus rien sur les consciences qui recélaient la véritable source du génie moderne. Il fallait une foi nouvelle pour les remuer, pour ramener l'inspiration, sanctifier le travail, et faire de l'enseignement non plus un trafic, mais un devoir.

Les écoles des catacombes. C'est aux catacombes que je trouve les premières écoles du christianisme. C'est à Rome, à l'entrée des souterrains de Sainte-Agnès, avant de pénétrer dans les oratoires où les fidèles seuls étaient admis aux mystères, qu'on voit deux salles nues, sans tombeaux, sans peintures, sans autre indice de leur destination que la chaire du catéchiste et le banc des catéchumènes (1). Sans doute l'instruction qu'on y donnait ne touchait point encore aux lettres profanes. Toutefois on reconnaît de bonne heure le penchant de la théologie chrétienne à recueillir tout ce qu'il y avait de légitime dans l'héritage de l'esprit humain. En même temps que les Pères retrouvaient chez les philosophes et les poëtes les traits épars d'une vérité incomplète et, comme dit Clément d'Alexandrie, une participation lointaine du Verbe éternel, les peintres des catacombes, par un symbolisme hardi, représentaient le Christ sous la figure d'Orphée (2). Des inscriptions en vers décoraient les sépultures chrétiennes ; la langue des dieux se purifiait en s'essayant à louer les martyrs. Quand l'Église sort de ces ténèbres où les persécutions l'avaient reléguée, l'école paraît avec elle, et ne s'en sépare plus. L'enseignement fait partie du ministère sacerdotal, et le concile de Vaison en 529 atteste déjà cette coutume établie chez les Italiens, « que les prêtres « qui occupent des paroisses reçoivent dans leurs « maisons de jeunes lecteurs, afin de les instruire « comme de bons pères instruisent leurs fils (3). ».

(1) C'est ce qui résulte des dernières fouilles entreprises aux catacombes de Sainte-Agnès. J'ai visité ces deux salles, dont on trouvera la description dans le savant livre du père Marchi.

(2) Bottari, *Pitture*, t. II, tab. 63 et 71. Mamachi, *Antiquit. christ.*, III, 81. Raoul-Rochette, *Tableau des Catacombes*, p. 151.

(3) Concilium Vasionense, II, c. 1. « Placuit ut omnes presbyteri qui sunt in parochiis constituti, secundum consuetudinem quam per totam Italiam salubriter teneri cognovimus, juniores lectores .. secum in domo ubi ipsi habitare videntur, recipiant. »

Des commencements si faibles ne promettaient rien de grand : mais l'Église attendait l'invasion des barbares pour mesurer ses efforts au danger. Au moment même où la conquête lombarde menaçait l'Italie d'une nuit éternelle, on voit poindre comme deux flambeaux, d'une part l'enseignement épiscopal, de l'autre l'enseignement monastique.

L'enseignement épiscopal. S. Grégoire le Grand.

Saint Grégoire, ce pontife si calomnié et dont on a voulu faire un ennemi de l'esprit humain, fut le véritable fondateur des écoles épiscopales. On lui a beaucoup reproché sa lettre à saint Didier, évêque de Vienne, qu'il blâme d'enseigner la grammaire à la manière des anciens, de commenter les poëtes païens, et de profaner par les louanges de Jupiter une bouche vouée au Christ. Sans doute saint Grégoire pensa que les fables antiques n'étaient pas sans péril pour les populations de la Gaule et de l'Italie, encore toutes pénétrées de paganisme. Mais en même temps on peut croire que ce grand esprit avait compris la nécessité de rompre avec les méthodes surannées des grammairiens, et de sauver les lettres en les attachant au service de la doctrine nouvelle qui sauvait le monde. Sans doute, l'enseignement qu'il inaugurait ne semblait conçu que pour ajouter à la majesté du culte : « Il institua, « dit l'historien de sa vie, l'école des chantres, et « lui donna, avec quelques domaines, deux rési- « dences, l'une auprès de la basilique de Saint- « Pierre, l'autre au palais de Latran. » Mais la musique, le dernier des sept arts libéraux, exigeait la connaissance de tous les autres ; le chant supposait l'intelligence des textes sacrés, et de l'humble fondation de saint Grégoire devait sortir toute une école théologique et littéraire, qui serait la lumière de Rome et l'exemple de l'Occident.

Jusqu'à la fin du neuvième siècle je vois l'école de Latran, fidèle à ses traditions, former l'élite du clergé romain : il est dit des deux papes Sergius I et Sergius II qu'ils y furent nourris dans l'étude, non de la religion seulement, mais des lettres (1). On y enseignait assurément la métrique latine, puisque les hymnes de l'Église se pliaient encore aux lois de la quantité, et faisaient revivre les anciens rhythmes d'Horace et de Catulle. On y enseignait au moins les éléments de la langue grecque, puisqu'elle conservait sa place dans la liturgie romaine, et qu'un *Ordo Romanus* du douzième siècle donne encore les antiennes grecques exécutées par les chantres de la chapelle papale aux principales fêtes de l'année (2). La chapelle des papes, avec

---

(1) Johannes Diaconus, *Vita S. Gregorii*, II, cap. 6. Anastasius Bibliothecar., *in Sergio I;* idem *in Sergio II :* Eum scholæ cantorum ad erudiendum tradidit (Leo III) communibus litteris. »

On ne comprend pas qu'un esprit aussi élevé que M. Giesebrecht se soit laissé entraîner aux vieilles calomnies du protestantisme contre S. Grégoire le Grand, quand elles n'ont d'autre appui que le témoignage tardif de Jean de Salisbury, contredit par Jean Diacre, qui le précède de deux siècles ; quand surtout la correspondance tout entière de S. Grégoire atteste que la civilisation n'a jamais eu de plus grand serviteur.

(2) *Ordo Romanus* ap. Mabillon, *Museum italicum*, t. II. Ras-

l'école qui en était inséparable, devint le type à l'imitation duquel se constitua l'école du palais chez les Francs. Les rois civilisateurs s'appliquaient à réformer le chant ecclésiastique en même temps qu'à ranimer les études, et c'était à Rome qu'ils demandaient des leçons. Le pape Grégoire III envoyait en France des chantres romains; Paul I*er* accueillait les moines français à l'école de Latran; le même pontife adressait à Pepin le Bref un antiphonaire avec des traités grecs de grammaire et de géométrie. Charlemagne reçut du pape Adrien des maîtres de grammaire et de comput; et si dans ce nombre plusieurs pouvaient être laïques, d'autres sortaient de la chapelle pontificale, comme les deux chantres Petrus et Romanus, que la chronique représente aussi profondément versés dans la musique sacrée que dans les arts libéraux (1).

Écoles de Milan, Lucques et Pavie.

Quand l'exemple de Rome subjuguait les barbares du Nord, comment n'eût-il pas ému l'Italie?

poni, *de Bibliotheca Lateranensi*. Le jour de Pâques, après vêpres, le pape venait se placer sous le portique de Saint-Venance, attenant à la basilique de Latran. Les échansons lui versaient le vin d'honneur ainsi qu'à son clergé, pendant que les chantres entonnaient une antienne grecque commençant par ces mots : Πάσχα ἱερὸν ἡμῖν σήμερον ἀναδέδεικται, et finissant par ceux-ci : Τὸν Ῥώμης πάππαν, Χριστε, φύλαξον.

(1) Pour tout ce qui concerne la chapelle et l'école des rois francs, qu'on me permette de renvoyer à mon livre *de la Civilisation chrétienne chez les Francs*, ainsi qu'à l'*Histoire de S. Léger*, par le R. P. Pitra. Cf. *Epistolæ Pauli papæ ad Pippinum regem*, 13 et 30; Anastas., *Adrian.; Chronicon Engolismense* ad ann. 787; Eckhardus, *de Casibus S. Galli :* « Mittuntur secundum regis petitionem Petrus et Romanus, et cantuum et liberalium artium paginis eruditi. »

Dans ces villes lombardes que l'arianisme disputait à l'orthodoxie, on voit les évêques s'entourant d'un petit nombre de clercs, qu'ils exercent à la culture des lettres en même temps qu'à la défense de la foi. Au septième siècle, l'archevêque de Milan, Benedictus Crispus, s'honorait d'avoir initié ses disciples à la connaissance des sept arts. Un peu plus tard, l'Église de Lucques avait ses écoles sous le portique même de la cathédrale; et déjà les prêtres Caudentius et Deusdede y figurent, dans deux actes de 747 et 748, comme chargés de l'enseignement public (1). Le diacre Pierre de Pise professait à Pavie quand Alcuin assista à sa dispute publique contre l'Israélite Jules ; et je reconnais comme autant de représentants de l'école ecclésiastique en Lombardie, Paul Diacre, Paulin d'Aquilée et Théodulfe, tous trois clercs, tous trois destinés à seconder ces réformes de Charlemagne que l'Italie inspira d'abord, et qu'elle subit ensuite.

D'un autre côté, l'enseignement monastique commençait aux deux bouts de la péninsule, au

L'enseignement monastique, le mont Cassin et Bobbio

(1) S. Benedicti Crispi Mediolanensis archiepiscopi poematium medium apud Mai, *Auctor. class.*, t. V, p. 391, præfatio ad Maurum mantuensem præpositum. « Quia te, fili carissime Maure, pene ab ipsis cunabulis educavi, et septiformis facundiæ liberalitate dotavi. »
Archives de Lucques :
Diplôme de 748. Signa manus Deusdede VV. presb. magistro schole, testis.
— de 767. Propter pontificalem ejusdem Ecclesie ubi est schola.
— de 809. Ego Lampertus magistru (*sic*) schole cantorum manu mea subscripsi.
— de 746. Gaudentius presbiter magister.

mont Cassin et à Bobbio. Sans doute la règle bénédictine ne traite pas expressément des écoles claustrales, mais elle permet de recevoir et par conséquent d'élever les enfants consacrés au service de Dieu par le vœu de leurs pères. Elle fait de la lecture un devoir, une œuvre qui sanctifie le dimanche et les jours de carême. Elle ne semble ouvrir l'asile du monastère qu'à la foi, à la piété, à la pénitence : mais les lettres, qui cherchent la paix et le recueillement, y pénètrent et n'en sortent plus. Parmi les premiers disciples de saint Benoît, plusieurs, Maurus, Placidus, Marcus, sont loués de leur application à la lecture et de leur savoir. Toutes les traditions du monachisme italien favorisaient le travail d'esprit. Saint Fulgence de Cagliari faisait moins de cas du labeur des mains que de l'étude, et Cassiodore avait écrit pour les religieux de Vivaria son beau traité des *Institutions divines et humaines*. Pendant que le midi de l'Italie s'éclairait de ces clartés, un autre foyer s'allumait au nord. Le zèle de l'apostolat qui poussait les moines d'Irlande sur le continent avait conduit saint Colomban à Bobbio, au fond des plus âpres déserts de l'Apennin. Il y portait, avec les sévères observances des cénobites de son pays, leur passion des lettres, et ce besoin qui les dévorait de savoir et d'enseigner. L'esprit de ce grand réformateur lui survécut, et passa des Irlandais, ses compagnons, aux disciples italiens qui leur succédèrent (1). Au septième siècle, Jonas de Bobbio écrit l'histoire de saint Colomban : son style est nourri de la lecture des anciens, il cite Tite-Live et Virgile. Au dixième, la bibliothèque de Bobbio possède des écrits de Démosthènes et d'Aristote, les poëtes de l'antiquité latine, mais surtout une quantité incroyable de grammairiens. Il ne fallait pas moins que les exigences d'une école nombreuse pour multiplier ainsi les exemplaires de tant d'écrits arides, et pour que des vies consacrées à Dieu se consumassent à copier, non les homélies de saint Chrysostome et de saint Augustin, mais le traité de Caper sur l'orthographe, ou celui de Flavianus sur l'accord du nom avec le verbe (2).

Tels étaient cependant les périls de ce temps orageux, que des institutions si fortes n'assuraient pas encore la perpétuité de l'enseignement. La barbarie désarmée faisait irruption dans l'Église ; des hommes de sang, des prêtres concubinaires et simoniaques, prenaient possession des évêchés et des

Intervention de la puissance impériale. Édit de Lothaire.

---

(1) *Regula S. Benedicti;* Petri Diaconi *de Vita et Obitu justorum cœnobii Casin.*, ap. Mai; *Script. vet.*, tom. VI, p. 246. *Vita S. Fulgentii* ap. Mabillon, *Ann. O. S. B.*, t. I, p. 41 ; *Vita S. Columbani* auctore Jona Bobbiensi, ap. Mabillon. *Act. SS. O. S. B.*, t. II.

(2) *Catalogus Bobbiensis* X seculi, ap. Muratori, *Antiquit. Italic.*, t. III, *Dissert.* 43. J'y remarque un Démosthènes (librum I Demosthenis), un grand nombre de poëtes latins, et les grammairiens suivants : « Sergii *de Grammatica;* Adamantii, *item* Capri et Acroetii *de Orthographia;* Dosithei *de Grammatica;* Papirii *de Analogia;* Flaviani *de Consensu nominum et verborum;* Prisciani, Marii, *de Centum metris;* Honorati *de Ratione metrorum;* libros XX diversorum grammaticorum. »

abbayes, fermaient l'école, et de ses revenus entretenaient leurs meutes et leurs chevaux. De si grands maux demandaient l'intervention des deux puissances temporelle et spirituelle qui gouvernaient le monde chrétien. En 825, l'empereur Lothaire, poursuivant la pensée de son aïeul Charlemagne, rendait un édit dont voici la teneur : « En ce qui
« touche l'enseignement, qui par l'extrême incurie
« et la mollesse de quelques supérieurs est partout
« ruiné jusque dans ses fondements, il nous a plu
« que tous observassent ce que nous avons établi,
« savoir : Que les personnes chargées par nos or-
« dres d'enseigner dans les lieux ci-après indi-
« qués mettent tout leur zèle à obtenir des progrès
« de leurs disciples, et s'appliquent à la science
« comme l'exige la nécessité présente. Cependant
« nous avons désigné pour cet exercice des lieux
« choisis de façon que ni l'éloignement ni la pau-
« vreté ne servît désormais d'excuse à personne.
« Nous voulons donc qu'à Pavie, et sous la conduite
« de Dungal, se rassemblent les étudiants de Mi-
« lan, de Brescia, de Lodi, de Bergame, de Novare,
« de Verceil, de Tortone, d'Acqui, de Gênes, d'Asti,
« de Côme. A Ivrée, l'évêque enseignera lui-même.
« A Turin, se réuniront ceux de Vintimille, d'Al-
« benga, d'Alba, de Vado. A Crémone, étudieront
« ceux de Reggio, de Plaisance, de Parme, de Mo-
« dène. A Florence, les Toscans viendront chercher
« la sagesse. A Fermo, ceux du territoire de Spo-

« lète. A Vérone, ceux de Trente et de Mantoue. A
« Vicence, ceux de Padoue, de Trévise, de Feltre,
« de Cénéda, d'Asolo. C'est à l'école de Cividad del
« Friuli que les autres villes enverront leurs élè-
« ves (1). » Toutefois il faut se tenir en garde contre l'exagération des termes de l'édit, quand il suppose la ruine générale de l'enseignement. C'est le langage ordinaire de cette époque, de célébrer comme le fondateur d'une église celui qui la restaure, comme l'auteur d'une institution celui qui la réforme. Il y a plus de vérité dans le canon du pape Eugène II, qui déclare seulement « qu'en plusieurs lieux on ne trouve ni maîtres, ni zèle pour

<small>Canons d'Eugène II et de Léon IV.</small>

(1) *Constitutio Lotharii*, ap. Pertz, *Monum. Germ. leg.*, I, 249 :
« De doctrina vero, quæ ob nimiam incuriam atque ignaviam quorundam præpositorum, cunctis in locis est funditus extincta, placuit, ut sicut a nobis constitutum est, ita ab omnibus observetur, videlicet ut ab his qui nostra dispositione ad docendos alios per loca denominata sunt constituti, maximum detur studium, qualiter sibi commissi scholastici proficiant.

« ... Primum in Papia conveniant ad Dungalum de Mediolano, de Brixia, de Laude, de Bergamo, de Novaria, de Vercellis, de Tertona, de Aquis, de Janua, de Aste, de Cuma. In Eporegia ipse episcopus hoc per se faciat. In Taurinis conveniant de Vintimilio, de Albingano, de Vadis, de Alba. In Cremona discant de Regio, de Placentia, de Parma, de Mutina. In Florentia de Tuscia resipiscant. In Firmo de Spoletinis civitatibus conveniant. In Verona de Mantua, de Triento. In Vicentia de Patavis, de Tarvisio, de Feltris, de Ceneda, de Asylo. Reliquæ civitates Forum Julii ad scholam conveniant »

M. Giesebrecht veut que cette constitution ne touche en rien à l'enseignement littéraire, et il en donne cette unique raison, que je trouve faible et contestable, qu'à cette époque le mot *doctrina* ne désigne que l'enseignement ecclésiastique. Mais cette supposition ne s'accorde pas avec le génie des réformes carlovingiennes, qui n'ont pas d'autre pensée que de restaurer la théologie par les lettres.

les lettres. » C'est pourquoi il ordonne que « dans tous les évêchés, dans toutes les paroisses et les autres lieux où besoin sera, on institue des professeurs, savants dans les arts libéraux. » Ce canon est de 826, et tout indique un dessein concerté entre le pape et l'empereur pour la restauration des études. Cependant Léon IV, en 853, renouvelle les plaintes et les dispositions d'Eugène II, en ajoutant « qu'il est rare de trouver dans les simples parois« ses des maîtres capables de professer les lettres. » En effet, nous touchons à un âge de fer, où, en présence du saint-siége profané, de l'empire croulant, des villes brûlées par les Normands, les Sarrasins, les Hongrois, l'Italie put trembler pour sa foi et désespérer de ses lumières. C'est alors surtout, et dans les trois siècles écoulés de Charlemagne à Grégoire VII, qu'il faut connaître la destinée des écoles ecclésiastiques (1).

Les écoles ecclésiastiques, du IX⁰ au XI⁰ siècle. Vérone.

Au nord, et parmi les cités que l'édit de Lothaire avait dotées d'un enseignement public, je trouve Vérone, où, au dixième siècle, l'évêque Rathier annonce qu'il admettra aux ordres les jeunes clercs qui auront étudié les lettres dans sa ville épisco-

---

(1) Mansi, *Concil.*, XIV, 1008, *Constit. Eugenii papæ II* : « De quibusdam locis ad nos refertur non magistros neque curam inveniri pro studio litterarum. Idcirco in universis episcopiis subjectisque plebibus et aliis locis, in quibus necessitas occurrerit, omnino cura et diligentia adhibeatur, ut magistri et doctores constituantur, qui studia litterarum liberaliumque artium habentes, dogmata assidue doceant, quia in his maxime divina manifestantur atque declarantur mandata. »

pale (1). Atton de Verceil ordonne que, jusque dans les bourgades et les villages, les prêtres tiennent école, et que si quelqu'un des fidèles veut leur confier ses enfants pour apprendre les lettres, ils ne refusent point de les recevoir et de les instruire (2). Au onzième siècle, Milan avait deux écoles richement dotées par les archevêques. On y exerçait la jeunesse à toutes les études qui formaient, selon le langage de l'époque, un philosophe accompli ; et une chronique contemporaine nomme en effet deux prêtres, André et Ambroise Biffi, également versés dans les lettres grecques et latines (3). En même temps Parme faisait gloire de ses chaires, où d'habiles lecteurs enseignaient les sept arts : trois de ces maîtres, Sigefred, Ingo, Homodei, paraissent dans des chartes qui assignent à leur entretien des

Verceil.

Milan.

Parme.

---

(1) Mansi, XIV, 1014. *Constit. Leonis papæ IV*. « Et si liberalium artium præceptores in plebibus, ut assolet, raro inveniuntur, tamen divinæ Scripturæ magistri et institutores ecclesiastici officii nullatenus desint. »

(2) Ratherius, *Op*. 419. Atto Vercellensis, capit. 61. « Presbyteri etiam per villas et vicos scholas habeant, et si quilibet fidelium suos parvulos ad discendas litteras eis committere vult, eos suscipere et docere non renuant. » Ces paroles sont empruntées à une ordonnance épiscopale de Théodulphe, évêque d'Orléans.

(3) Landulfus senior, lib. II, c. 35, apud Muratori, *Scriptores*, IV, 92 : « Scholæ diversarum artium ubi urbani et extranei clerici philosophiæ doctrinis studiose imbuebantur erant duæ... ex longa temporum ordinatione archiepiscoporum antecedentium stipendiis. » Idem, lib. III, cap. 21 et 23 : « Andreas sacerdos in divinis et humanis, græcis et latinis sermonibus virilis. Ambrosius Biffius in latinis litteris et græcis eruditus atque ideo Bifarius dictus »

bénéfices considérables (1). L'école de Modène, au dixième siècle, était gouvernée par un prêtre; mais les évêques de cette ville étendaient leurs soins au delà de ses murs : deux actes, l'un de 796, l'autre de 908, montrent les deux paroisses rurales de Saint-Pierre in Siculo et de Rubiano assignées à deux prêtres, à la charge d'y servir le Christ, de conserver l'église en bon état de réparations, et de tenir école pour l'éducation des enfants (2). Un diplôme de Sienne, daté de 1056, fait paraître le clerc Roland en qualité de prieur de l'école (3). A Rome, Jean Diacre atteste qu'au milieu des désordres du dixième siècle l'école du palais de Latran conservait encore les traditions de saint Grégoire (4). A

(1) Affo, *Storia di Parma*, I app., n° 89, 92. II, p. 2, 305, 338.
1032. Homodei, presbyter, magister scholarum.
1081. Ingo acolitus et magister scholarum. — Donizo, *ap*. Muratori, V, 334 :

Scilicet urbs Parma, quæ grammatica manet alta ;
Artes ac septem studiose sunt ibi lectæ.

(2) Muratori, *Antiquit. Italicæ*, III, 726. Necrologium Mutinense : « VIII Kalendis octobris obiit Johannes presbyter magistro de hoc seculo ad vitam per indictionem IV. »

Idem *ibid*. 811, 813. Traditio plebis, S. Petri in Siculo facta Victori archipresbytero Gisone episcopo Mutinensi circa annum 796 « Ea siquidem ratione ut..., ministerio archipresbyteratus fungi in omnibus non omittat, id est in sartatectis templi reficiendis, in clericis congregandis, in schola habenda et pueris educandis. »

Collatio plebis de Rubiano facta Sileberto presbytero a Gottefredo episcopo Mutinensi anno 908 : « Christo ibi deserbire studeat, id est in schola habenda, in pueris educandis, in sartatectis ecclesiæ reficiendis. »

(3) Pecci, *Storia de Vescovi di Siena*.
Ann. 1056. Rolandus clericus et prior scholæ subscripsi.
(4) Johannes Diaconus, *in Vita S. Gregorii*, II, cap. 6 : « Scholam

l'exemple de ce grand pape, saint Athanase, évêque de Naples, y avait fondé des écoles de chant ecclésiastique et de lettres séculières ; et, choisissant parmi ses clercs, il appliquait les uns à la grammaire, les autres à la transcription des livres. Lui-même ne croyait pas déshonorer sa dignité en recommençant les études littéraires de sa jeunesse ; et, comme pour consacrer cette alliance du savoir et de la piété, ayant fait restaurer l'église de Saint-Janvier, il voulut qu'on y peignît les images des saints docteurs (1).

<small>Naples.</small>

Pendant que l'épiscopat multipliait ainsi ses fondations, l'enseignement monastique ouvrait ses portes, non-seulement aux élèves du cloître, mais au clergé séculier. Quand Paul Diacre, las des pompes et des dangers de la cour, vint chercher le repos au mont Cassin, il y compta parmi ses disciples de jeunes clercs qu'Étienne, évêque de Naples, avait confiés à cette docte maison. Au neuvième siècle, Hilderic, Théophane, Autpert, Berthaire, Erchampert, firent fleurir sous les cloîtres de Saint-Benoît la grammaire, la poésie et l'histoire (2). En

<small>Mont-Cassin, Novalèse, Mont-Socrate, Farfa, Casauria.</small>

quoque cantorum, quæ hactenus eisdem constitutionibus in sancta romana Ecclesia modulatur, constituit. »

(1) *Vita S. Athanasii neapol. ep.*, apud Muratori, *Script.* II, pars 2, col. 1045 : « Ordinavit autem lectorum et cantorum scholas ; nonnullos instituit grammatica imbuendos, alios colligavit ad scribendi officium... Ecclesiam Sancti Januarii renovavit, nobiliumque doctorum effigies in ea depinxit. » Idem, *ibid.*, col. 1057 : « Grammaticam prius in pueritia et postea in pontificatus honore perfectissime didicit. »

(2) Tosti, *Storia di Monte Cassino ; Chronicon Johannis Diaconi*, apud Muratori, *Script.* I, pars 2, p. 310.

même temps on voit les lettres pénétrer dans les âpres solitudes de la Novalèse, du mont Soracte, de Farfa, et dans la puissante abbaye de Casauria, où les disciples du dehors accouraient pour se mêler aux disputes philosophiques des religieux, et discuter « les subtiles hérésies d'Aristote et les hyperboles éloquentes de Platon (1). » Si l'école du Mont-Cassin périt avec le monastère sous la torche des Sarrasins en 884, elle recommence avec lui et jette un éclat nouveau, lorsqu'au onzième siècle on y voit grandir plusieurs de ces moines intrépides qui serviront les desseins de Grégoire VII.

Grégoire VII.

Grégoire VII ne semblait combattre que pour les libertés de l'Église : on a trop ignoré ce qu'il fit pour le réveil de l'esprit humain. Quand il ouvrait le grand débat du sacerdoce et de l'empire, il savait bien qu'il n'en verrait pas le terme. Mais le triomphe dont il devait jouir, c'était d'avoir agité les intelligences, de les avoir arrachées aux intérêts vulgaires, en les occupant de la plus formidable controverse qui fut jamais. Quand il tenait le fa-

---

(1) Tous ces monastères ont des archives, des chroniques, des légendes. Alfano, dans un poëme publié par Ughelli, blâme le jeune Trasmundus, qui allait chercher dispute aux moines savants de Casauria :

Ilic Aristotelis philosophiæ
Versutas hæreses, atque Platonis
Fastus eloquii, mense per annum
Uno pene studens, arte refutat...
Deridet studium sæpe decenne!
At quando, libet hoc monte relicto
Lætus tendit eo tempore veris,
Causa tam citius multa sciendi.

rouche Henri IV à genoux devant lui, sous le sac et la cendre, au château de Canossa, c'était la barbarie qu'il humiliait en la personne de cet homme de sang. S'il mettait tout en œuvre pour assurer l'indépendance du clergé en l'arrachant aux liens de la simonie et du concubinage, il avait cherché à lui assurer une supériorité que le sceptre impérial ne déléguait pas, la supériorité des lumières : il avait voulu dédommager le prêtre des joies de la famille, en faisant asseoir les lettres à son foyer. Voilà pourquoi un canon du concile de Latran, en 1078, renouvela les décrets qui instituaient auprès de toutes les églises cathédrales des chaires pour l'enseignement des arts libéraux (1). Mais cette fois Grégoire VII avait mis au décret du concile le sceau d'une volonté accoutumée à se faire obéir : dès lors les chaires ne se taisent plus, rien n'interrompt la succession des maîtres. Il ne faut plus demander si l'Italie a des écoles, lorsqu'elle en fonde partout, lorsque Lanfranc, saint Anselme, Pierre Lombard vont inaugurer au delà des Alpes cet enseignement scolastique qui donnera au moyen âge ses grands docteurs, et au génie moderne ses habitudes de critique, de rigueur et de travail.

Trois grands noms divisent les siècles ténébreux que nous venons de traverser et les éclairent :

(1) *Collectio conciliorum regia*, XXVI. Concilium Romanum anni 1078 : « Ut omnes episcopi artes litterarum in suis ecclesiis doceri facerent. »

saint Grégoire le Grand, Charlemagne et Grégoire VII. Ces fondateurs de l'enseignement ecclésiastique l'avaient marqué de deux caractères de foi et de charité qu'il ne perdit jamais : il eut des jours inégaux, il fut obscurci et troublé ; mais il resta jusqu'à la fin religieux et gratuit.

Caractères de l'enseignement ecclésiastique.

L'antiquité païenne avait aimé la science, mais elle ne la prodigua jamais ; elle craignit de l'exposer aux profanations des hommes. Les écoles des philosophes étaient fermées au vulgaire, les rhéteurs et les grammairiens vendaient leurs leçons. C'est l'honneur de l'enseignement chrétien d'avoir aimé les hommes plus que la science, d'avoir ouvert à deux battants les portes de l'école pour y faire entrer, comme au festin de l'Évangile, les aveugles, les boiteux et les mendiants. L'Église avait fondé l'instruction primaire, elle l'avait voulue universelle et gratuite, en ordonnant que le prêtre de chaque paroisse apprit à lire aux petits enfants, sans distinction de naissance, sans autre récompense que les promesses de l'éternité. L'instruction supérieure fut assise sur les mêmes bases. Les chaires instituées auprès des siéges épiscopaux eurent leur dotation en fonds de terre, en bénéfices assignés par la libéralité des évêques et des grands. C'est ce que nous avons trouvé à Rome, à Modène, à Parme, et dans toute la Lombardie. La parole du maître ne coûtait rien aux disciples, et, selon l'édit de Lothaire, la pauvreté cessa d'excuser l'ignorance. Toutes les préférences de l'Église étaient pour ces pauvres qui luttaient contre la dureté de leur condition ; elle encourageait à titre d'œuvre pie les legs des mourants en faveur des écoliers nécessiteux. Les docteurs consommés ne croyaient pas déroger en s'employant à resserrer l'Écriture sainte et toute la théologie en de courts abrégés, et les scribes des monastères en multipliaient les copies à bas prix (*Biblia pauperum*). Les sages de ce temps ne s'effrayaient point de la foule qui assiégeait les chaires, qui mettait quelquefois en danger la paix, mais qui donnait des défenseurs à la liberté. En 1046, quand l'archevêque Gui, élevé par la simonie, soutenu par les armes des nobles, prenait possession de Milan, ce fut dans l'école ecclésiastique de Sainte-Marie, ce fut sous la conduite d'un maître de grammaire, le diacre Ariald, que se forma une ligue sainte, destinée à renverser la tyrannie du prélat, et à commencer, par l'affranchissement de la commune de Milan, l'ère des républiques italiennes (1).

D'un autre côté, cet enseignement soutenu des deniers du sanctuaire gardait l'empreinte sacerdotale que saint Grégoire le Grand lui communiqua.

(1) Il faut voir dans la chronique de Landulfe le Vieux (Muratori, *Script.*, IV) l'histoire de cette révolution, où le peuple de Milan eut contre ses archevêques simoniaques tout l'appui du saint-siége, représenté par Pierre Damien et Hildebrand. Sismondi, par une incroyable préoccupation, n'a vu qu'une querelle de gens d'Église, là où il fallait reconnaître la première émancipation des cités lombardes.

L'école épiscopale conservait le titre d'école des chantres à Rome, à Lucques, à Naples. Ses auditoires s'ouvraient sous les portiques, sur le parvis des cathédrales, comme à Saint-Jean de Latran, à Saint-Martin de Lucques, à Saint-Ambroise de Milan. Les études profanes y étaient employées, selon les termes du pape Eugène III, à mettre en lumière les dogmes révélés. Sans doute on ne bannissait point les poëtes du paganisme : comment fermer la porte au doux Virgile, quand il se présentait en compagnie des sibylles et des prophètes, avec sa quatrième églogue, où tout le moyen âge crut reconnaître l'annonce du Dieu sauveur? Les fictions de l'antiquité s'introduisaient à la faveur de l'allégorie, et Théodulfe ne craignait pas d'avouer son faible pour Ovide, dont chaque fable couvrait une leçon (1). Cependant la piété des jeunes clercs s'appliquait de préférence aux récits de la Bible ou de la légende : c'étaient ces sujets populaires qu'on aimait à plier aux règles de la prosodie latine, ou sous la loi du vers rimé. J'en trouve un exemple dans ce petit poëme du douzième siècle (2) :

(1) Theodulfi *Carmina*, lib. IV, 1.

Et modo Pompeium, modo te, Donate, legebam,
Et modo Virgilium, te modo, Naso loquax.
In quorum dictis, quamquam sint frivola multa,
Plurima sub falso tegmine vera latent.

(2) Vatican, n° 5525, parchemin, à la fin d'un manuscrit de Salluste qui semble remonter au douzième siècle.

CARMEN DE JOSEPH PATRIARCHA.

Joseph Deo amabilis,
Patri dulcis et habilis,
Puer formose indolis,
Et gratie multiplicis!...

Hinc ipsi nova somnia
Celi promebant sidera,
Ad futuri indicia,
Ipsi quasi supplicia...

Intentus est auspicio
Ac si Dei negocio :
Fraternus livor invido
Advertit sed hoc animo...

Joseph domi residens,
Rei private providens,
Jubetur mox invisere,
Cunctane gerant prospere...

Nec mora ; ut conspiciunt :
« En somniator, aiunt :
« Necem ferte, ut pareat,
« An juvarit quod somniat... »

. . . Culpam vitant sceleris,
Ne criminentur sanguinis :
Sumpto pondo numismatis,
Sic vendunt Agarenicis...

Segardus hoc dictamen fecit.

Sous ce rhythme barbare, sous ce langage incorrect où perce déjà l'idiome vulgaire, il faut reconnaître un récit plus émouvant pour des chrétiens que l'aventure d'Icare et le désespoir d'Œdipe. Ainsi l'enseignement ecclésiastique rivalisait avec l'enseignement laïque ; il opposait ses chaires gratuites aux maîtres salariés ; la gravité de ses

<small>Rivalité des écoles ecclésiastiques et des écoles laïques.</small>

dogmes, la popularité de ses traditions, au culte discrédité des Muses profanes. Cette émulation éclatait en querelles : nous avons entendu les plaintes de Rathier de Vérone contre les trafiquants de science, les invectives dont Pierre Damien poursuit les moines fourvoyés à l'école des grammairiens. Gumpold, évêque de Mantoue, blâme sévèrement ceux qui, « poussés par le dé-
« mon des vers, appliquent à des jeux poétiques,
« à des chansons de nourrices, une intelligence
« née pour de plus hautes destinées. Car l'amour
« des fables les gagne à ce point, qu'ils ne crai-
« gnent pas de laisser périr la mémoire des saints ;
« et, s'attachant aux écrits des gentils, ils rejettent
« avec mépris tout ce qui est divin, simple, et
« souverainement doux pour les âmes (1). » A leur tour, les laïques n'épargnaient pas le sarcasme aux docteurs en froc. Pendant que le frère prêcheur Jean de Vicence suspendait à sa parole le peuple des cités lombardes, le grammairien Buoncompagno ne craignait pas de le chansonner dans des vers qui firent le scandale de Bologne (2). Mais

(1) Gumpoldus, *in Vita Vincizlavi ducis*, apud Pertz, *Monum.*, IV, 213.
(2) Tiraboschi, *Istoria della Letteratura-ital.*, VIII, 15. Voici les vers de Buoncompagno, qui témoignent sans doute d'un goût peu délicat :

> Et Johannes johannizat,
> Et saltando choreizat.
> Modo salta, modo salta,
> Qui celorum petis alta.

si les contemporains se scandalisaient de ces rivalités, l'esprit humain y trouvait la vie qu'il cherche toujours dans les combats ; et c'était de la dispute entre les universités et les moines mendiants qu'allaient sortir, pour la gloire de l'Italie et pour l'instruction du monde, ces deux incomparables génies, saint Bonaventure et saint Thomas d'Aquin.

Peut-être ce court aperçu des écoles ecclésiastiques aux temps barbares se trouverait-il utilement complété par une Vie inédite de saint Donatus, évêque de Fiesole, et l'un de ces aventureux Irlandais qui, poussés hors de leur patrie par l'esprit de Dieu, portés aux siéges épiscopaux par l'admiration des peuples, poursuivaient du même zèle la réforme des mœurs et la restauration des études.

Vie inédite de S. Donatus, évêque de Fiesole.

Un manuscrit de la bibliothèque Laurentienne (Plut. xxvii, cod. 1), où Bandini reconnaît la main d'un copiste du onzième siècle, contient, sous le titre de *Vitæ Patrum*, plusieurs légendes parmi lesquelles on trouve, au feuillet 46 *verso*, la vie de saint Donatus. Elle ne forme pas moins de vingt colonnes petit in-folio ; et si je n'y trouve pas assez d'intérêt pour la transcrire entièrement, je ne puis me défendre d'en publier quelques passages qui ont le mérite de montrer en même temps les humbles commencements de l'école de Fiesole, et les fruits de l'enseignement qu'on y donnait. D'un côté, saint Donatus y paraît avec cette passion des lettres qui agitait les monastères d'Irlande ; il s'efforce de rallumer un foyer de science sacrée et profane dans des lieux encore tout consternés de l'apparition des pirates normands. On le voit exerçant ses disciples à composer en prose et en vers, leur donnant à la fois des leçons et des exemples. D'un autre côté, sa légende, écrite longtemps après lui, rédigée sur des traditions orales (*juxta veridica majorum famina*), est elle-même une de ces compositions littéraires auxquelles on appliquait les jeunes clercs. Nous y trouvons à peu près ce que savait faire un écolier italien dans des siècles si mauvais. Le début a toute la solennité, toutes les formes oratoires d'un panégyrique composé pour être lu en présence du clergé et peut-être des fidèles.

« INCIPIT VITA SANCTI DONATI SCOTTI, FESULANI
« EPISCOPI.

« Clarus et solemnis, karissimi fratres, adest
« dies omni laude extollendus, omni devotione co-
« lendus, in quo beatissimi patris nostri transitum
« exultat ordo angelicus. Et (licet omnium sancto-
« rum sanctissime solemnitatis, fratres dilectissimi,
« christianorum animus debeat fieri particeps,
« cum Scriptura dicat : *Pretiosa est in conspectu*
« *Domini mors sanctorum ejus*, et alibi : *Cum de-*
« *derit electis suis somnum, ecce hereditas Domini.*
« Sancti enim cum pervenerint ad mortem, tunc
« invenient hereditatem. Ut enim ad eam pertin-

« gere valerent, studuerunt omnia mundi labentia
« despicere, universa caduca calcare, omnia mundi
« blandimenta fugere, toto nisu ad celestia ten-
« dere, ut cum propheta dicere valerent : *Dominus*
« *pars hereditatis mee;* et iterum : *Letatus sum*
« *in his que dicta sunt mihi; in domum Domini*
« *letantes ibimus...*) precipue tamen in eorum
« jocundemur laudes (*sic*), quorum corpora possi-
« demus ut heredes, quorum beneficiis fruimur
« fideles, quorum suffragio sustinemur infideles,
« quorum etiam intercessione quotidie, si lugemus,
« a sorde lavamur. De quorum namque collegio
« beatissimus Christi sacerdos et venerandus hodie
« Donatus occurrit, per quem divina pietas festivi-
« tatis hodierne luce enituit, et perpetue glorie
« coruscum lumen mundo effudit... »

J'interromps cet exorde, qui ne remplit pas
moins de quatre colonnes, et je passe au récit.

« Scotia vero et Hibernia proxime sunt Britan-
« nie. Hibernia vero insula inter Britanniam et
« Hispaniam sita, spatio terrarum angustior, sed
« situ fecundior. Hec longiore ab Africo spatio in
« Boream porrigitur... Scotie autem nulla anguis
« habetur, avis rara, apis nulla : in tantum adeo,
« ut advectos inde pulveres seu lapillos si quis
« alibi sparserit inter alvearia, examina favos de-
« serant. Quante autem fortune vel dignitatis sit,

« seu etiam quam amica sit pacis, breviter idem
« iste beatus Donatus versificando collaudat ita
« describens :

> Finibus occiduis describitur optima tellus,
> Nomine et antiquis Scottia scripta libris;
> Dives opum, argenti, gemmarum, vestis et auri,
> Commoda corporibus, aere, putre solo.
> Melle fluit pulcris et lacte Scottia campis,
> Vestibus atque armis, frugibus, arte, viris.
> Ursorum rabies nulla est ibi : sæva leonum
> Semina nec unquam Scottica terra tulit,
> Nulla venena nocent, nec serpens serpsit in herba;
> Nec conquesta canit garrula rana lacu :
> In qua Scottorum gentes habitare merentur,
> Inclyta gens hominum milite, pace, fide (1).

« In hac enim Beatus Donatus, suorum civium
« prosapia nobilium parentum progenitus, et ab
« ipsis pene crepundiis totus fide catholicus, ani-
« mus vero litteris deditus, et erga Christi culto-
« res devotus, in tantum ut, infra breve coevum,
« suis natu majoribus excelsior doctrina foret ef-
« fectus... Hauriebat denique sitibundo pectore
« fluenta doctrine, que postea eructaret congruenti
« tempore mellito gutture, juxta illud : *Eructa-*
« *vit cor meum verbum bonum.* Corroboratus ergo
« in timore Domini, cepit peregre proficiscendi
« amor innasci, ita ut patriam parentesque dese-
« reret et Domino soli adhæreret.

(1) Ces vers sont cités par Moore (*History of Ireland*, I, 511, édition de Paris), qui rapporte le pèlerinage de Donatus et son élévation au siége épiscopal. La Vie inédite que je publie s'accorde parfaitement avec le récit très-court d'Ammirato (*Vescovi di Fiesole*).

« Tempore igitur magnifici et illustrissimi sum-
« mique pontificis Eugenii Romane presidentis ca-
« thedre, et christianorum principum Lotharii
« quoque magni, Ludovicique boni sceptra regen-
« tis, sub anno dominice incarnationis DCCCXVI,
« Indictione X, Beatissimus Donatus multas tunc
« temporis per Christi gratiam illustrabat eccle-
« sias, sicque factum est ut usque ad limina Apos-
« tolorum perveniret. Eo igitur in tempore contigit
« ut Fesulanensis Ecclesia gravia pateretur incom-
« moda, scilicet ob devastationem Normannorum
« quæ prius acciderat, seu etiam quia orbati patris
« benedictione carebant. Multa vero plebs passa
« mestitia (*sic*), implorabat sanctorum suffra-
« gia... »

Jusqu'ici la narration n'a pas d'autres ornements que le luxe des épithètes et le grand nombre des citations bibliques. On y sent l'effort de l'auteur pour maintenir sous la règle de la syntaxe latine sa pensée, qui lui échappe plus d'une fois et qui se laisse entraîner aux constructions de la langue vulgaire. Mais, à mesure qu'il avance dans son récit, qu'il s'échauffe et s'émeut, son style prend des formes nouvelles. C'est encore une prose, mais une prose rimée. Les écrivains classiques n'avaient pas toujours dédaigné ce retour des mêmes sons (*homoioteleuta*); les rhéteurs de la décadence en abusèrent, et les auteurs ecclésiastiques ne se défirent pas d'un ornement recommandé par l'école, et que la foule aimait. L'historien de saint Donatus ne fait qu'imiter ces exemples, quand son récit se déroule dans une longue suite de versets qui se succèdent deux à deux avec des chutes pareilles. Donatus, après avoir prié au tombeau des saints apôtres, a repris le chemin du Nord ; il entre dans Fiesole au moment où le peuple, pressé autour des autels, demandait à grands cris un évêque. Aussitôt les cloches s'ébranlent et les lampes s'allument d'elles-mêmes, la multitude se répand autour de l'étranger que désignent ces prodiges : la majesté de sa personne étonne tous les regards ; on le presse, on veut savoir son nom : il se nomme enfin...

« Nomine (*sic*) cum audierunt, »
Letabundo sic pectore dixerunt :
« Eia Donate,
« Pater a Deo date,
« Pontificale reside cathedra,
« Ut nos perducere valeas ad astra. »

Tunc sanctus pectore puro verba dixit in unum :

« Parcite,
« O fratres, quod ista profertis inane.
« Mea crimina lugere sciatis,
« Non in plebe docere credatis. »
Ad hæc sonantia verba
Cuncta cepit dicere caterva :
« Sicut visitavit nos oriens ex alto,
« Sic agamus in viro sancto :
« Christus eum adduxit ex occiduis,
« Eligamus nos in Fesulis.
« Et ecce Deo dignus

« A Christo demonstratur
« Domino Donatus ;
« Ad sedem nunc producatur,
« Ut nobis a Deo datus
« Sit pater Donatus.
« Si est voluntas resistendi,
« Fiat vis eligendi (1). »

« Sicque factum est : licet multum renitendo,
« plurimumque repugnando resisteret ; inthroni-
« zatus tamen est, et presul sancte Fesulane eccle-
« sie electus..: Benedictione itaque pontificali con-
« secratus, ita apparuit statim fore aptus ac devotus,
« ac si ad officium quod noviter ascenderat jugiter
« prefuisset. Erat enim largus in eleemosynis, sedu-
« lus in vigiliis, devotus in oratione, precipuus in
« doctrina, paratus in sermone, sanctissimus in
« conversatione.

« Ipse enim omnibus vite sue diebus nunquam
« animum otio dedit, quin non aut orationi insis-
« teret, aut lectioni incumberet, aut utilitatibus
« Ecclesie describeret, seu etiam scemata metrorum
« discipulis dictaret, vel in rebus ecclesiasticis
« insudaret, necnon in sollicitudinibus viduarum

---

(1) La rime revient avec la même régularité dans la prière du saint pour un enfant enlevé par des loups :
« O Pater et Nate — Spiritus et Alme, — Nostri succurre meroris — et miserere nobis. — Tu qui per crucis vexillum exclusisti, — mortem vetiti ligni, — et hoc demonstrasti signum — in redemptione captivorum dignum, — ut crucifigentes corpora, — animas erigerent ad ethera : — ne patiaris tibi assignatos Christo — devorari ab hoste sevissimo, — ne quem confirmavi chrismate sanctissimo — permittas gluttiri a lupo rapacissimo. »

« et orphanorum instaret, et egenorum curam ha-
« beret. »

Ainsi refleurissaient, dans l'école épiscopale de Fiesole, les traditions laborieuses de l'Irlande. Il ne faudra donc pas s'étonner, si l'historien de saint Donatus mêle à ses rimes populaires les termes savants, les hellénismes qu'on retrouve chez les écrivains irlandais et anglo-saxons des temps barbares. Il appelle le Verbe de Dieu *Theou Logon*, le Saint-Esprit *Pneuma* ; et quand le peuple, touché d'un miracle, rend gloire au Père, la gravité du sujet veut encore un mot grec : « *Multa mox in doxa Patris cecinit populus.* » Sans doute ces exemples ne prouvent point qu'on sût le grec à Fiesole : ils font voir du moins qu'on ne le méprisait pas ; que, dans un temps si mauvais, la langue du Nouveau Testament, de saint Basile et de saint Chrysostome, était considérée non comme la langue des hérésies, mais comme un idiome saint, qui avait encore sa place dans la liturgie, auquel la théologie empruntait ses expressions sacramentelles, qu'il n'était pas permis d'ignorer tout à fait, et qu'il fallait faire intervenir de loin en loin dans le discours, pour lui prêter je ne sais quoi de solennel et de mystérieux. Mais ce qu'on savait assurément à Fiesole, ce que saint Donatus ne dédaignait pas d'enseigner à ses disciples, c'était la métrique latine, l'imitation des poëtes chrétiens qui avaient chanté, dans le rhythme de Virgile, les mystères du Sauveur et les couronnes des saints. Aussi, quand l'hagiographe a épuisé toutes les ressources de la prose, et que, par un dernier effort de style, il veut égaler la grandeur de son sujet ; quand il représente le vieil évêque malade, visité en songe par la vierge irlandaise Brigitte, qui laisse tomber sur lui une goutte d'huile de sa lampe et le guérit, le récit se fait en hexamètres. Enfin, Donatus, chargé d'œuvres et d'années, va rendre sa grande âme ; une dernière fois, il élève sa voix au milieu du clergé en pleurs ; c'est encore en vers qu'il prie :

« Christe Dei virtus, splendor, sapientia Patris,
In genitore manens, genitus sine tempore et ante
Secula ; qui nostram natus de Virgine formam
Sumpsit nutritus, lactatus ab ubere matris ;
Qui sancto nostras mundans baptismate culpas,
Jam nova progenies celo demittitur alto ;
Noxia qui vetiti dissolvit prandia pomi,
Vulneraque ipse suo curavit sanguine nostra ;
Qui moriendo dedit vitam, nos morte redemit,
Cumque sepultus erat, mutavit jura sepulchri,
Surgens a morte mortem damnavit acerbam ;
Tartara qui quondam, nigri qui limina Ditis
Destruxit, scatebras superans Acheruntis avari ;
Qui hostem nigrum... detorsit in imo
Carceris inferni, Letheum trusit in amnem...
Tu quoque qui tantas pro nobis sumere penas
Dignatus, miseris celestia regna dedisti,
Da mihi per celsas paradisi scandere scalas,
Fac bene pulsanti portas mihi pandere vite...
Ut increar pavidus convivas visere claros !
Quo tecum gaudent videam convivia sancti,
Quo cum Patre manes, regnas per secula semper,
Spiritus et sanctus, pariter (1) Deus impare gaudet. »

(1) Il faut lire sans doute *numero*, au lieu de *pariter*.

« Expleta vero oratione, totum se ipsum armavit
« signo Christi, et benedicens filios fratresque spiri-
« tuales, adpositus est ad sanctos patres senex et
« plenus dierum... Sepultus vero est a discipulis
« suis in arca saxea, die XI kalend. novemb.....
« Scriptumque est illic epitaphium ejusmodi :

> « Hic ego Donatus Scotorum sanguine cretus,
> Solus in hoc tumulo pulvere, verme voror.
> Regibus Italicis servivi pluribus annis,
> Lothario magno Ludovicoque bono.
> Octonis lustris, septenis insuper annis
> Post Fesulana presul in urbe fui.
> Grammata discipulis dictabam scripta libellis,
> Scemata metrorum, dicta beata senum (1).
> Posco, viator, ades quisquis pro munere Christi,
> Te, homo, non pigeat cernere vota mea,
> Atque precare Deum... qui culmina celi,
> Ut mihi concedat regna beata sua..... »

« Dicamus ergo cuncti : Sancte Dei et pretiose
« confessor Donate, pater et pontifex, educator et
« alitor, rector et pastor, subveni precibus destitutis
« et lapsis. Miserere viduis et captivis, auxiliare or-
« phanis et pupillis, succurre presentibus et futuris,
« opem fer viventibus atque defunctis. Nostras quo-
« que preces peto ne recuses, qui, quamvis noxiis
« loris adstrictos (*sic*) iniquitatis, pro capacitate
« tamen ignavie et parvitate ingenioli nostri pre-
« sumpsimus ad laudem tui sanctissimi hec scripta
« magistris relinquere, precantes summo conanime,
« quod inutile invenerint, emendent, nostreque

(1) Ce distique est aussi reproduit dans l'*Histoire d'Irlande*, de Th. Moore (*loco citato*), mais d'après un texte moins correct.

« presumptioni indulgeant et parcant; et quia ne-
« quimus ad paradisi pervenire pascua, tua saltem
« sancta suffragia inter supplicia sentiamus so-
« latia : precante Domino nostro Jesu Christo, qui
« regnat in Trinitate, cui omnia donata sunt a
« Patre in Spiritus sancti unitate in secula seculo-
« rum. Amen. »

Cette prière, où il y a beaucoup de naïveté, d'humilité et de foi, achève de caractériser le petit ouvrage que nous avons entre les mains. C'est bien l'œuvre d'un disciple soumis au jugement de ses maîtres : c'est une de ces histoires miraculeuses, exercices favoris des jeunes clercs, qui grossissaient peu à peu la bibliothèque des églises, et qui finissaient par former tant de volumineux recueils de légendes. On y reconnaît bien le goût du moyen âge pour les *pièces farcies*, mêlées de prose et de vers, de langue vulgaire et de langue savante. N'en méprisons pas trop l'apparente grossièreté ; car, d'une part, ces hexamètres chancelants sur leurs pieds, mais soutenus de temps à autre par un hémistiche, par un vers entier de Virgile, attestent que l'antiquité n'est ni oubliée, ni proscrite. Et, d'un autre côté, cette prose rimée dans laquelle saint Thomas d'Aquin ne dédaignera pas de composer ses hymnes, cette prose du *Dies iræ* et du *Stabat mater*, n'est-elle pas destinée à devenir le type de la versification dans toutes les langues modernes ?

III. — DE L'INSTRUCTION PUBLIQUE HORS DU CLERGÉ.

Ainsi, dans ces siècles périlleux où il semble que toute éducation littéraire va manquer au peuple italien, il la reçoit de deux côtés. Il y a des maîtres laïques, salariés, nourris des traditions profanes, derniers héritiers des grammairiens et des rhéteurs romains. Il y a des maîtres ecclésiastiques, dont l'enseignement gratuit, voué au service et à la défense de la foi, remonte de Grégoire VII à Grégoire le Grand, et cache son origine aux catacombes. Entre ces deux enseignements il y a rivalité, hostilité, tout ce qui divise les esprits, mais ce qui les agite et les féconde. Nous avons à considérer si tant d'efforts restèrent sans résultat, si l'instruction donnée du haut de tant de chaires forma des classes lettrées, et jusqu'à quel point elle pénétra dans les derniers rangs de la nation.

Les classes lettrées.

Écartons premièrement le clergé, dont on ne conteste pas les lumières. Au dixième siècle, c'est-à-dire au plus fort de la barbarie italienne, nous avons vu Rathier de Vérone, Atton de Verceil ranimer les études; Luitprand écrit, dans une prose savante, mêlée de vers et toute semée de termes grecs, l'histoire de son ambassade à Constantinople; et Gunzo, clerc de Novare, dans une dispute grammaticale avec les moines de Saint-Gall, pousse l'érudition jusqu'à citer le texte grec de l'Iliade. Il reste à savoir si, au dessous de l'Église, on trouve ces professions savantes qui partagent avec elle la charge d'éclairer les sociétés.

C'est l'opinion commune, qu'aux premiers temps du moyen âge la médecine s'enferma dans les cloîtres, et redevint ce qu'elle avait été avant Hippocrate, une science sacrée, réservée aux prêtres, destinée à relever par ses prodiges la majesté des autels. Cette opinion semble se confirmer, quand on voit l'archevêque Benedictus Crispus de Milan s'arracher au soin des âmes pour écrire en vers latins un recueil de formules médicales. Cependant nous avons déjà reconnu dans les diplômes de Lucques plusieurs médecins laïques. En parcourant les archives de Pistoia, on trouve à la date de 727 Guidoald, médecin des rois lombards, en 748 Fredus, en 777 Léon, en 1093 Bonsegnore, tous trois médecins, sans aucune qualification qui leur attribue un rang dans l'Église. Une charte de Bérenger, datée de 996, et conservée au Vatican, fait figurer parmi les témoins maître Landolphe de Serravalle, *physicien* (1) : c'est ainsi qu'on désigne souvent ceux qui professent l'art de guérir. Dès la fin du dixième siècle l'école de Salerne jetait tant

Les médecins.

---

(1) Brunetti, *Archivio diplomatico toscano*, n° 68 et suiv. — *Archives du Vatican*, copie authentique, dressée en 1282, d'un diplôme de Bérenger, daté des nones d'août 996 :

Presentibus... magistro Landolfo de Seravalle physico.

d'éclat, qu'Adalbéron, évêque de Verdun, y allait chercher un remède à ses infirmités. Au siècle suivant, la science médicale y était professée par une femme qu'on ne nomme pas, mais qui effaçait tous les docteurs contemporains (1). Plus tard, quand l'école entière adresse au roi d'Angleterre ces préceptes fameux, destinés à devenir le code de la médecine au moyen âge, rien n'y trahit la main d'un prêtre; et Jean de Milan, qui passe pour les avoir rédigés, prend le titre de docteur, mais non celui de clerc. L'Église est si loin de confisquer à son profit l'art de guérir, qu'elle en redoute les tentations pour ses moines : un canon du second concile de Latran, en 1129, interdit aux religieux l'exercice de la médecine, où ils se portent par une coupable passion de s'enrichir, et menace de peines sévères les supérieurs assez faibles pour tolérer un tel abus (2).

D'un autre côté, si l'étude du droit ne périt jamais en Italie, c'est que ce pays garda le sens pratique des vieux Romains, le génie des affaires, la passion de plaider, et que, selon le témoignage de Wippo, quand on paraissait devant le juge, il fallait produire ses textes. C'est ainsi qu'une requête rédigée pour l'évêque d'Arezzo contre l'évêque de

---

(1) Hugues de Flavigny, *Chronic. ad ann.* 984. Orderic Vital, *ad ann.* 1059. Tiraboschi, *Storia della Letterat. ital.*, VI, lib. 4, cap. 6.
(2) *Concil. Romanum*, anni 1139, canon 9. *Concilium Turonense*, anni 1163, canon 8.

Sienne, dans un procès qui commença en 752, cite plusieurs dispositions du Digeste et du Code (1). De pareils arguments voulaient être débattus par des gens du métier, et je ne m'étonne plus de voir au tribunal les parties accompagnées d'un avocat. Dans un plaid de l'an 908 devant les évêques, les comtes et les juges du roi Bérenger, comparaît Guidulfe, abbé de Saint-Ambroise, assisté de son avocat (*advocatus*).Boniprand. En 1108, au plaid de Teramo, l'avocat (*causidicus*) d'une église dépouillée par violence intente pour elle cinq actions, aux termes du droit romain (2). Lanfranc, que nous avons vu nourri dès ses premières années dans l'étude des lois, quitta les bancs de l'école pour faire l'étonnement du barreau par l'impétuosité de son éloquence, l'art infini de ses plaidoiries et la sûreté de ses maximes (3). Ces triomphes oratoires conduisaient à la fortune et aux premiers

---

(1) *Fragmentum libelli contra Senensem episcopum.* Apud Muratori, *Antiquit. Italic.*, III, 889.

(2) *Placitum Ticinense*, apud Muratori, *Antiquit. Italic.*, II, 935. « Ibique eorum venerunt presentia Guidulfus, abba monasterii « Sancti Christi, confessoris Ambrosii... et Boniprandus, judex re- « gis... Vere sicut vos, Guidulfus abba et Boniprandus advocatus « dixistis. ».

Ughelli, t. I, p. 354. *Placitum Ticinense :* « Ad hæc adversariorum causidicus petiit edi actionem : ecclesiæ causidicus de rebus invasis proponit actiones. »

(3) Milonis Crispini *Vita Lanfranci*, cap. 5. « Ab annis puerilibus eruditus est in scholis liberalium artium et legum secularium, ad suæ morem patriæ. Adolescens orator veteranos adversantes in actionibus causarum frequenter revicit, torrente facundiæ accurate dicendo. In ipsa ætate sententias depromere sapuit, quas gratanter jurisperiti aut judices vel prætores civitatis acceptabant. »

honneurs des cités; c'est le témoignage d'Alfano de Salerne, dans des vers inédits adressés au jurisconsulte Romuald :

> Dulcis orator, vehemens gravisque,
> Inter omnes causidicos perennem
> Gloriam juris tibi, Romoalde,
> Protulit usus....
> Civium nulli, spatio sub hujus
> Temporis, fortuna serenitate
> Prævalet ridere beatiori
> Quam tibi nuper (1).

Parmi les jurisconsultes loués dans les Lettres de Pierre Damien, il en est deux, Atton et Boniface, qu'il honore du titre de *causidici* (2). Six diplômes du onzième siècle, conservés aux archives diplomatiques de Florence, font voir que dans les grandes villes de Toscane des légistes se vouaient à la défense des intérêts privés (3). Mais les mêmes étu-

---

(1) Extrait d'une ode que je publie avec les poésies inédites d'Alfano.
(2) Petri Damiani *Epist.*, lib. VIII, 7 et 9.
(3) Florence 1066, Hildibrandus, patronus causarum.
    Ibid.   1066, Hildibrandus, causidicus.
    Ibid.   1097, Placidus, advocatus.
    Ibid.   1099, Fralmus, causidicus sacri palatii.
    Pistoia 1093, Placidus, causidicus.
    Pise   1067, Sigismundus, causidicus.
    Chiusi 1072, Johannes, causidicus.
J'ai relevé ces témoignages aux archives diplomatiques de Florence; mais ils se retrouvent tous ou presque tous dans le recueil de Brunetti. Il est vrai que M. de Savigny veut que le titre de *causidicus* désigne, non pas celui qui plaide une cause, mais celui qui la juge, le *scabinus* de la législation carlovingienne. Mais les exemples de Romuald et de Lanfranc prouvent que la profession d'avocat avait, au onzième siècle, tout son lustre et toute sa popularité; et, dans le plaid de Teramo, les *causidici* des deux parties ne parais-

AUX TEMPS BARBARES. 439

des qui préparaient l'avocat aux luttes du barreau formaient aussi le juge appelé à débrouiller le chaos des lois romaines et lombardes, et le notaire chargé de conserver, dans les formules sacramentelles de ses actes, l'image immobile du droit, au milieu de la violence des événements et des mœurs. Ces trois fonctions se confondent quelquefois ; et celui qui paraît dans un procès, assistant une partie en qualité d'avocat, y garde le titre de juge ou de notaire. Parmi les juges il y a des rangs ; il faut distinguer les juges de l'empereur ou du sacré palais, et ceux des communes (*civitatis*). Sous ces noms divers on les voit siéger en grand nombre dans les mêmes cours. Au tribunal du comte palatin Boderod, à Pavie, paraissent onze juges du palais et deux de la cité. En 982, Hildebrand, envoyé de l'empereur Otton, vient tenir ses plaids à Florence, dans l'atrium de la cathédrale : l'arrêt qu'il rend en faveur des chanoines est signé de huit juges impériaux et de cinq notaires. En 1288, la ville de Milan ne compte pas moins de deux cents juges et de mille notaires, dont six cents commissionnés de l'empereur (1). Les jurisconsultes

Ces deux professions forment des corps de métiers.

---

sent que pour plaider. Du reste, je ne nie point que ces noms divers de *juris doctor*, d'*advocatus*, de *causidicus*, de *judex*, ne s'emploient souvent l'un pour l'autre, et ne désignent une classe de jurisconsultes qui forme dans plusieurs villes le collège des échevins.

(1) *Hist. Patr. Monument.*, I, n° 47. Cf. Hegel, *Geschichte der Städteverfassung von Italien*.

Archives du chapitre de Florence, année 782 : « Leo judex et missus domini imperatoris, Hildeprandus judex domini imperatoris sultes ne sont pas seulement nombreux, ils sont unis : sous la domination franque, ils forment le collége des échevins. Quand les cités s'affranchissent, ils ont leur place parmi ces corps de métiers qui font la force des républiques italiennes : un document de 1142 montre déjà les avocats de Florence réunis en corporation (1). Enfin, lorsqu'en 1266 Florence, délivrée des Gibelins, se donne des lois nouvelles, et que chacun des sept arts majeurs forme une compagnie armée avec ses officiers, ses consuls et son gonfalon, l'art des juges et notaires y paraît, portant sur sa bannière une étoile d'or en champ d'azur; et l'art des médecins et pharmaciens, portant l'image de Notre-Dame en champ vermeil (2).

Les jurisconsultes lettrés.

Le statut de 1266 armait les sept métiers ; il ne les constituait pas, il les supposait organisés ; et l'on a droit de croire que depuis longtemps la compagnie des médecins et celle des jurisconsultes avaient leurs statuts, leurs conditions d'admission, d'apprentissage et d'études. A Rome, le candidat qui aspirait aux fonctions de juge comparaissait

---

interfuit, Teutpertus *item*, Petrus *item*, Sigefredus *item*, Petrus *item*, Donatus *item*.

« Ego Johannes notarius interfui. Ego Florentius notarius ibi fui. Ego Petrus *item*. Ego Roselmus *item*. Ego Hugo notarius domini imperatoris ibi fui. »

Galvaneus Flamma, *Manipulus Florum*, cap. 326 : « Judices sive jurisperiti CC, notarii ccc, iidem imperiales DC, medici CC. »

(1) Lami, *Lezioni di antichità tosc.*, *Præfaz.* : « Ego Henricus, unus ex Florentina advocatione causidicus. »

(2) Villani, lib. VII, cap. 13.

devant une commission de cardinaux pour y être examiné sur la science des lois ; ensuite il prêtait entre les mains du pape serment de fidélité et de bonne justice ; après quoi le souverain pontife, lui remettant le livre de la loi, l'instituait en ces termes : « Recevez la puissance de juger selon les « lois et les bonnes mœurs. » Les notaires subissaient le même examen, et le pontife les instituait en mettant dans leurs mains la plume et l'écritoire (1). La science du droit ne se séparait pas des lettres, qui commençaient l'éducation des esprits, qui faisaient l'ornement et le seul repos de ces laborieuses vies écoulées dans l'étude et la discussion des textes juridiques. Ainsi le légiste Burgondio, honoré par ses contemporains comme « le maître des maîtres et la perle des docteurs, » avait traduit du grec les homélies de saint Jean Chrysostome et plusieurs traités de médecine (2). Quand le démon des vers latins tourmentait les lettrés, et qu'un poëte s'écriait :

<pre>
Desine : nunc etenim nullus tua carmina curat :
  Hæc faciunt urbi, hæc quoque rure viri (3);
</pre>

---

(1) Muratori *Antiquit.*, t. I, *dissert.* XII, 687, 688.

« Quum presentatur domno Papæ ille qui judex est examinandus, examinatur prius a cardinalibus, qualiter se in legum doctrina intelligat, et si legitime natus fuerit et laudabiliter conversatus. Qui si idoneus repertus fuerit, homagium et fidelitatem secundum consuetudinem Romanorum domno Papæ humiliter exhibet..., etc., de scriniario eodem modo fit, » etc.

(2) Tiraboschi, *Storia della Letterat. ital.*, t. VI, lib. 4, cap. 3.

(3) *Panegyricus anonymus Berengarii.* Pertz, *Script.* IV, 191.

je ne suis pas surpris de trouver que l'hexamètre fait irruption dans les actes notariés, et que les gens d'esprit se piquent de signer en vers latins. Ainsi dans un diplôme de Sienne, en date de 1081,

> Subscripsit factis his Wido rite peractis.

Et dans une charte de l'abbaye de Casauria, datée de 1177 :

> Alferius, dignus judex testisque benignus (1).

<small>Le latin, langue du palais.</small> La langue de l'Église et de l'école était aussi celle du palais, comprise et parlée, non par les jurisconsultes seulement, mais par le peuple entier des gens d'affaires. L'historien Albertino Mussato, au commencement du quatorzième siècle, écrit en vers le récit du siége de Padoue, et le dédie à la compagnie des notaires impériaux. « Souvent, dit-« il, la compagnie palatine des notaires m'a pressé « de célébrer dans un chant métrique les maux « que Can Grande fit à notre cité, et qui, par un « retour du destin, sont retombés sur leur auteur. « Vous demandez encore que le poëme n'ait rien « de ce ton sublime qui sied à la tragédie ; mais « que le langage en soit tempéré et descende à la « portée du vulgaire, afin que si mes livres d'his-« toire, écrits d'un style plus relevé, servent à

---

(1) Pecci, *Storia dei vescovi di Siena*; *Chronicon Casauriense*, apud Muratori *Script*. II, pars 2, col. 1013.

« l'instruction des savants, ces humbles vers, ou-
« vrage d'une muse plus indulgente, soient lus
« du grand nombre, et que les notaires, les der-
« niers des clercs, y trouvent leur plaisir (1). » Là-
dessus Mussato s'engage, non dans un chant rimé,
chargé d'expressions barbares, mais dans un poëme
en vers hexamètres, où ne manquent ni les réminiscences virgiliennes, ni les allusions mythologiques :
c'étaient les délassements de la basoche de Padoue;
c'était le niveau de l'éducation publique pour tous
ceux qui, sans se vouer aux professions savantes,
s'arrachaient au travail des mains. On s'étonne du
prodigieux savoir que Dante avait puisé aux leçons
de Brunetto Latini, et dans les disputes philosophiques des religieux de Florence. Villani, destiné au
commerce, et visitant Rome au jubilé de l'an 1300,
y consumait ses veilles à lire Tite-Live, Salluste et
Paul Orose, Virgile et Lucain. Il est dit du peintre
Cimabue, qu'ayant donné de bonne heure des
marques d'une belle intelligence, il fut appliqué
aux lettres, et fréquenta l'école ouverte par les
frères prêcheurs à Sainte-Marie Nouvelle (2). Ainsi
la poésie et la peinture ne sortirent pas toutes ra-

---

(1) Albertin. Mussatus, libri III, *de Obsidione Paduæ* : Ad nota-
riorum Patavinorum palatinam societatem... « Illud quodcumque
sit metrum non altum, non tragœdum, sed molle et vulgi intellec-
tioni propinquum sonet eloquium, quo altius edoctis nostra stylo
altiori deserviret historia, essetque metricum hoc demissum sub ca-
mœna leniore notariis et quibusque clericulis blandimentum. »

(2) Dante, *Convito*, II, 13; Villani, lib. VIII, 36; Vasari, *Vita
di Cimabue*.

dieuses de je ne sais quelles ténèbres où l'on veut qu'elles aient trouvé leurs premières inspirations : elles grandirent dans l'étude et sous la discipline, elles se nourrirent des souvenirs de l'antiquité sacrée et profane; et si la Divine Comédie et les fresques d'Assise ravirent l'admiration des contemporains, c'est qu'ils y trouvèrent autant de savoir que de génie.

Quelle était l'instruction du peuple. Mais le peuple qui admirait ces beaux ouvrages, le peuple de Padoue, qui, par un vote public, décernait à Mussato la couronne de poëte; les gens des métiers de Florence, qui chargeaient Arnolfo di Lapo de leur élever une cathédrale « si belle, « qu'elle surpassât tous les monuments de la main « des hommes; » en un mot, la multitude, dont les plus grands génies ne sont après tout que les serviteurs, était-elle capable de les juger? Pendant que les premiers feux de la renaissance rayonnent au sommet de la société italienne, quelles lueurs en éclairent les derniers rangs? quelle instruction, quelles traditions littéraires circulent dans la foule, et entretiennent, chez des hommes voués aux fatigues du corps, le goût des plaisirs de l'esprit?

Traditions classiques. Et d'abord je remarque chez les Italiens cette puissance de la tradition qui surprenait déjà l'historien Otton de Freysingen, lorsqu'il décrivait l'entrée de l'empereur Frédéric Ier en Lombardie. Les Allemands s'attendaient à trouver des alliés naturels parmi les Lombards, dont ils avaient entendu raconter l'origine germanique : ils s'étonnèrent de trouver « une race amollie par la douceur du ciel « et la graisse de la terre, héritière de la politesse « et de la sagacité romaine, conservant l'élégance « de la langue latine, l'urbanité des mœurs et la « sagesse même des Romains dans l'ordonnance et « le gouvernement des cités (1). » En pénétrant dans ces villes, qui ont gardé leurs vieilles murailles, on y trouve encore toutes vivantes, au douzième, au treizième siècle, les croyances poétiques des anciens. Padoue montre le tombeau d'Anténor ; le peuple de Milan ne permet pas qu'on renverse la statue d'Hercule ; les femmes de Florence bercent leurs enfant en devisant de Troie, de Fiesole et de Rome, comme les pêcheurs de Messine renouvellent chaque année la procession de Saturne et de Rhéa. La description de Rome que je publie, les premières chroniques de Florence, de Pise, de Venise, de Milan, montrent tous ces vieux souvenirs s'attachant, se cramponnant, pour ainsi dire, comme le lierre, à chaque pierre des ruines.

Avec les fables du passé, on en conservait la langue ; et, pendant que l'idiome vulgaire fait irruption dans les chartes latines, on voit le latin se

Chants populaires latins.

---

(1) Otton de Freysingen, *de Gestis Friderici I*, lib. II, cap. 13 : « Verumtamen barbaricæ deposito feritatis rancore... Terræ aerisve proprietate aliquid romanæ mansuetudinis et sagacitatis trahentes... latini sermonis elegantiam, morumque retinent urbanitatem. In civitatum quoque dispositione ac reipublicæ conservatione antiquorum adhuc Romanorum imitantur solertiam. »

maintenir avec une incroyable persévérance dans les chants populaires. Je pourrais multiplier les exemples, citer les célèbres complaintes sur la destruction d'Aquilée, sur la mort de Charlemagne, sur la captivité de l'empereur Louis II ; deux psaumes en l'honneur des villes de Vérone et de Milan, des chansons satiriques contre Rome, et beaucoup d'autres compositions profanes. Mais j'écarte tout ce qui peut rappeler le monastère ou l'école, et je m'arrête à des chants qu'on surprend pour ainsi dire sur les lèvres mêmes du peuple. En 954, les gens de Modène veillaient sur leurs murailles menacées par les incursions des Hongrois. Ces bourgeois et ces artisans, armés à la hâte pour la défense de leurs foyers, et qui voyaient de loin la flamme des incendies allumés par les barbares, s'animaient en répétant un hymne guerrier que nous avons encore, où nous trouvons une latinité correcte et toutes les réminiscences de la poésie classique :

> O tu qui servas armis ista mœnia,
> Noli dormire, quæso, sed vigila !
> Dum Hector vigil extitit in Troia,
> Non eam cepit fraudulenta Grecia (1).

Plus tard, Gaufrid Malaterra insère dans sa Chronique de Sicile des chants composés pour les jours d'allégresse ou de douleur publique, et s'excuse de

(1) Muratori, *Antiquit.*, III, 709.

ses détestables vers latins sur la volonté du prince, qui l'engage à écrire dans un langage familier intelligible pour tous (1). Vers le même temps, un chant de guerre célèbre la victoire remportée, en 1088, par les Pisans sur les Sarrasins. Ce chant rimé n'emprunte rien à la prosodie classique ; on y sent frémir l'enthousiasme contemporain ; on y trouve encore l'idiome et les souvenirs de l'antiquité. Si vous prenez l'auteur au mot, il vous fera croire qu'il s'agissait de vider la querelle de Rome et de Carthage :

> Inclytorum Pisanorum scripturus historiam,
> Antiquorum Romanorum renovo memoriam.

Il s'agit pourtant d'une croisade ; il s'agit de venger l'Espagne, l'Italie, la Provence, insultées par les flottes mahométanes. Le Christ lui-même pousse les navires des chrétiens; l'archange saint Michel sonne la trompette devant eux ; et saint Pierre, la

(1) Gaufrid Malaterra, *Prooemium ad chronicon* : « Si autem de incultiori poetria quæstio fuerit, ipsa principis jussio ad hoc hortata est, ut plano sermone et facili ad intelligendum, quo omnibus facilius quidquid diceretur patesceret, exararem. » Voici un chant de Gaufrid sur la naissance de Simon, second fils de Roger, quelque temps après la mort de son fils aîné Jordan :

> Patre orbo,
> Gravi morbo
> Sic sublato filio,
> Unde doleret
> Quod careret
> Hæreditali gaudio ;
> Ditat prole ;
> Quasi flore,
> Superna prævisio.

croix à la main, marche à leur tête. Le combat s'engage ; mais, quand Hugues Visconti, le plus valeureux et le plus beau des Pisans, tombe dans la mêlée, le poëte, épuisant toutes les louanges pour honorer le jeune martyr, ne trouve rien de plus touchant que de le comparer à Codrus, mort pour son peuple. Il est vrai que la pensée chrétienne reprend l'avantage, et qu'elle éclate enfin dans une strophe pleine de mélancolie, de tendresse et d'espoir :

> Sic infernus spoliatur et Sathan destruitur,
> Cum Jesus redemptor mundi sponte sua moritur;
> Pro cujus amore, care, et cujus servitio,
> Martyr pulcher, rutilabis venturo judicio (1).

Nous retrouvons aux sources de la poésie populaire la même confusion du sacré et du profane qu'on a tant reprochée aux poëtes italiens ; mais nous reconnaissons aussi ce besoin du beau, cet admirable sentiment de l'art qui faisait chanter ces peuples dans la langue des anciens, jusqu'à ce que le dialecte vulgaire, façonné lentement, fût devenu capable de satisfaire l'oreille et d'immortaliser la pensée.

On prêchait en latin. Des populations si bien préparées trouvaient d'ailleurs une instruction plus complète qu'on ne pense dans les pratiques de la vie religieuse et de la vie civile. Sans parler des enseignements de l'Évangile, et de ces leçons que les sages du paga-

(1) Edélestand du Méril, *Poésies populaires latines*, t. II, p. 259

nisme auraient enviées au dernier des enfants chrétiens, sans parler des inspirations d'un culte qui mettait tous les arts au service des ignorants, des pauvres et des petits, l'Église conservait aussi la langue latine ; elle la faisait vivre par la prière et par la prédication. On priait en latin, et, bien que dès le dixième siècle le pape Grégoire V soit loué d'avoir catéchisé les peuples en langue vulgaïre (1), on continua de prêcher en latin jusqu'au temps où l'idiome du peuple, sanctifié sur les lèvres de saint François d'Assise et de saint Antoine de Padoue, resta maître de la chaire.

D'un autre côté, la constitution des communes italiennes, en appelant les plus obscurs des citoyens à l'exercice de tous les droits, les invitait en même temps au partage de toutes les lumières. C'est encore la remarque d'Otton de Freysingen. « Les « Lombards, dit-il, ne dédaignent pas de porter à « toutes les dignités les jeunes ouvriers de la der- « nière condition, et jusqu'aux gens des plus vils « métiers, tous ceux qu'ailleurs on repousse comme « des lépreux, qu'on écarte des études honnêtes et « des arts libéraux (2). » Assurément les textes man-

L'instructi n primaire dans les communes italiennes.

---

(1). Doctus francigena, vulgari et voce latina
 Edocuit populos eloquio triplici.

(2) Otto Frisigen., II, 13 : « Inferioris conditionis juvenes vel quoslibet contemptibilium etiam mechanicarum artium opifices, quos cæteræ gentes ab honestioribus et liberioribus studiis tanquam pestem propellunt, ad militiæ cingulum vel dignitatum gradus assumere non dedignantur. »

quent pour établir une statistique complète de l'instruction primaire et secondaire chez ces peuples souverains de Lombardie et de Toscane. Je me borne à quelques faits qui laissent voir jusqu'à quel point le réveil des libertés assurait l'affranchissement des intelligences.

Une description de Milan, rédigée en 1288 par le frère prêcheur Bonvesino, porte le nombre des habitants à deux cent mille, et compte quatre-vingts maîtres d'école, sans y comprendre les religieux, qui élevaient certainement une partie de la jeunesse (1). A Florence, l'historien Dino Compagni rapporte qu'en 1301, quand Charles de Valois entra, en qualité de pacificateur, sur le territoire toscan, « les prieurs convoquèrent le conseil des soixante-douze métiers, grands et petits, qui tous avaient leurs consuls, et qu'on leur demanda l'avis de leurs corporations. » Tous répondirent par écrit qu'il fallait ouvrir les portes de la ville au prince, et l'honorer comme un seigneur de noble sang. Les boulangers seuls opinèrent « qu'on ne lui accordât ni l'entrée ni les honneurs, attendu qu'il venait pour la ruine de la cité. » Les gens des plus humbles métiers écrivaient donc, et du moins les notables d'entre eux étaient en mesure de rédiger des conclusions (2).

---

(1) Galvaneus Flamma, *Manipulus florum*, cap. 326.
(2) Dino Compagni, lib. II. « Richiesero adunque il consiglio generale della parte guelfa e delli 72 mestieri d'arti, i quali avean-

Mais ce qui étonne davantage et ce qu'on ne peut nier, c'est que les délibérations de ces orageuses républiques, les débats passionnés à l'issue desquels on chassait les Gibelins ou l'on rasait les maisons des Guelfes, c'est que les conseils en plein air, où la multitude frémissait sous la parole des orateurs, se tenaient en latin. On en trouve plusieurs preuves ; mais je n'en connais pas de plus frappante qu'un traité composé au treizième siècle, et probablement à Bologne, sous le titre d'*Oculus pastoralis, pascens officia* (1). Ce titre pompeux n'annonce « qu'une instruction simple et lucide en faveur des « laïques illettrés, où l'on se propose d'éclairer « leur conduite et de former leur langage quand « ils sont appelés au gouvernement des affaires pu- « bliques. » Après avoir traité du principe de l'autorité, des devoirs qu'elle impose, des moyens qu'elle emploie, l'auteur touche enfin à ce pouvoir de la parole qui est le maître des assemblées populaires. Il veut que l'orateur de son temps, comme de celui de Cicéron ou de Quintilien, soit honnête dans les mœurs, ingénieux dans l'invention, sobre et orné dans le style, en sorte qu'il sache y garder la mesure et la grâce. Il ne lui permet pas de paraître au balcon du palais communal

On haranguait le peuple en latin.

---

tutti consoli, e imposero loro che ciascuno consigliasse per iscrittura se alla sua arte piacea che messer Carlo de Valos fosse lasciato venire in Firenze come paciaro, » etc.

(1) Apud Muratori, *Antiquitates*, IV, 95.

et de haranguer la foule, avant que son discours, savamment médité, n'ait trois fois senti la lime. Et, se défiant enfin de son disciple, il lui propose vingt modèles de discours, comme autant de lieux communs pour toutes les grandes solennités de la vie politique : oraison du podestat entrant en charge et sortant de charge, éloges d'un podestat mort dans l'exercice de ses fonctions, réponse à des ambassadeurs qui proposent une alliance, harangues pour la guerre et contre la guerre. Ces discours sont écrits en latin, non pour servir de texte à une amplification en langue vulgaire, mais pour être appris et récités en latin, sous peine de perdre les ornements où l'auteur a mis tout son art et toute sa complaisance ; je veux dire ces périodes nombreuses dont le doigt et l'oreille ont marqué la cadence, ces chutes pareilles amenées de loin, ce choix d'expressions poétiques et ces hémistiches de Virgile enchâssés dans la prose du treizième siècle, comme des chapiteaux corinthiens dans la maçonnerie d'un beffroi. Voici la requête d'une troupe de naufragés, dépouillés par les habitants de la côte, et réclamant justice pour eux, sépulture pour les morts. Dans le récit de leur naufrage nous avons toute la tempête accoutumée des poëtes, des demi-vers, des vers entiers :

« Visum est in fretum — totum descendere cœ-
« lum. Præbebant fulmina lucem. — Dant saltus

« fluctus in concava tecta carinæ. — Pars magna
« virorum — fato est functa suo, gurgite pressa
« profundo : Intumulata cadavera stantium in lit-
« tore maris, esca relicta feris. »

Ces sortes de beautés ne se traduisent point, et
il faut conclure que les discours de l'*Oculus pastoralis* durent être prononcés textuellement devant un
auditoire capable de les comprendre, de goûter les
bons endroits, de les applaudir. Le peuple de Florence se lassait si peu des harangues latines, qu'il
fallut un règlement exprès pour limiter à quatre
le nombre de ceux qui prendraient la parole sur
chaque question. Ce sont les termes d'un statut
inédit de 1284. Ce règlement, où les démocraties
modernes pourraient trouver des leçons de sagesse
et de vigueur, nous fait assister aux conseils de la
république florentine dans ces courtes années d'apogée qui, pour elle comme pour toutes les grandeurs humaines, précèdent de si près le commencement de la décadence (1).

(1) *Archivio delle Riformagioni, provvisioni*, A, t. 1, fol. 12 et
13. On chercherait inutilement ce statut dans les *Statuta populi et
communis Florentiæ*, 3 vol. in-4°, publiés à Florence (sous la date
de Fribourg), en 1787. On n'y trouve qu'une compilation, par ordre
de matières, où la rédaction primitive des textes disparaît souvent.

STATUTUM FLORENTINUM ANNI MCCLXXXIV.

« In nomine Domini Nostri Jesu Christi. Hec
« sunt ordinamenta domini potestatis et communis
« Florentie, compilata, edicta et facta ad honorem et
« reverentiam omnipotentis Dei et Beatissime Vir-
« ginis Marie matris ejusdem, et B. Johannis Bap-
« tiste, ac reverende sancte Reparate, sub quorum
« vocabulo Florentia civitas gubernatur, et ad ho-
« norem et exaltationem sacrosancte Romane Ec-
« clesie, ac etiam ad honorem et fortificationem
« regiminis magnifici militis domini Gilioli de Mac-
« charesis, Potestatis civitatis et communis Flo-
« rentie, et ad pacificum et quietum civitatis et
« districtus ejusdem, valitura toto tempore rigimi-
« nis ipsius domini Potestatis.

« ... Item statutum et ordinatum est quod om-
« nes et singulari de concilio generali et congre-
« gatione, et quilibet alii qui ad aliquid concilium
« de mandato Potestatis aut alicujus de sua familia
« fuerint convocati, venire et esse debeant ad ip-
« sum consilium, antequam dictus dominus Potes-
« tas aut alius in loco ipsius surrexit ad proponen-
« dum inter eos de concilio, sub pena sold. II f. p.
« pro quolibet eorum ; nec de ipso consilio disce-
« dere debeat aliquis eorum sine licentia domini
« Potestatis vel alterius proponentis ante reforma-

« tionem lectam, sub pena et banno V sold. f. p.
« pro quolibet, nisi recessit propter necessitatem
« corporis, et qui propterea recessit incontinenti
« redire debeat, sub dicta pena et banno, salvo ca-
« pitulo constituto quod est sub rubrica : Quod
« consiliarii communis vadant ad consilium, etc.

« Item, quod nullus presumat consulere et ar-
« rengare super aliquo quod non sit principaliter
« propositum per dominum Potestatem, aut ali-
« quem alium loco sui. Et qui contra fecerit, in
« sold. LX puniatur et plus et minus, ad volunta-
« tem domini Potestatis ; et quidquid dictum et
« consultum fuit extra propositionem, non valeat
« nec teneat.

« Item, quod nullus existens in aliquo consilio
« surgere debeat ad arrengandum, donec prior ar-
« rengator finierit dictum suum et ire inceperit ad
« sedem suam, sub pena et banno sold. X f. p.

« Item, quod nullus audeat stare in pedibus in
« loco ubi congregatur aliquod consilium communis
« Florentie et sedere debeat, postquam dominus
« Potestas aut aliis loco ipsius fuerit in dicto loco
« consilii, nec surgere nisi causa consulendi vel
« alterius necessitatis ; et contra faciens in soldos
« L f. p. puniatur, nisi surgeret causa faciendi ho-
« norem alicui.

« Item, quod nullus audeat aut presumat tur-
« bare, aut inquietare, sive impedire aliquem ar-
« rengantem seu consulentem in aliquo consilio

« super aliqua propositione facta per dominum
« Potestatem, aut aliquem alium loco sui. Contra
« faciens vice qualibet puniatur in sold. LX f. p. et
« plus et minus, ad voluntatem domini Potestatis,
« inspecta qualitate impedimenti et turbatoris.

« Item, quod nullus audeat aut presumat sur-
« gere in aliquo consilio, aut aliquid dicere aut
« consulere, nisi in loco tenentis consilium; et qui
« contra fecerit in sold. XX f. p. vice qualibet pu-
« niatur, et plus ad voluntatem Potestatis, quod
« locum habeat in arrengando.

« Item, quod aliquis non arrenget aut consulat
« in consilio generali aut congregatione aut aliquo
« eorum, super aliqua propositione ultra quam IV
« consiliarii, absque parabola et licentia dicti do-
« mini Potestatis, sub pena XX sold. f. p. et plus
« arbitrio domini Potestatis.

« Item, quod nulla persona debeat accedere ad
« stangam sive bancum domini Potestatis, ipso do-
« mino Potestate vel alio loco sui ibi existente causa
« consilium faciendi, ex quo ad consilium fuerit
« bis pulsatum, nisi causa alicujus negotii commu-
« nis florentine accesserit, aut aliquid dicere vo-
« luerit pro utilitate communis; et qui contra fe-
« cerit puniatur in sold. V f. p.

« Item, quod nullus in aliquo consilio vel con-
« gregatione, facto vel facta de mandato do-
« mini Potestatis vel alicujus de sua familia,
« debeat vel presumat dicere aliqua verba in-

« juriosa contra aliquem in ipso concilio vel con-
« gregatione existentem. Nec aliquam rixam seu
« mesclantiam cum aliquo vel aliquibus ibi facere,
« nec aliquem vel aliquos ibi existentes percutere
« vel offendere modo aliquo vel ingenio ; et qui
« contra fecerit puniatur pena dupli quam puni-
« retur si alibi dixisset vel fecisset predicta, vel ali-
« quid predictorum, et plus et minus ad volunta-
« tem domini Potestatis, inspecta qualitate perso-
« narum et facti (1). »

A mon sens, le statut de Florence, avec l'austérité de son langage, nous apprend plus que l'*Oculus pastoralis* du rhéteur de Bologne. Aux dispositions sévères et judicieuses qu'on y trouve, on reconnaît bien un pays où l'éloquence gouverne, où il faut contenir les emportements oratoires, où le législateur sait déjà tout le pouvoir et tout le danger de la discussion. On sent qu'on n'a pas affaire à un peuple enfant, mais à des générations mûries par une longue éducation, et l'on ne regrette plus d'avoir péniblement cherché les vestiges des écoles italiennes, si le moment arrive où, avec de grands poëtes, on en voit sortir de grands citoyens.

(1) Un autre statut de 1285 (*ibid.*, p. 17) mentionne la manière de voter : « Facto et celebrato scrutinio ad pissides et balloctas... LVI ex dictis consiliariis et capitudinibus ponentibus balloctas in pisside albo ubi scriptum est sic ; illi vero quibus predicta displicuerunt, ponentes balloctas in pisside rubeo in quo scriptum est NON, fuerunt solummodo V. »

On a dit que la lumière ne s'éteignit point aux plus mauvais temps du moyen âge, mais qu'elle se déplaça ; et que, du septième au onzième siècle, l'astre des lettres, couché sur l'Italie, se levait sur l'Irlande, l'Angleterre et l'Allemagne. Je puis ajouter maintenant que l'Italie eut une de ces nuits lumineuses où les dernières clartés du soir se prolongent jusqu'aux premières blancheurs du matin. D'un côté, le souvenir des écoles impériales se perpétue dans l'enseignement laïque, qui subordonne la grammaire et la rhétorique à l'étude des lois, qui entretient chez les Italiens la passion du droit, et qui fonde, pour cette science toute laïque, la puissante université de Bologne. D'un autre côté, la tradition des premiers siècles chrétiens se conserve dans l'enseignement ecclésiastique : les lettres y trouvent asile à condition de servir la foi, de développer la vocation théologique des Italiens, et de leur assurer la palme de la philosophie scolastique. Nous avons vu l'instruction descendre du clergé et des corporations savantes jusque dans la multitude. Ce peuple, encore tout pénétré de l'antiquité, n'en peut oublier ni la gloire, ni les fables, ni la langue. On le prêche, on le harangue en latin : les fils des marchands lisent Salluste et Virgile, et dans les conseils de Florence les gens de métiers votent par écrit. C'étaient ces populations qui méritaient, qui commandaient les miracles de l'art naissant. La mythologie avait fait jaillir d'un coup de pied de

Pégase la fontaine poétique d'Hippocrène : elle exprimait ainsi l'aimable facilité du génie grec, qui avait pour ainsi dire ses sources à fleur de terre. Celles du génie moderne étaient à d'autres profondeurs; et, pour creuser jusqu'à elles, il n'avait pas fallu moins de dix siècles d'efforts : la Providence a traité les nations chrétiennes d'une manière plus sévère, et à mon sens plus honorable, en voulant que pour elles l'inspiration fût le prix du travail.

FIN DU TOME SECOND.

La Civilisation au cinquième siècle, fut publiée en 1855, environ dix-huit mois après la mort d'Ozanam. L'année suivante, l'Académie française décerna à cet ouvrage le prix Bordin. Il a semblé qu'en achevant la lecture de ces deux volumes on ne lirait pas sans intérêt le jugement qu'en a porté un maitre illustre, le critique le plus autorisé de notre temps, M. Villemain, dans le rapport qu'il lut à l'Académie française dans la séance du 28 août 1856.

EXTRAIT

DU RAPPORT DE M. VILLEMAIN A L'ACADÉMIE FRANÇAISE

(SÉANCE DU 28 AOUT 1856)

« Un récent émule de M. de Montyon vient d'établir un prix annuel de haute littérature à décerner par nous. Que le nom de M. Bordin demeure consacré par cette noble intention et par l'application qu'elle en recevra ! Aujourd'hui même, et pour le premier essai de ce prix nouveau, nous aurions pu hésiter entre plusieurs travaux remarquables par l'importance du sujet, l'étendue des recherches. Ce mot de haute littérature nous a paru désigner surtout ce qui est à la fois savant et inspiré, ce qui ne se sert des lettres que pour parler à l'âme, ce qui ne conçoit et n'applique l'art d'écrire que sous les formes les plus graves et les plus pures.

« A tous ces titres, un talent célèbre et regretté devait préoccuper notre souvenir et fixer nos suffrages. Ce nom, ce talent, c'est celui de M. Ozanam ; ce sont ses leçons publiques, sa vie justement honorée et les derniers travaux de cette vie si courte. Lorsqu'il s'agit de pareils droits littéraires, aussi durables que purs, personne sans doute n'alléguera, comme un obstacle à ce choix de si bon exemple, que l'auteur a cessé de vivre. La couronne du talent ne s'attache pas seulement à la personne vivante de l'auteur ; elle suit sa mémoire, elle protége sa famille. Si M. Ozanam n'a pas joui lui-même de la publication de son meilleur ouvrage, formé de ses leçons recueillies au pied de sa chaire, c'est un motif de plus pour nous de rendre publiquement à son nom tous les honneurs que méritait ce travail, inédit de son vivant. Dans les longues études, et parfois les succès un peu lents imposés au culte exclusif de la haute littérature, il y a de la part de l'auteur désintéressement et sacrifice ; il n'y en aura que plus d'équité de la part des juges à prolonger après lui, la récompense dont il était digne, et à la reporter tout entière sur ce qu'il aimait plus que lui-même.

« La jeune femme et le jeune enfant de M. Ozanam recevront, comme un dernier don de sa main, le prix dû à son rare talent, au monument inachevé de cette vocation ardente qui leur a coûté si cher. Rien en effet, n'a surpassé la fièvre studieuse, l'effort à la fois d'application et de verve qui consumait Ozanam et dont ses écrits gardent la trace. Langues anciennes, langues modernes du Midi et du Nord, histoire de tous les temps, littérature classique ou barbare, à ses degrés divers, science du droit religieux et civil, étude des arts, il avait tout embrassé d'un travail méthodique et pourtant inspiré, dont les échos, pour ainsi dire, se répondaient dans sa vaste mémoire et dans son intelligence toujours excitée. Ces signes, apparus dès l'origine, s'étaient fortifiés en s'étendant. Sa *thèse* sur Dante, travail supérieur, mais inégal, avait été surpassée par la science et la diction de ses *Études* sur les Germains : et ces deux précieux fragments n'étaient pour lui que l'essai du grand travail où il voulait comprendre la ruine et la mort de l'ancien monde, et, sous la fermentation de ses débris, la naissance des sociétés modernes apparaissant de toute part, comme une terre immense et nouvelle qu'il voyait se défricher, s'animer, s'embellir à la lumière de ces vérités chrétiennes, que lui-même avait saisies d'une foi profonde et d'un cœur passionné.

« Les cruelles épreuves que la maladie vint mêler à cette vie de laborieux enthousiasme, les langueurs du corps, les inquiétudes nées de la souffrance, les voyages, les séjours en Italie pour tâcher de guérir, n'ôtèrent rien à ce zèle de religion et de science, et servirent plutôt à l'enflammer. On le voit alors même, par les recherches si neuves de l'auteur sur les écoles d'Italie, aux temps barbares, et sur les *Poëtes fransciscains*, au début de la Renaissance. Mais le grand titre qui, entre les premières fatigues d'Ozanam et son repos forcé, signale dans le haut enseignement un orateur, un écrivain de plus, animant le style par la parole, et relevant la parole par tous les secrets heureux de l'art, c'était le livre que nous couronnons aujourd'hui, la *Civilisation au cinquième siècle*. Testament de l'âme et du talent de l'auteur, publié par les soins d'un maître célèbre (1), son émule et son ancien dans l'ardeur et la variété des plus nobles études.

« Savant et naturel, dominé d'une même pensée et rayonnant de mille souvenirs, exact et plein d'illusions charmantes, ce livre, formé de vingt leçons et de quelques notes, est une œuvre éminente de littérature et de goût. Il élève la critique à l'éloquence ; et l'éloquence même, il la conçoit, il la cherche, il la trouve dans sa source la plus haute, dans son type qui ne meurt jamais, ou plutôt qui renaît toujours, dans l'instinct naturel de l'âme émue par le *beau* et le *divin*, par les

(1) J.-J. Ampère.

seules grandeurs ici-bas, la vertu, la liberté, la science, et par les grandeurs d'en haut, celles que promettent la foi et l'espérance chrétiennes.

En retrouvant là toutes les paroles recueillies de la bouche d'Ozanam, ses impatientes analyses de la décadence antique, ses pieux hommages d'admiration et de foi à la lumière nouvelle, sa ferveur studieuse qui passionne jusqu'à la grammaire, son ingénieuse tendresse qui rassemble et devine les premiers bégayements du moyen âge, on est saisi d'une amère tristesse ; on se redit avec douleur que tant de savoir et d'intelligence, tant de dons heureux n'ont pas achevé leur œuvre, que ce rare et brillant écrivain, qui grandissait en sagesse impartiale et en sentiment profond du *vrai* et du *beau*, n'a guère atteint que la moitié de la vie et a été moissonné dans le progrès de sa force et le rêve de tous les travaux si purs qu'embrassait son ambition d'étude, et que sa pensée croissante avec le travail promettait d'accomplir. Devant de tels regrets et un tel mécompte pour les lettres, c'est une trop faible consolation, mais une grande justice, d'offrir à M. Ozanam sur sa tombe, le nouveau prix fondé *à l'honneur de la haute littérature*. Jamais la condition qu'exprime ce mot ne sera mieux remplie. »

TABLE DES MATIÈRES

Douzième leçon. — Les institutions chrétiennes. — La papauté. — Le monachisme.................................... 1
Treizième leçon. — Les mœurs chrétiennes................. 47
Quatorzième leçon. — Les femmes chrétiennes............. 77
Quinzième leçon. — Comment la langue latine devint chrétienne. 123
Seizième leçon. — L'éloquence chrétienne................. 157
Dix-septième leçon. — L'histoire......................... 199
Dix-huitième leçon. — La poésie......................... 237
Dix-neuvième leçon. — L'art chrétien.................... 273
Vingtième leçon. — La civilisation matérielle de l'Empire.... 315
Vingt et unième leçon. — Commencement de nations néo-latines. 333

Des écoles et de l'instruction publique en Italie aux temps barbares. 373

Extrait du rapport de M. Villemain à l'Académie française (séance du 28 août 1856)............................... 461

www.ingramcontent.com/pod-product-compliance
Lightning Source LLC
Chambersburg PA
CBHW070526230426
43665CB00014B/1586